基于观察的小学数学
学本课堂实践研究

JIYU GUANCHA DE XIAOXUE SHUXUE
XUEBEN KETANG SHIJIAN YANJIU

戴银杏 主编

光明日报出版社

图书在版编目（CIP）数据

基于观察的小学数学学本课堂实践研究／戴银杏主编．－－北京：光明日报出版社，2021.6

ISBN 978－7－5194－6176－8

Ⅰ.①基… Ⅱ.①戴… Ⅲ.①小学数学课—课堂教学—教学研究 Ⅳ.①G623.502

中国版本图书馆 CIP 数据核字（2021）第 118161 号

基于观察的小学数学学本课堂实践研究

JIYU GUANCHA DE XIAOXUE SHUXUE XUEBEN KETANG SHIJIAN YANJIU

主　　编：戴银杏

责任编辑：刘兴华　　　　　　　　　责任校对：傅泉泽

封面设计：中联华文　　　　　　　　责任印制：曹　净

出版发行：光明日报出版社

地　　址：北京市西城区永安路 106 号，100050

电　　话：010－63169890（咨询），010－63131930（邮购）

传　　真：010－63131930

网　　址：http://book.gmw.cn

E－mail：liuxinghua@gmw.cn

法律顾问：北京德恒律师事务所龚柳方律师

印　　刷：三河市华东印刷有限公司

装　　订：三河市华东印刷有限公司

本书如有破损、缺页、装订错误，请与本社联系调换，电话：010-63131930

开　　本：170mm×240mm

字　　数：360 千字　　　　　　　　印　　张：20

版　　次：2021 年 6 月第 1 版　　　　印　　次：2021 年 6 月第 1 次印刷

书　　号：ISBN 978－7－5194－6176－8

定　　价：75.00 元

序

近年来,随着课程改革的深入推进和信息技术的应用普及,课堂教学改革的重心也发生了相应的转移,由关注教师的教更多地转向关注学生的学,由关注学科知识掌握更多地转向关注学生学习能力的发展。以生为本,因学论教,以学定教,致力学本课堂的建设,促进学生深度学习和融合发展,成为基础教育教学改革的热点领域。

天台县外国语学校副校长、省特级教师戴银杏多年来一直扎根基层学校,从事小学数学的教学与研究工作,教学深受学生欢迎,研究成果也较为丰硕。近年来,她以名师工作室为载体,团结带领工作室团队成员,以课堂观察为技术手段,把研究的视角聚焦在学生的课堂学习上,致力于小学数学"学本课堂"的实践研究,系统构建了学本视域下的小学数学课堂教学的策略体系、学习模型和"四学六导"实践模式,在诸多学术刊物上发表了不少有质量和影响力的论文。在此基础上,戴银杏将多年的小学数学"学本课堂"的实践研究成果做了进一步的系统梳理和迭代更新,形成一本专著即将出版,并嘱我为之作序,我深感荣幸。

《基于观察的小学数学学本课堂实践研究》一书以理论与实践相结合的形式,记录了近年来戴银杏名师工作室开展"学本课堂"实践探索的历程与成果,包括研究的主题报告以及研究过程中形成的教学论文、观察报告和研磨课例。这些成果从多个视角展示了戴银杏的数学教育教学理念,彰显了"以儿童为中心""因学论教""以学论教"的服务学生发展的思想;揭示了工作室团队研究的实践路径,即从学生立场出发,深入观察学生数学学习活动,追踪学生的学习过程,记录学习的结果,获取学生学习的多种数据,基于大数据分析影响小学生数学学习过程与结果的诸多因素,进而研究教学改进策略,促进学生深度学习、有效学习和选择性个性化学习。而书中所附的一个个鲜活的实践案例,真实地再现了学本课堂的研究片段,相信一定会给一线教师开展教学研究以启迪。

通读书稿,戴银杏团队的学本课堂研究在以下几个方面给我留下颇为深刻的印象。

一是在研究内容上,学本课堂,从理念走向实践。教师的智慧导学促进了学生的自能发展,察学评议的教学反思方式促进了教师的专业成长,推动了"学本课堂"由理念走向实践,促进了"学本"理念的落地生根,制定了学本视域下的系列课堂观察量表,构建了小学数学课堂观察的实施体系和评价体系,形成了小学数学教学独有的、系统的"四学六导"的学本课堂实践模式,促进了课堂教学效率的提升。

二是在研究方法上,课堂观察,从经验走向实证。从传统课堂经验性观察到以观察量表为手段进行的实证性、定量化观察,坚持定量与定性分析相结合,课堂观察和课例研究相对接,更新了听评课方式,提高了听评课的针对性和科学性,使课堂教学研究从经验判断走向数据分析和实证研究,实现研究方法的创新。

三是在研究组织方式上,研训结合,从个体研究走向团队合作。以省、市、县戴银杏名师工作室为载体,依托名师工作室强大的人才、资源、机制优势,把研究主题作为工作室的主攻方向,进行集体攻关;同时充分发挥工作室的机制优势,先后与各地的教研部门、培训单位联合举办研讨、展示活动,有效推动了学本理念的传播和落地,有效推进了区域教改的发展。

名师工作室是创新学科教学实践、促进教师专业发展的有效平台,同时也是开展课题协同研究、推出高水平研究成果的重要方式。我相信通过本书的阅读,老师们不仅对学本课堂有更浓厚的兴趣和更深刻的认识,对名师工作室本身也会有更多的体悟与思考。我希望戴银杏及其工作室团队成员,在今后的学科教学改革实践研究中,要进一步以系统的观念思考教学改革,以系统的思维谋划教学改革,以系统的方法推进教学改革,争取取得更多的优秀成果,为促进小学数学"学为中心"的课堂转型做出应有的贡献!

是为序!

卢真金

2021 年 3 月

前　言

何为学本课堂？我们追求的学本课堂是指以学生本体、学习本位、学科本色，促进师生共同成长的课堂。它突出了教育教学的核心理念："无为之教"（教是为了不教）和"自为之学"（学是为了非教），为学生的幸福成长和终身发展奠定基础。学本课堂着眼于学生核心素养的发展，特别强调学生新学习能力的培养，尤其是自主预习能力、合作讨论能力、展示对话学习能力、高级思维学习能力、问题生成学习能力和团队评价学习能力等，给学生提供了最大限度施展这些新学习能力的机会和空间。课堂上充盈着学生因学会自主、合作、探究而产生的自信、真诚和快乐。2017年4月由光明日报出版社出版的《学本课堂：小学数学新教学范式研究与实践》一书，用39个真实、朴素的教学案例介绍了戴银杏名师工作室学本课堂的探索实践，该书入选名师名校名校长书系。

《基于课堂观察的小学数学学本课堂实践研究》是戴银杏名师工作室学本课堂实践研究的又一个成果。该成果整合了"学生本位视域下的小学数学课堂观察的实践研究"与"基于'学本课堂'的小学数学教学的策略研究"两项课题的成果，其中"学生本位视域下的小学数学课堂观察的实践研究"获台州市教研优秀成果一等奖、浙江省教研课题优秀成果一等奖；"基于'学本课堂'的小学数学教学的策略研究"获台州市教科优秀成果一等奖、浙江省教科优秀成果二等奖。

开展"基于观察的小学数学学本课堂实践研究"，就是一个关注学习、研究学习和促进学习的过程。研究时间历经5年多，省、市、县戴银杏名师工作室两届成员，以及天台县外国语学校小学数学组相关教师参与了研究。5年多来，我们先后与各市县（区）教研室、教师培训单位等联合举办了20余次关于学本课堂推进研讨、推广展示活动；通过省网络平台举行了6次面向全省的网络直播研修活动，有效推动了学本理念的传播和落地。《教学月刊》的"本期话题"栏目曾用8篇系列文章专题介绍我们的研究成果，成员撰写的38篇相关研究课例、论文在各类教学专业期刊上发表。研究始终围绕学生的课堂学习和教师的教学行为改善进行，选取不同领域中不同内容的200多个课例进行研究分析，研制适合小学数学学科课堂观察的量表,形成课堂观察的操作建议;关注学生学习力和教师反思力的提高,以定量与定性分析相结合的方式,观察、诊断课堂教学,构建小学数学学本课堂行动策略,形成小学数学学本课堂的实践模式。既有理念的思考,又有实践的探索。

　　本书分为两个部分。第一部分为理念思考篇,包括研究报告和10篇研究论文,其中研究报告部分主要介绍课题的研究背景、研究目标、研究过程与方法、研究活动、研究成果和实验效果等,以期全面地展示该研究的过程和成果。第二部分为实践探索篇。在研究的过程中,各位参研教师认真按课题组的设计进行课堂实践和集体研讨,在实践和研讨中积极反思与总结,形成了一批优秀课例和课堂观察报告,因篇幅所限,仅选择了13个课堂观察报告和10个课例研磨案例,这些文章大多已经在专业刊物上发表过,具有较高的参考价值。

　　工作室在开展"基于观察的小学数学学本课堂实践研究"中,得到了浙江省师干训中心卢真金教授,浙江外国语学院吴卫东教授,台州学院王少非教授,浙江省小学数学教研员斯苗儿老师,台州市教科所李哉平老师,资深特级教师钱金铎先生、陈庆宪先生等的帮助和指导。在研究过程中,我们还学习借鉴和吸收了许多先进单位与个人的研究成果。在此一并致以最衷心的感谢!

　　由于我们的研究水平和能力有限,总结的成果可能有许多不当之处,恳请专家和老师们批评指正。

戴银杏

2021 年 2 月

目 录
CONTENTS

研究报告篇

一、问题的提出 ……………………………………………… 3

二、研究的目标 ……………………………………………… 4

三、解决问题的过程与方法 ………………………………… 4

四、成果的主要内容 ………………………………………… 9

五、研究成效 ………………………………………………… 79

六、成果的创新性 …………………………………………… 87

研究论文篇

学本视域下的教师角色转变 ……………………………… 91

让学生成为学习的主人 …………………………………… 96

学生是课堂教学的有效资源 ……………………………… 100

给学生一次成功的机会 …………………………………… 105

小学数学课堂"自主预学"的有效性策略 ……………… 109

基于学情分析的小学数学单元整合优化教学实践探究 ……………… 113

数学课堂反馈的现状观察与对策思考 …………………… 117

基于儿童视角的小学数学教材的创造性处理 …………… 123

基于儿童本位　走向深度学习 …………………………… 129

让评价真正走进学生的"心灵"——学本视域下的小学数学作业评价策略 …… 134

课堂观察篇

循学而导　指向高层次思维能力的发展——"运用平移知识解决问题"一课的

观察报告 ······ 143

基于前测　多维表征　深度学习——"认识几分之一"一课的观察报告 ······· 150

基于学生立场　循序建构数感——"1000以内数的认识"一课的观察报告 ······ 157

让课堂中的学习真实发生——"平行四边形的面积"一课的观察报告 ······· 166

亲历探究过程　发展空间观念——"平行四边形的面积"一课的观察报告 ······ 173

学为中心　共学悟法——"梯形的面积"一课的观察报告 ······· 180

精准拿捏素材　凸显概念本质——"认识周长"一课的观察报告 ······· 188

从教材文本出发,助力学生空间观念发展 ——"轴对称"一课的观察报告 ······· 194

突出教学关键点　提高目标达成度——"工程问题"一课的观察报告 ······· 199

追根溯源求本质　数形结合促理解——"植树问题"一课的观察报告 ······· 206

精准选择材料　促数学综合实践能力的发展——"神奇的数字编码"一课的

观察报告 ······· 216

精选学材　促进活动经验积累——"简单的搭配"一课的观察报告 ······· 222

关注情感,让复习课增值——"平面图形面积的整理与复习"课堂观察 ······· 227

课例研磨篇

智慧导学　让学生循序建构数感——"1000以内数的认识"导学实践与教学思考

······· 237

自主先学　提升学力——"异分母分数加减法"导学实践与思考 ······· 243

活动　程序　对象　图式——基于"APOS理论"的"乘法分配律"导学实践与

思考 ······· 250

立足儿童　整合设计——单元视角下的"认识三角形"导学实践与思考 ······· 256

立足学生经验　重视学材开发——"复式条形统计图"导学设计与实践思考

······· 264

直面学情　评价促需——"运用平移知识解决问题"导学实践与思考 ……………… 272

追根究底　助力深度学习——"植树问题"的导学实践与思考 ………………… 278

翻转复习　共学悟法——"'平面图形面积'的总复习"的导学设计及实践 ……… 285

基于"前测"下的小学数学复习课的有效构建——"平面图形面积的整理和

　复习"的导学实践与思考 ……………………………………………………… 292

整合素材　巧用数轴　提升能力——"数的认识复习"的导学实践与思考 …… 299

研究报告篇

一、问题的提出

随着课程改革的深入推进,教育教学研究的方向逐步由研究教师的"教"转向研究课堂上学生的"学"。而课堂观察作为专业的听评课工具,是教师研究学生课堂学习的最好手段之一。通过课堂观察数据的分析,可以精准地诊断教学,提出改进措施,并最终指向学生课堂学习的改善。

我们在开展课堂观察实践时发现:以学生为本的思想虽然被一线老师所接受,但在具体实践操作层面还存在一定的盲目和偏差,缺乏可操作的参照模板。例如,教师对学生学情的把握不到位,学生的先学缺乏指导,没有激发起学生学习的欲望。教师的后教没有针对性,忽视学法指导与提炼,学生学习力不强,学习效率不高,课堂教学存在"五多五少"的现象,即教师无效的组织活动多,学生有效的自主学习少;单一使用教材资源多,针对学情重构学材少;教师单向讲授问答多,学生班组交流共学少;教师督促检查管理多,有价值的指引导学少;重视知识技能落实多,关注学生学力提升少。同时,还发现课堂观察量表普遍存在学科性不够鲜明、观察时操作性不强的缺点,课堂观察研究还存在重观察轻分析的现象,如何根据观察结果改进课堂教与学的研究这一环节也相对比较薄弱。

基于以上认识,我们提出了"研究学-基于学-促进学"的"三学"理念(图1-1),构建学本课堂。"研究学"即以学生为本,引导学生自主先学,教师重构学习材料,目的是使学生在有内在学习动机基础上的"想学";"基于学"即以学习为本,引导学生开展共学活动,通过交流学、展示学、质疑学等过程,使学生掌握知识技能,领悟其中的思想方法,教师则循学而导,目的是让学生在自我意识

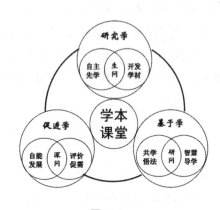

图1-1

发展基础上的"能学";"促进学"即以学生的发展为本,通过学生的自能发展,教师的评价促需,进一步引导学生提炼学法,将知识内化为自身的能力,目的是让学生在掌握一定学习策略基础上的"会学"。

基于"三学"理念的学本课堂在内涵上由"知识传递"向"知识建构"转型,体现"自我建构""对话建构"和"活动建构"。开展"基于观察的小学数学学本课堂实践研究",就是一个关注学习、研究学习和促进学习的过程。课题组始终围绕

学生的课堂学习和教师的教学行为改善,选取不同领域中不同内容的课例进行研究分析,研制适合小学数学学科课堂观察的量表,形成课堂观察的操作建议;关注学生学习力和教师反思力的提高,以定量与定性分析相结合的方式,观察、诊断课堂教学,构建小学数学学本课堂的行动策略,形成小学数学学本课堂的实践模式。

二、研究的目标

充分考虑到小学生学习能力及思维发展的特点,通过选取不同领域中不同内容的课例,进行课堂实践、观察分析、总结提炼和反思检验,形成学本视域下的小学数学课堂观察操作建议和教学策略体系,探索小学数学学本课堂实践新模式。

1.选取"数与代数、几何与图形、统计与概率、综合与实践"四大领域中的部分概念课、计算课、解决问题等内容,同时关注新授课、练习课、复习与整理等不同课型,开发课堂观察量表,形成学本视域下小学数学课堂观察评价体系、课堂观察量表开发体系和课堂观察实施体系。

2.通过学习维度的观察,从学的视角构建学本视域下的小学数学学习模型和学本视域下的策略体系,形成学本视域下的小学数学课堂实践模式,让学本理念真正在数学课堂中得到落实,真正提高学生的学习力。

3.通过研究,使教师立足于数学学科教学本质,真正将"学本"思想落实在教学实践中,从而提高教师结构化备课、智慧导学、反思总结等能力,提高教师的专业素养。

三、解决问题的过程与方法

(一)解决问题的过程

解决问题的过程见表1-1。

表1-1

时 间	内 容	成 果
第一阶段 前期准备阶段 (2015.6—2016.1)	调查研究小学数学课堂教学的现状,分析存在的问题,拟定教育教学的研究方向	归纳出小学数学课堂教学存在"五多五少"的现象,确立研究主题为"基于观察的小学数学学本课堂实践研究"

时 间	内 容	成 果
第二阶段 研制实施阶段 （2016.1—2018.1）	将拟解决的问题通过课题研究的方式进行探索，申报省市级课题，完成开题报告，开展课题论证，构建研究框架，形成教育教学改革行动实施方案。充分吸收专家、同行在研究论证中提出的意见建议，确保成果研制和培育的科学性、规范性和严谨性	课题"学生本位视域下的小学数学课堂观察的实践研究"省级立项并优秀结题；"基于'学本课堂'的小学数学教学的策略研究"市重立项并优秀结题，并在台州市课题负责人培训会上做经验介绍
第三阶段 检验提炼阶段 （2018.1—2018.5）	在工作室成员所在学校全面进行实践检验，提炼"基于观察的小学数学学本课堂实践研究"的方法、策略和实践模式，完善教育教学改革行动实施方案，出版著作1本，发表相关论文59篇，两个课题研究成果分别参加教学研究成果和教科研究成果奖评比	编著的《学本课堂：小学数学新教学范式研究与实践》一书已由光明日报出版社出版；课题"学生本位视域下的小学数学课堂观察的实践研究"获浙江省教学研究成果一等奖；课题"基于'学本课堂'的小学数学教学的策略研究"获浙江省教科优秀成果二等奖
第四阶段 应用推广阶段 （2018.5—2020.12）	工作室与市县有关教育教学部门联动，组织了20余次学本课堂专题研讨会进行宣传推广，借助中国研修网、中国教研网、省工作室网络、和合云课堂等网络电视媒介以及工作室微信公众号进行宣传推广	面向台州各县（市、区）名师工作室领衔人及成员，组织台州市戴银杏名师工作室周期研究成果推广展示活动，线下500多人、线上5000多人参会；《教学月刊》的"本期话题"栏目用8篇系列文章专题介绍学本课堂成果，撰写的38篇相关课例、论文在各类教学期刊中发表，为一线教师践行学本课堂提供范例；46节公开课被中国研修网、中国教研网录用，用于"心系荆楚 名师驰援"公益送教湖北活动；54节公开课在和合云课堂中播出，助力全县乃至市内一至三年级学生疫情期居家学习。成员中1人被评为正高级教师，1人被评为省特级教师，5人被评为省教坛新秀，1人获省教改之星金奖，5人被评为市名教师，9人被评为县名教师

(二)解决问题的方法

以现代学习理论、教学理论、系统理论为指导,主要采用行动研究法,并辅以文献查阅和不完全归纳法,开展基于课堂观察的小学数学学本课堂实践的相关研究。

5年来,围绕"基于观察的小学数学学本课堂实践研究"方案,展开了一系列理论学习和教学实践,在研究过程中进行了多轮次的基于课堂观察的学本课堂专题研究(表1-2)。

表1-2 课堂观察研究实践一览表

研究阶段	时间	活动名称	地址	主要任务
准备阶段 2016.1— 2016.3	2016.1.10	课题申报方案研讨	天台县外国语学校	课题研究任务
	2016.3.18	台州教育局直属分局小学数学教研会暨工作室活动	台州市白云小学	观察量表开发
实施阶段 2016.4— 2017.12	2016.5.19—20	三门县解决问题研讨暨工作室研讨活动	三门县心湖小学	学习材料、学习方式的观察
	2016.10.21	温岭市"儿童视域下"的小学数学教学研讨暨工作室活动	温岭市太平小学	基于学生本位视域下的概念课观察
	2016.11.1—5	南京市"儿童本位 学本课堂"为主题的跟岗式培训	江苏南京	专题学习培训
	2016.12.2—3	浙江省小学数学教师专业发展培训暨名师工作室活动	临海市大洋小学	基于学生本位视域下的复习课观察
	2017.1.21—23	寒假专题培训暨课题论证活动	天台县外国语学校	课题研究论证、指导
	2017.4.20—21	戴银杏名师工作室活动暨路桥区小学数学低碳课堂研讨会	路桥区保全小学	基于学生本位视域下的计算课观察
	2017.5.25—26	戴银杏名师工作室活动暨台州市教育局直属分局教研会	台州市白云小学	基于学生视域下的解决问题观察
	2017.6.7	小学数学名师送教暨工作室活动	天台县白鹤小学	学习习惯、学习情感观察
	2017.7.28—31	线上线下暑期集中培训	天台县石梁学校	课题研究理论学习

研究阶段	时间	活动名称	地址	主要任务
总结阶段 2017.10— 2018.1	2017.10.12	戴银杏名师工作室活动暨黄岩区小学数学学科带头人工作坊联谊及区新教师教学观摩活动	黄岩区 头陀小学	课堂观察及结题工作会议
	2017.11.3	名师面对面网络直播	天台县 外国语学校	研究成果总结
	2017.12.1	小学数学"学生本位"研讨暨工作室活动	天台县 外国语学校	研究成果总结
	2017.12.12— 13	戴银杏名师工作室活动暨玉环市小学数学教师90学时培训	玉环城关 实验小学	研究成果总结
推广阶段 2018.2— 2020.12	2018.2.7—8	戴银杏名师工作室寒假培训	天台县 外国语学校	研究成果推广
	2018.5.10—11	台州市戴银杏名师工作室周期成果展示推广活动	天台县 外国语学校	研究成果推广
	2018.10.30	基于学本课堂的小学数学教学研讨活动	天台县 赤城四小	研究成果推广
	2018.11.15— 16	学生本位视域下的小学数学教学研讨活动	东阳市 横店小学	研究成果推广
	2018.12.25	戴银杏名师工作室送教活动	天台县 福溪小学	研究成果推广
	2019.4.12	戴银杏名师工作室学本课堂成果展示活动	天台 三合小学	研究成果推广
	2019.6.8	诸暨市学生本位视域下的小学数学教学研讨暨工作室活动	诸暨市 浣东小学	研究成果推广
	2019.11.9	戴银杏名师工作室学本课堂教学展示活动	天台县 平桥小学	研究成果推广
	2019.12.26	小学数学学本视域下复习教学研讨活动	仙居县 安洲小学	研究成果推广
	2020.8.23	工作室助力乡村名校建设暨暑期培训活动	天台县 石梁学校	研究成果推广
	2020.12.24— 25	基于观察的小学数学学本课堂实践研究成果推广活动	天台县 始丰小学	研究成果推广

本研究以课堂观察为技术手段,选取计算课、概念课、解决问题等三种类型课例,内容涉及数与代数、图形与几何、统计与概率、综合与实践四大领域,同时考虑新授课、练习课、复习课等不同课型,开展基于课例研究的学本课堂观察活动(表1-3)。

表1-3 基于课例研究的学本课堂观察活动一览表

课型	时间	课例	课堂观察主题
计算课	2017.4.20	同分母分数加减法	小学数学计算教学中,学生的参与状态观察
	2017.4.20	小数加减法	小学数学计算教学中学生自主学习能力的观察
	2018.5.10	异分母分数加减法	学本视域下的学生计算能力发展的观察
概念课	2016.5.19	认识面积	学生自主研读与合作探究有效性的观察
	2016.5.19	简单的搭配例1	新授课中,学习材料运用的合理性、有效性观察
	2016.10.21	平行四边形的面积	小学数学概念教学中,学生的参与状态观察
	2016.10.21	认识四边形	小学数学概念教学中学生自主学习能力的观察
	2016.12.3	平面图形面积复习课	复习课中,学习材料运用与学习结果观察
	2016.12.3	圆单元整理与复习	小学数学学习材料开发与学习结果观察
	2017.10.12	圆的认识	概念教学中,学生共学悟法的有效性观察
	2018.5.10	平面图形面积总复习	复习课中,学生积极学科情感的观察
	2018.5.10	复式条形统计图	学本视域下的学生数据分析观念发展的观察
	2018.5.10	1000以内数的认识	学本视域下的学生数的概念形成的观察
	2018.5.30	轴对称	学本视域下学生空间观念的发展
	2018.10.30	认识周长	概念教学中学习素材的使用及效果观察
	2019.11.18	平行四边形面积	亲历探究过程,发展空间观念
	2019.11.18	三角形面积	学生体验概念形成过程中的空间观念发展观察
	2020.12.25	梯形的认识	学本视域下学生共学悟法有效性的观察
	2020.12.25	分数的初步认识	基于学本课堂的小学数学概念形成的观察

课型	时间	课例	课堂观察主题
解决问题	2018.5.10	运用平移知识解决问题	学本视域下的学生空间思维能力发展的观察
	2017.5.26	同数连加解决问题	解决问题教学中学生自主学习能力的观察
	2017.5.26	分数加减法解决问题	小学生在数学解决问题中策略的积累与运用观察
	2017.10.12	工程问题	小学数学教学目标与关键学习点达成度的观察
	2018.10.30	沏茶问题	小学生数学信息收集与处理能力的观察
	2018.11.15	神奇的编码	基于有效材料下的数学综合实践能力的观察
	2020.12.25	植树问题	基于学本课堂的"植树问题"模型的建立的观察

四、成果的主要内容

基于观察的小学数学学本课堂实践研究,必须深入学生数学学习活动,从学生学习维度出发,理解学生的学习,重点观察学生学习过程和结果的质量,以及影响学习过程和结果的因素,在真实的环境中获取学生学习的多种数据,并基于数据分析推论学生的学习和教师的教学质量。成果主要内容如下。

(一)构建课堂观察框架,形成了学本视域下的小学数学课堂观察评价体系

参考《课堂观察走向专业的听评课》一书提出的课堂观察框架,包括 4 个维度、20 个视角、68 个观察点,结合小学数学学科特性,立足于学生的学习维度,确定本研究的六个维度观察架构(图 1-2)。

1.目标达成的观察

学生在课堂上到底学到了什么,产生的学习结果是否有质量,这是目标确定与达成无法回避的问题。指向目标的观察可以让教师在千变万化的复杂课堂中判断学生是否获得了有质量的学习结果,在学习前后是否产生了"学习进步"。通过收集各类学生的学习证据,分析学生的学习行为,反观教师设计的目标是否合理,是否有助于学生达成目标。

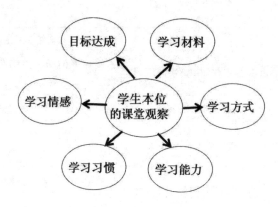

图1-2　本研究的六个维度观察架构

2.学习材料的观察

学习材料是否能引发学生的兴趣或求知欲望,直接导致学生学习参与度的高低。学习材料的设置是否具有综合性、挑战性、应用性,直接影响学生数学思维的发展速度。通过对学习材料运用过程与结果的记录分析,反观教师对学材开发的有效性,判断是否适合学生的学习。

3.学习方式的观察

学生在学习过程中不外乎两大状态:一种是独立学习,另一种是合作学习。独立学习往往是内隐的,观察中需要将认知过程外显化、可视化。合作学习是学生相互贡献知识、理解彼此的过程,合作中学生话语、行为表现暴露了不同学生的学习和思维,是分析学生学习特点、困难的重要契机,也是观察学生同伴关系、学习动机的一个窗口。

4.学习情感的观察

学生在数学学习中的情感体验影响学生的认知过程,进而影响学生的学习行为。积极的情感能促进学生认知的灵活性,并影响解决创造性问题的过程,使学生在做出决定时更能深思熟虑。通过观察呈现不同学生的学习情感状态,运用观察量表、叙事记录、归因分析表等对个体、群体学生在课堂上的积极情感进行观察,探索积极情感促进学习的策略。

5.学习习惯的观察

学生是否具有良好的数学学习习惯,直接导致学习结果的有效性或学习质量的优质性。通过观察不同层次学生的学习习惯,进行对比分析,探索学习习惯养成与教师指导之间的内在关系。

6.学习能力的观察

学生数学学习能力的发展,直接反映出数学核心素养的提升情况,通过显性化的观察量表,综合分析学生数感、符号意识、运算能力、数据分析观念、模型思想、空间观念、几何直观、推理能力、应用意识、创新意识等发展情况,从而评价不同层次学生的学习效果与教学过程的有效性。

根据以上六个观察维度,构建了学本视域下的小学数学课堂观察评价指标体系(表1-4),对照评价体系的要求对各维度开展观察与分析。

表1-4 学本视域下的小学数学课堂观察评价指标体系

一级指标	二级指标	评价要素
1.学习目标	1.学习目标系统化。学习目标要把握住整体要求,再设计每一节课的数学学习目标,即从课程目标、学段目标、单元目标、课时目标逐步细化而成。 2.学习目标合理、清晰、具体可见。包含知识与技能、过程与方法、情感态度与价值观三个维度。 3.学习目标的制定应面向全体学生,具有个别化、层次化。通过每一个学习目标的确定,确保每一位学生都能在原有基础上得到发展	1.学会:了解、理解、掌握和灵活运用。 (1)能说出某一知识是什么,能够在有关的问题中识别它。 (2)对概念和规律(定理、定律、公式、法则等)能描述对象的特征和由来,能明确地阐述此对象与有关对象之间的区别和联系。 (3)在理解的基础上,通过练习,形成技能,并能把对象运用到新的情境中。 (4)能综合运用知识并达到灵活的程度,从而形成能力。 2.会学:数学思想方法、数学能力形成与发展。 (1)在亲身经历(感受)数学活动中,获得一些初步的经验。 (2)在数学活动中体验,在具体情境中初步认识对象的特征,获得一些经验。 (3)在数学活动中不断探索,通过观察、实验、推理等活动发现对象的某些特征或与其他对象的区别与联系。 3.乐学:通过学习,培养学生的好奇心与求知欲、意志力与自信心。 (1)在数学学习活动中获得成功的体验,锻炼克服困难的意志,建立自信心。 (2)初步认识数学与人类生活的密切关系及对人类历史发展的作用,体验数学活动充满探索与创造,感受数学的严谨性以及数学结论的确定性。 (3)形成实事求是的态度以及进行质疑和独立思考的习惯

一级指标	二级指标	评价要素
2.学习材料	1.材料有数学味,体现数学的价值。所选材料有一定的数学信息,具有一定的数学价值,且有助于教学目标的落实。 2.材料有挑战性,驱动学生去探究。在探究过程中,引导学生进行有机的合作、协调的操作,成为研究者、探索者、发现者。 3.材料可供选择,充分发挥学生的主体作用。提供的学习材料要种类齐全,让学生有选择的余地。 4.材料有教育性,让学生潜移默化地接受教育。有意识地、适时地选择一些有利于学生品德教育的材料,并有机渗透	1.深挖材料内涵,凸显数学本质,有利于学习目标的达成,便于学生理解抽象的数学概念,为学生的数学思考创造必要的条件,驱动学生的主动学习、探究。 (1)学习材料具有一定的思维含量与容量。根据学习目标、学习要求,善于选用恰当的学习材料,提出有思维价值的问题,激起学生学习的热情、内驱力和思维活动。 (2)学习材料以生活为背景,具有数学价值。有意识地在生活中寻找与数学文本知识有联系的材料,沟通已有的生活经验与数学知识的联系,使学生体验身边"熟悉的风景"中包含的数学知识,体会数学的价值。 (3)学习材料具有人文情怀和育人功能。挖掘教材中丰厚的数学思想方法,呈现具有人文情怀的学习材料,让学生在获得知识和能力的同时,感受数学的深邃与温暖。 2.学习材料富有趣味性,吸引学生的注意力,激发学生积极主动地投身学习活动。 (1)学习材料富有童趣。将学习材料童化、趣化、活化,贴近学生生活,利于学生接受。 (2)学习材料很形象。用生动有趣、直观形象的学习材料,将抽象的数学知识形象化,促进学生深刻理解数学知识。 3.学习材料具有挑战性,激发学生的探究欲望。 (1)利用学生错误资料,变废为宝,巧妙利用,把错误转化为新的学习材料,激发学生纠错的兴趣,发展学生的思维,提高教学效果。 (2)设计干扰性材料,培养思维的深刻性。呈现干扰性材料,用材料引起学生认识事物的实践,突破认识的局限性,使学生通过动手操作活动,在头脑里形成全面、科学的认识。 (3)学习材料要具有关联性。从知识系统出发,考虑这个学习材料与后续学习的逻辑关系,既反映当前知识,又让这一知识成为后续学习的系统化学习材料

一级指标	二级指标	评价要素
3. 学习方式	1.自主投入学习活动。学生自主参与课堂学习,采用多种自主学习的方式。 2.开展有效的合作学习。学生积极参与学习过程,明确合作学习的目的、步骤,承担相应职责,深入思考,乐于分享,取长补短,共同完成学习任务。 3.从被动学习转向主动探究。积极主动地参与学习,在数学问题情境中从不同角度探索、获取、巩固和深化知识,从而获得主动探索知识、解决问题的能力	1.自主学习 (1)学生阅读材料,进行质疑问难,提出自己的见解。 (2)学生根据自己的体验,用自己的思维方式独立探究。 (3)独立探究后再议论一番,说出各自的心得或疑惑,互相启发、互相补充,双向、多向交流,产生效应,共同进步。 2.主动探究 (1)学生在具体情境中积极主动地进行思考、猜测。 (2)学生通过质疑、猜测、观察、思考、操作,自己发现规律,获得真切的体验,内化知识,形成能力,促进思维的个性化发展。 (3)学生能积极参与广泛的信息交流,发表不同意见,在相互启发与争辩中,深化对新的数学知识的理解与掌握。 (4)在各种不同层次数学练习中,学生能独立思考并完成有关达标检测题,练习巩固新知,形成技能,提高思维水平和解决实际问题的能力。 (5)在课堂回顾总结延伸中,学生能根据学习目标要求进行总结,说出自己的学习表现与学习收获体验,使学习向课外实践延伸。 3.合作学习,共同成长进步 (1)会收集资料。学生会用搜索工具,通过各种途径,收集所需资料。 (2)会表达自己的观点。只有学生大胆、清楚地表达自己的想法,互相了解对方的观点,照顾和尊重他人,在此基础上才能合作探究问题,达到互相学习,互相帮助,共同进步,共同提高。 (3)会讨论问题。在合作交流讨论的过程中,虚心地倾听同学的发言,认真地去思考和自己的想法不完全一致的意见,善于吸取正确的部分,补充、修正自己的认识。在发表意见时,要做到以理服人,使交流的内容不断深入
4. 学习情感	1.能积极参与数学活动。 2.能自信并持久地进行数学学习。 3.关注生活中的数学,用数学解决实际问题。 4.乐意与同伴交流	1.积极参与数学活动。(1)能积极举手发言;(2)能主动提出问题,积极表达自己的意见。 2.自信并具有毅力地开展学习。(1)提出和别人不一样的问题;(2)大胆尝试并表达自己的想法。 3.关注生活中的数学。(1)能感受数学来源于生活;(2)能在生活中应用数学知识。 4.乐意与同伴交流。(1)能认真倾听别人的意见;(2)能主动参与讨论与交流

一级指标	二级指标	评价要素
5.学习习惯	1.操作上的习惯:书写习惯、听课习惯、作业习惯、共学习惯等行为上的习惯。 2.思维上的习惯:多角度和深入思考的习惯、反思质疑习惯、联想转化习惯等反映思维过程的习惯	1.传统数学学习习惯 （1）自主先学的习惯。课前根据布置的预习内容,自己去读书、去发现问题,课前对新知识有所了解。 （2）认真听课的习惯。课堂上,精力集中,不做与学习无关的动作,认真倾听老师的点拨、指导,抓住新知识的生长点,新旧知识的联系,弄清公式、法则的来龙去脉。认真地听其他同学的发言,对他人的观点、回答能做出评价和必要的补充。 （3）认真作业的习惯。做到规范书写,保持书写清洁。能独立思考,独立完成作业。做到认真审题,仔细运算和验算。 2.创造性学习习惯 （1）善于质疑。在参与、经历数学知识发现、形成的探究活动中,善于发现、提出有价值的数学问题,进行质疑问难。 （2）手脑结合。通过动手、动脑、动口,看一看、摸一摸、拼一拼、摆一摆、讲一讲来获取新知。 （3）勤于思考。在一题多解、一题多变、猜想、联想、发散思维、推理、操作、实验、观察、讨论等数学活动中养成多角度思考和解决问题的习惯,思维具有多向性和灵活性。 （4）共学习惯。展开课前共同预习,课中合作实验、合作操作、同桌讨论、小组交流等形式进行共学活动。在共学过程中积极参与,大胆表达自己的观点和见解,倾听他人的发言,并做出评判,乐于接受他人的意见
6.学习能力	1.运算能力。包括计算技能和逻辑思维能力。 2.空间能力。包括空间观察、记忆、思维以及想象等因素。 3.应用能力。包括数学信息收集与分析能力和数学建模能力	1.计算技能。熟练地记忆数学公式、法则、概念以及性质并进行运用;进行准确、快速的运算,合理、严密的推导,并能得出正确的计算结果;有效地运用计算器或查表等辅助工具进行运算。 2.逻辑思维能力。熟练地运用数学公式和法则;检查、判断运算结果,自主发现并改正其中的各种错误;严密、准确地推理运算;运用适当的方法简化运算的过程等。 3.空间思维能力。在学习中通过观察、操作、推理等手段,逐步认识简单几何体和平面图形的形状、大小、位置关系及变化。 4.数学信息收集与分析能力。依据一定目标,从诸多信息中排除干扰信息,抽象出有用信息的空间形态或数量关系,并对其进行系统归纳与整理,从而找出某些现象或规律。 5.数学建模能力。选择并运用合适的数学语言、理论以及方法来对客观模型的形态、数量关系进行描述

（二）开发课堂观察工具，形成了学本视域下的小学数学课堂观察量表体系

我们设计的观察工具分为三类：定量、定性、定量与定性相结合。研究过程中我们依据观察点的特性来确定采用哪种观察量表。观察工具的开发一般要经历三个阶段：一是分析设计阶段，具体分析观察点的要素和特征；二是试用修正阶段；三是正式使用阶段。

1.观察视角与观察点的确定

课堂是错综复杂且变化多端的，要观察到课堂里发生的每一件事是不可能的。可根据观察点的品质：可观察、可记录、可解释来确定观察点。不同层次的教师可选择符合自己的观察点设计开发观察工具。课题组结合小学数学学科的特点和学生的学习规律，制定了课堂观察视角和观察点建议（表1-5）。

表1-5　课堂观察视角和观察点

观察视角	观察点举例
1.学习目标的设定与达成	学习目标是否明确、清晰、具体可见？预设的学习目标是怎样呈现的？学习目标是否适合本班学生？学习目标怎样体现学生的高阶思维能力（分析、综合、迁移、创新）？学习目标怎样体现学生的数学活动经验积累？学习目标怎样面向全体学生？怎样关注不同学生？ 学习目标设定与教案是否一致？学习目标设计与上课是否一致？学习目标是否促进学生在原有基础上有进步
2.学习材料的运用	有哪些学习材料（主题图、练习题、实物、模型、图片、文字材料、动画、音频、实验、表格数据等）？学习材料是否符合学生实际，使学生容易操作？学习材料是否引起学生的探究欲望？学习材料是否可分层利用或多次利用，体现材料的不同价值？ 学生在运用学习材料时出现了哪些情感行为
3.自主合作学习	自主学习的时间有多少？有多少人参与？学困生的参与情况怎样？ 自主学习的形式（探究、记笔记、阅读、思考、练习）有哪些？各有多少人？ 合作学习的时间有多少？有多少人积极参与？活动是否有序？合作习惯怎样？合作时，参与讨论的人数、时间、对象、过程、结果怎样？哪些行为直接针对目标的达成
4.学习情感的激发	学生是否讨厌上课，不愿意完成相应的作业？学生对所学内容是否感兴趣？学生是否受教学情境影响？学生课堂上出现游离、冷漠状态的时间、人数有多少？对学习兴趣浓厚的人数有多少？课堂上主动进行学习的人数有多少

续表

观察视角	观察点举例
5.学习习惯的养成	如倾听: 有多少学生倾听老师的讲课?倾听多长时间? 有多少学生倾听同伴的发言?有多少学生能复述或用自己的话表达同学的发言? 倾听时,学生有哪些辅助行为(记笔记、查阅、回应)?有多少人发生这些行为(倾听、思考、发言、审题、计算、作业等)
6.学习能力的发展	是否能发现问题、提出问题、分析问题和解决问题?是否能灵活运用当堂所学知识进行问题解决?在面对综合性较强的问题时,是否可以迁移运用? 学生的数感、符号意识、运算能力、推理能力、模型思想、几何直观、空间观念、应用意识、创新意识、数据分析观念是否有发展

2.课堂观察量表的开发

以人教版小学数学教科书为研究素材,结合观察视角和观察点,对部分概念课、计算课、解决问题等课型进行Ⅰ类和Ⅱ类观察量表开发,形成了学生本位的小学数学课堂观察量表体系(图1-3)。

课堂观察Ⅰ类量表开发:

各种课型都可以通用的量表,我们称之为Ⅰ类量表。课题组通过前期大量的课例研究,已经初步形成了一系列课堂观察量表,构建了小学数学课堂观察体系。

(1)目标达成观察

课题组从目标表层和深层处理;目标与教案、上课一致性;目标与关键学习点达成度,目标与学生进步度等方面进行研发。

①目标与教案一致性观察量表

目标与教案是否一致是为了从文本上考查预设目标的合理性,从而在课堂中判断目标是否落实在教学中,用目标厘清课堂教学的结构,看课堂的各个部分是否在为目标服务,目标所期望的学生转变是否在各环节得以体现(表1-6)。

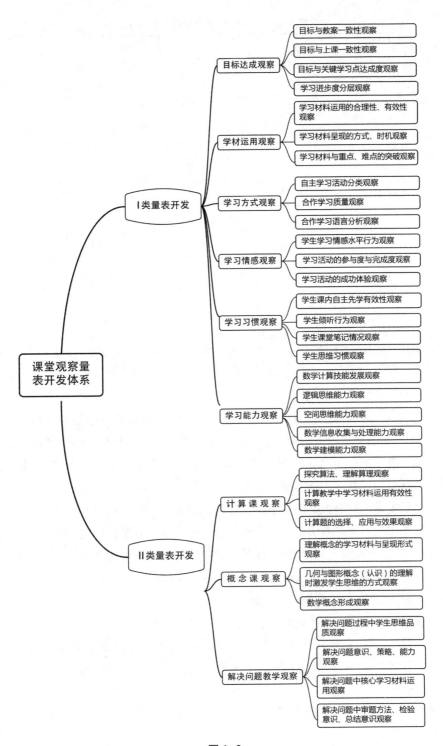

图 1-3

表1-6　目标与教案一致性观察量表

课时内容：　　　　　学　校：　　　　　班　级：		
引领教师：　　　　　观察教师：　　　　观察日期：		
原有目标		
处理后目标		
目标1	对应环节	一致性分析
目标2	对应环节	一致性分析
目标3	对应环节	一致性分析
分析内容参考		
目标有环节支撑吗？环节想达到怎样的目标？这样的环节设计合理吗？ 　总的来看，目标与教学环节的一致性怎样？这样的一致性是否能保证学生在这节课上的学习是有质量的？如果不是，是因为目标的问题还是因为教学设计的问题		

　　通过这张表，确定每个目标对应的教学环节，看重要的目标是否得到了重要的支撑，是否有环节没有对应的目标。在可能的情况下，上课教师要提前一天提供教案。教案不仅用来让人明白执教者的教学思路，而且也是观察者观察的基础。教师们可以教案为蓝本进行观察设计。

　　建议上课老师将教案的电子文档传给观察者，这样观察者可以很轻松地通过移动教案中的目标和教学环节制作观察单。如果观察者拿到的是教案的文本稿，则可以在上面标注与目标相应的标号。带着填好的观察单进入课堂，观察者对于整个课堂的脉络会有比较清晰的理解。观察者可以对每个目标进行观察，也可以和他人分工合作，每人观察一个目标。

　　②目标与上课一致性观察量表

　　选择核心环节，将其作为一个关键事件来记录，完整地记录教学的各要素。记录内容包括：这一环节用时多少，主要内容是什么，这些内容与目标之间的关联度如何；环节内部的流向是什么；在这些环节中，教师是否给学生提供了目标达成的机会；各个环节中学生的回答、作业行为等。在分析的时候，主要采用白描、实录的方法（表1-7）。

表1-7　目标与上课一致性观察量表

课时内容：　　　　　学　校：　　　　　班　级：		
引领教师：　　　　　观察教师：　　　　　观察日期：		
原有学习目标		
处理后目标		
目标1	核心环节及时间	想法与建议
目标2	核心环节及时间	想法与建议
目标3	核心环节及时间	想法与建议
分析内容参考		
教学环节与目标内容、认知要求一致吗？ 教师在这类目标的教学上有什么特点？是否给学生提供了达成目标的机会？ 学生在这类目标的学习上有什么特点？ 对于这类目标，怎样学与教会更好		

③目标与关键学习点达成度观察量表

关键学习点主要包括：学生学习新概念、新规律、新公式的过程；学生的探究活动，包括他们的操作活动和语言；学生的合作活动，包括与他人合作的过程和语言；重要的课堂练习的解答过程（表1-8）。

表1-8　目标与关键学习点达成度观察量表

课时内容：　　　　　学　校：　　　　　班　级：			
引领教师：　　　　　观察教师：　　　　　观察日期：			
目标	关键学习观察点	实录状况	达成度分析

操作时，先要确定关键学习点，制定观察纲要，记录数据。再制定每个点上的量规，计算全班学生在每个关键点上量规的比例。一堂课中的关键学习点一般控制在4~8个。如果是一个人的独立观察，关键的学习观察点应该尽可能控制在5个以内，多了观察就会浮于表面。如果是备课组或教研组一起观察，选择的关键

学习点可以多一些。

④ 学习进步度分层观察量表

学生进步度的分层观察是目标达成的第二个判断标准。如果进步度为正,表明学生在上课中学到了新知,产生了增值。如果进步度为零甚至为负,表明课堂教学中可能出现了问题,学生没有理解新知识或习得新技能(表1-9)。

表1-9 学习进步度分层观察量表

课时内容:	学 校:		班 级:	
引领教师:	观察教师:		观察日期:	
目标1	前后测	前测结果	后测结果	进步度分析
目标2	前后测	前测结果	后测结果	进步度分析
目标3	前后测	前测结果	后测结果	进步度分析

前测和后测的题目需要精心设计。设计与目标的内容、认知水平相一致的前、后测并不是一件容易的事情,非常考验教师的评价素养。前、后测的形式可以是丰富多样的,除了测试题这种形式外,还可以考虑以下这几种形式。

聚焦于问题情境的访谈。给出一种问题情境,让学生谈谈如何解决这类问题,通过学习前后学生回答的对比,了解学生的认知是否产生了差异。

绘制概念图,用概念图考量学生了解相关概念的情况,也可以用概念标签的方法给学生提供一些标签。每个标签上有一个概念,要求学生将所有的标签进行排列,并用画线的方式连接起来。有时候还可以提供一些无关的标签作为诱饵,要求学生对每条线的关系进行描述。

关键词语联想法。给出一个关键词,让学生在学习前后做自由联想,并进行解释,由此对比考查学生在这个知识点上的知识基础。

前测和后测需要注意以下几点:一是题目要能完整覆盖所有的目标。二是把握好前测和后测的时间。前测可以在预习前,也可以在预习后。后测可以放在作业前,也可以放在作业后。三是后测的认知水平要与前测相当,可以在数据或具体内容上做一些改变。四是前测的结果可以用来确定学生的关键学习内容,教学应该建立在前测的基础上。

(2)学习材料运用观察

课题组从学习材料运用的合理性、有效性;学习材料呈现的方式、时机;学习材料与学习目标的契合度;学习材料与学习兴趣的激发;学习材料与重点、难点的突破;学习材料与关键概念的构建等方面开展研究。

①学习材料运用的合理性、有效性观察量表

数学学习材料除了传统意义上的教科书、练习本,还应该包括教师创造性地设计教学环节,为学生设计合理的作业单,提供必要的教具、学具等,但盲目、随意地提供学习材料,不利于学生从事数学学习活动,为学生发展提供帮助。学习材料运用的合理性、有效性观察量表可以从学习材料、教师运用、学生使用等方面进行设计(表1-10)。

1-10 学习材料运用合理性、有效性观察量表

课时内容(版本、单元、课时):		学 校:		班 级:	
引领教师:	观察人数:	观察教师:		观察日期:	
学习材料 (主题图、练习题、实物、模型、图片、文字材料、动画、音频、实验、表格数据等)	材料的运用方式	学习材料呈现后学生行为分类描述		与内容、目标的契合度 (A/B/C)	学习材料运用评论
		对材料的关注度	材料操作的有效性		
……	……	……	……	……	……
学习材料分析内容参考:(评价)					

　　1.是否符合学生的实际,是否符合学生认知规律,是否符合课标的要求,是否有吸引力,能够激发学生的学习兴趣,便于学生合作探究等。

　　2.材料的处理上是否分层利用,能够尊重不同层次的学生,体现材料不同的价值;是否多次利用,体现材料价值的丰富性等。

　　3.学习材料是否能够激发学生的发散性思维和创新性思维等;是否能够激发学生提高认知思维能力等。

　　4.材料的有效性描述:如提供实验,建立经验;创设情境,引发动力;举例验证,建立概念;提供示范,正确操作;呈现过程,形成表象;设难置疑,引起思维;展示事例,开阔视野;欣赏审美,陶冶情操;归纳总结,形成方法等。

　　5.材料契合度描述:学习材料与学习目标关系是否密切,学习材料对学生学习能力的提升是否有作用等

　　操作时,观察者对教师提供的各种学习材料和呈现方式进行如实记录,从学

习材料与教学目标的切合度和学生使用关注度及有效性两方面,对学习材料设计科学性和合理性进行观察记录。最后借助学习材料分析内容参考,对学习材料做全面、科学的评价。当然,为提高观察的有效性,实际观察时,可有多名观察者从材料本身、学生、教师等方面分别进行观察记录,最后汇总做出全面评价。

②学习材料呈现的方式、时机观察量表

在数学课堂教学中,学习材料科学而精心地呈现,能更好地提高课堂教学效率。同一材料因为呈现方式不同,呈现的时机不同,学生实际情况不同,教学效果也大不相同。学习材料呈现的方式、时机观察主要从观察量表的呈现方式、时机和学生使用学习材料的状态两方面进行观察记录,最后采用白描的方式对学习材料呈现方式、时机进行有效性分析评价,从而总结出高效学习材料呈现的经验方法(表1-11)。

表1-11　学习材料呈现的方式、时机观察量表

课时内容(版本、单元、课时)：　　学　校：　　班　级：
引领教师：　　观察人数：　　观察教师：　　观察日期：

关键学习点的学习材料	呈现方式: 1.分层呈现 2.开放性呈现 3.主题式呈现 4.任务式呈现 5.问题情景呈现 6.组合式材料呈现	呈现时机: 1.新旧知识沟通时 2.验证猜想时 3.概念方法的理解时 4.规律、规则探究时 5.思想方法感悟时 ……	学生学习状态描述
材料1			
材料2			
材料3			
……			

通过实践,课题组发现学习材料呈现方式多种多样,例如:

开门见山式。教学中,抓住学生知识的起点,从学生已有知识出发,直接把学习材料呈现给学生,以调动学生学习积极性,激活学生已有的知识经验,提高自觉接纳知识的程度。

顺水推舟式。教学中,让学习材料乘势而下,给学生提供广阔的思维空间,让学生在新授环节中自己出题作为探究的学习材料,在巩固环节中自己出题作为验

证的学习材料,并根据这些学习材料顺着他们的思路深入下去展开教学。

曲线迂回式。教学中,难免会出现错误的学习材料,而对这些学习材料,如果采用回避或反复强调的方法,都不能达到防止错误的目的。此时,呈现学习材料,让学习材料错进正出。让学生通过曲线迂回的方法,引导他们比较、思辨,让学生明确错误产生的原因,知道改正的方法,体验知识的内在联系与区别,帮助学生从对错误的反思中,提高思维的批判性。

动态生成式。课堂教学过程不仅仅是一个单纯的认识过程,而且是师生共同经历的一段重要的生命经历,课堂的活力来自学生动态的发展,教师必须紧紧抓住课堂教学中"动态生成"的学习材料,并有效地发掘和合理利用。通过对话、沟通与合作,以动态生成的方式推进教学活动的过程,促使学习活动更自主、生动和深入。

③学习材料与重点、难点的突破观察量表

小学数学学习内容包罗万象,每堂课都有学习重点和难点。学习重点指学生必须掌握的基础知识和基本技能,如概念、性质、法则、计算等。学习难点是指这些基础知识和基本技能当中学生比较难于理解或者不容易解决的地方。为了帮助学生解决重点、理解难点,使感性知识理性化,实现知识的长久记忆和灵活运用,组织学习时,要把学习的重点、难点直观化、形象化和具体化,通过新旧知识之间的前后联系,感性学习材料的呈现,帮助学生理解、感悟、突破学习重点、难点(表1-12)。

表1-12　学习材料与重点、难点的突破观察量表

课时内容(版本、单元、课时):　　　学　校:　　　班　级:			
引领教师:　　观察人数:　　观察教师:　　观察日期:			
学习重点1	学习材料的运用	学生学习状态描述	学习结果描述
学习重点2	学习材料的运用	学生学习状态描述	学习结果描述
学习难点1	学习材料的运用	学生学习状态描述	学习结果描述
学习难点2	学习材料的运用	学生学习状态描述	学习结果描述

(3)学习方式观察

课题组从学生的自主学习与合作学习两方面展开观察,具体包括:①自主学

习活动分类观察;②合作学习质量观察;③合作学习语言分析观察。

①自主学习活动分类观察量表

自主学习是课程标准倡导的一种学习方式,这里的自主学习包括学生在课堂上根据教师指令开展的独立活动,包括对全班学生自主学习的情况的观察,也可以是对个体学生自主学习情况的观察(表1-13)。

表1-13 自主学习活动分类观察量表

课时内容(版本、单元、课时):　　　　　　　　学校:　　　　班级: 引领教师:　　　　　观察人数:　　　观察教师:　　　观察日期:			
自主活动内容	时间	活动中的学生行为分类描述	活动评论
分析内容参考: 　1.学生在此活动中的行为的意涵,如是否主动说出自己的观点;是否投入活动中;是否产生了一些高水平的认知活动;是否敢于质疑;等等。 　2.教师在此活动过程中的问题设计、行为的合理性,给出相关的建议			

在这张表中,关键是第三列中对活动中的学生行为的分类描述。这种分类描述需要观察者在短时间内结合课堂学习内容,分类记录学生的典型学习行为。我们可以分析学生是否主动提出自己的观点,提出的猜想是否有依据,制订的方案是否严谨,活动中的观察是否细致;采用的探究方法是否灵活多样;是否能用自己擅长的方式表达探究结果,对活动的记录是否客观;是否较全面地收集信息并准确地分析信息;是否不迷信他人;是否敢于质疑;等等。

即使是对个体学生自主学习情况的观察,也需要事先设计比较明确的观察范围。如教师发布指令后,可以记录学生做了哪些活动;如果是画图,是画线段图还是画示意图,怎么画的;在遇到不会画的时候,他的表情、动作怎样;他的非学习性行为有哪些;等等。

②合作学习质量观察量表

这一观察量表不仅可以评估学生合作学习质量的高低,同时也可以给教师提供分析、改进学生合作学习质量的支架(表1-14)。

表1-14　合作学习质量观察量表

课时内容(版本、单元、课时)： 　　　　学校： 　　　班级： 引领教师： 　　　观察人数： 　　观察教师： 　　　观察日期：
积极的个体关联与影响力 　　　　　　　　　1　…　5　　6 　　　　　　　　　　　　　　　很不符合　很符合　没有
小组成员有均等的发言机会
当一个成员讲话时,其他成员注意倾听
当一个成员讲话时,其他成员表示赞同
当一个成员进度落后或迟钝时,其他成员予以积极支持与鼓励
小组学习资源和材料是共享的
不存在小组讨论的时候不说话,公开讨论的时候滔滔不绝的现象
明确而共享的目标与分工
小组成员明白在这一段合作时间里要达到什么结果
小组成员明白自己的任务:职责和角色
当某一成员玩乐或发呆时,其他成员对其进行提醒
90%以上的合作时间是用在学习任务上
良好的人际关系和团体合作技能
小组中不存在明显的因人际关系而产生的隔离、摩擦
小组中不存在对某一成员的歧视与不尊重
遇到争论的时候能够友善处理
提供对别人发言的反馈,也接受别人的反馈
清晰的个人绩效责任
小组中的每一个成员都对最终的结果做出了努力
小组中的每一个成员都能够说出自己对小组的贡献
小组中的每一个成员都对自己的贡献有一个合理的评价

　　观察者在运用这一观察量表时,一般只能重点关注一个小组,才能获得比较准确的数据。如果要对全班所有的小组进行观察和比较,则需要教师团体间的合作。这一观察由四个维度组成,每个维度体现了合作学习中的一个要素,可以结合日常课堂的情境,设计相应的题项。每个题项都是正向的积极描述。1~5表示程度的差异,数字越大,表示课堂中的学生表现越符合这一描述。如果不进行量化的观察,也可以将观察单中右栏的赋值项取消,用简要的描述代替赋值,这样更

适用于日常的教研分析。

③合作学习语言分析观察量表

合作学习中的话语分析是在真实的、自然的课堂情境中,对学生参与正常的小组讨论、实验操作等合作学习活动时的对话进行分析。合作学习中的话语分析有两个目的。一是分析小组中的学生认知学习的质量,每个学生对合作体的知识建构产生了怎样的贡献,学生的思维达到了怎样的深度。二是分析小组中的合作关系、学生的合作状况,话语权的变化、积极互赖的关系等(表1-15)。

表1-15　合作学习语言分析观察量表

课时内容(版本、单元、课时):　　　　学校:　　　　班级:引领教师:　　　观察人数:　　　观察教师:　　　观察日期:		
话语形式分析	合作话语转录	话语意义分析
每个学生的话语量 生1:(　　)分、秒 生2:(　　)分、秒 ……	1.合作时间 2.合作座位表	与合作任务间的关联
话轮如何转换	3.合作小组各成员的话语,标出话轮的转换	关键概念的出现
每个学生使用的语言色彩		关键问题的提出与解决

话语量的多少代表课堂的主控权,主要根据说话的时间来判断,说话多话语量就多,说话少话语量就少。在转录文本中,直接以文字量来判断更便利。从每个学生的话语量可以看出小组中的哪些学生占据了说话的主导权,哪些学生处于沉默或被忽视的状态。

话轮的转换可以看出话语权的变化和研讨主题的变化。一看说话者的话是否连续。如有沉默,那说话者就止步一个话轮。二看是否发生了说话者和听话者的角色互换。如果发生了,那就标志着一个话轮的结束和另一个话轮的开始。

语言色彩的分析可以看出小组合作中的学生关系,是否有积极互赖的个体情感。从这些指标可以看出学生之间的对话是否聚焦在问题解决上,合作任务是否发生了偏离,学生的讨论是否有深度等。

(4)学习情感观察

学生的学习情感可以从抵制、完成任务、冲突、投入、入迷等几种类型进行分析。课题组从学生在数学学习活动中的参与度与完成度、在数学活动中获得的成功体验、参与探索与创造活动、对数学任务进行质疑与独立思考等方面开展观察。

①学生学习情感水平行为观察量表

长期以来的小学数学教学,偏重于学生对学科知识的理解、记忆和掌握,忽视了学生在教学活动中的情绪生活和情感体验,因而引起了很多学生的苦恼和恐惧,导致学生厌学情绪的产生。《数学课程标准》把树立学生对数学的情感、态度与价值观作为数学教学总体目标之一,并对情感、态度与价值观目标提出了具体的要求:能积极参与数学学习活动,对数学有好奇心与求知欲;在数学学习活动中获得成功体验;锻炼克服困难的意志,建立自信心;初步认识数学与人类生活的密切联系及对人类历史发展的作用,体验数学活动充满着探索与创造,感受数学的严谨性及数学结论的确定性;形成实事求是的态度以及进行质疑和独立思考的习惯。学生在数学学习中的情感体验影响学生的认知过程,进而影响学生的行为。积极的情感能促进学生认知的灵活性,并影响解决创造性问题的过程,使学生在做出决定时更能深思熟虑(表1-16)。

表 1-16　学生学习情感水平行为观察量表

课时内容(版本、单元、课时):　　学校:　　　　班级: 引领教师:　　观察人数:　　观察教师:　　观察日期:							
时间段	教学过程	学习状态描述	情感水平行为				
			入迷	投入	冲突	完成任务	抵制
1~5		学生1					
		学生2					
		学生3					
		学生4					
5~10							
……	……						

②学习活动的参与度与完成度观察量表

《数学课程标准》指出:"学生学习应当是一个生动活泼的、主动的和富有个性的过程,认真听讲,积极思考,动手实践,自主探索,合作交流等,都是学习数学的重要方式,学生应当有足够的时间和空间经历观察、实验、猜测、计算、推理、验证等活动过程。"这些都表明学生在课堂教学中的主体地位,以及学生参与数学课堂学习过程的重要性。

学生的课堂参与度已经成了新课程标准下课堂评价的一个重要指标,在数学课堂教学中提高学生的参与度,让学生主动参与知识建构过程,不仅能提高课堂效率,更好地促进学生对知识的掌握,而且能激发学生学习兴趣,养成良好的学习习惯和学习品质。因此,展开对这一内容的观察具有重要现实意义(表1-17)。

表1-17　学习活动的参与度与完成度观察量表

课时内容（版本、单元、课时）：									学校：			班级：			
引领教师：		观察人数：				观察教师：				观察日期：					

时间段	教学过程	学生	参与度								完成度					学习情绪描述
			情感态度			参与方式					完成速度			完成质量			
			主动	接受	被动	举手	回答	倾听	提问	其他	快	中	慢	优	良	差	
		生1															
		生2															
……	……																

③学习活动的成功体验观察量表

苏霍姆林斯基说："在人的心灵深处，都有一种根深蒂固的需要，这就是希望感到自己是一个发现者、研究者、探索者，而在儿童的精神世界中，这种需要则特别强烈。"《数学课程标准》把教学目标区分为知识技能目标、过程性目标和情感态度目标，在知识技能领域采用"经历、体验、感受、探索"等词语描述学习过程，明确了体验作为数学教学的过程性目标之一。在数学知识的获取上，要让学生经历学习过程，充分体验数学学习，让学生在生活、活动、应用中体验数学、学习数学、感受成功的喜悦，增强探索的热情，从而达到学会学习的目的（表1-18）。

表1-18　学习活动的成功体验观察量表

课时内容（版本、单元、课时）：		学校：		班级：	
引领教师：	观察人数：		观察教师：	观察日期：	
时间段	教学过程	学生1	学习情绪描述	学生2	学习情绪描述

分析内容参考说明：

1.学生通过自主探究活动，体验知识"再创造"的全过程，从而深刻理解知识生成的过程。

2.学生通过实践操作，获得大量的感性知识，提高学习兴趣，激发求知欲、体验"做数学"的乐趣。

3.学生通过合作交流，体验"说数学"的全过程，使学生处于积极、活跃、自由的状态，学生之间进行思维的碰撞，使不同的学生都能体验到不同程度的学习成果。

4.从学生的生活经验和已有知识出发，学习和理解数学。学生把课堂中所学的数学知识和方法应用于生活实际，加深对知识的理解，切实体验到生活中处处有数学，体验到"用数学"的价值

(5)学习习惯观察

良好的数学学习习惯在很大程度上表明学生具有良好的学习动机,这会给学生带来学习的兴趣与自信,使得学生在学习过程中越学越轻松,越学越开心。同时,使得教学环节、考试环节形成积极的互动,有利于培养学生积极健康的心态,培养学生具有挑战性的品质,对学生的后续学习具有不可估量的作用。课题组关注的操作上的数学学习习惯有:自主先学习惯、听课习惯、作业习惯、共学习惯等行为上的习惯。思维上的习惯有:多角度和深入思考的习惯、反思质疑习惯、联想转化习惯等反映思维过程的习惯。

①学生课内自主先学有效性观察量表

自主先学的基本特征是,在数学教学过程中,在教师的指导之下,学生作为学习的主体,充分发挥主观能动性,在上课之前对新知识先进行认真的自学和探究,然后带着问题走进课堂,教师根据学生的自学情况及在自学中遇到的问题组织小组讨论和全班交流。在此基础上,引导学生对知识进行延伸和拓展,对问题进行讨论和探究。最后,在课堂结束之前,对学生的学习效果进行当堂训练和反馈。由于将学生的自学活动提前到课前进行,学生可以有足够的时间来调节和控制自己的自学活动,调整自己的学习状态。在学习过程中,学生就会有足够的时间来解决自己感到困难的学习内容。另外,由于自学活动没有了空间上的限制,学生就可以更广泛地组织和使用各种学习工具,寻求各种求助对象,丰富自己的学习形式,从而使自学行为更积极、更主动(表1-19)。

②学生倾听行为观察量表

"学会倾听"是新课程赋予学习习惯的新内涵,学会倾听是一种能力,是一种习惯,也是学习的重要组成部分,是其他活动的基础。相关资料表明:人们在日常生活和学习中,听占45%,说占30%,读占16%,写占9%,这一连串的数字告诉我们,良好的倾听习惯是人们获取知识的主要途径之一,是取得外界信息的关键。而对小学生来说,倾听就显得更为重要了,良好的倾听习惯有助于学生获取知识,学生在学习的过程中,通过认真倾听教师的讲解,获取所需知识;通过认真倾听他人发言,来修正自己认识中的错误,弥补自己思维中的不足,使自己的思想更趋完善、知识更加完整。这是作为一个小学生所应有的良好学习习惯和正确的学习态度(表1-20)。

表 1-19 学生课内自主先学有效性观察量表

| 课时内容(版本、单元、课时): | 学校: | 班级: |
| 引领教师: 观察人数: 观察教师: | | 观察日期: |

自主学习行为		学习内容/时间段/参与情况/效果	累计时长	参与百分比
形式	阅读			
	观察			
	练习			
	操作			
	讨论			
	回答			
	提问			
	笔记			
	自评调整			
总体表现		态度:主动、自律、被动、他律 方法:多元、单一 反馈:有反思、无反思		

表 1-20 学生倾听行为观察量表

| 课时内容(版本、单元、课时): | 学校: | 班级: |
| 引领教师: 观察人数: 观察教师: | | 观察日期: |

教学时间段	倾听形式 1.听老师讲;2.听同伴讲;3.复述同学的发言;4.自己表述;5.记笔记;6.查阅;7.回应;8.无参与;9.其他(请描述)	倾听时间	倾听人数	倾听习惯分析

③学生课堂笔记情况观察量表

课堂笔记就是学生对老师课堂上所讲授的内容做书面记录,并把它作为今后复习和学习的重要资料。做课堂笔记的好处有很多:一是记笔记有助于指引并稳定学生的注意。要想在听课的同时记好笔记,必须跟上老师的讲课思路,把注意力集中到学习的内容上,光听不记则有可能使学生的注意力分散到学习以外的其他方面。二是记笔记有助于对学习内容的理解。记笔记的过程也是一个积极思考的过程,可调动眼、耳、脑、手一齐活动,促进对课堂讲授内容的理解。三是记笔记有助于对所学知识的复习和记忆。如果不记笔记,复习时只好从头到尾去读教材,这样既花时间,又难得要领,效果不佳。如果在听课的同时记下讲课的纲要、重点和疑难点,用自己的语言记下对所学知识的理解和体会,这样对照笔记进行复习时,既有系统、有条理,又觉得亲切熟悉,因而复习起来,事半功倍。四是记笔记有助于积累资料,扩充新知。笔记可以记下书本上没有的,而老师在课堂讲授的一些新知识、新观点,不断积累,便可获得许多新知识(表1-21)。

表1-21 学生课堂笔记情况观察量表

课时内容(版本、单元、课时): 学校: 班级:
引领教师: 观察人数: 观察教师: 观察日期:

做课堂笔记要求情况	做笔记的人数("正"字记录法)		笔记的质量
教师发出做笔记要求	第一次		笔记内容 (1)记板书 (2)记板书和其他 (3)关键点 (4)只记关键点 (5)记关键点和重要实例 (6)记教师口述内容 (7)零乱随意 笔记形式 (1)与板书一致 (2)自成一体 (3)零乱随意
	第二次		
	第三次		
	第四次		
	第五次		
教师没有发出做笔记要求	人数	笔记内容简述	
全程不做笔记			

④学生思维习惯观察量表

《数学课程标准》指出:"教学时,不仅要使学生学到知识,还要重视学生获得知识的思维过程。"思维习惯,作为经过反复练习而形成的思维方式,是条件反射长期积累、反复强化的产物,具有相对的稳定性。在小学数学教学过程中,不论是完成知识与技能目标，还是实现数学思考、解决问题目标，都离不开数学学习情感与态度的培养。而数学学习情感与态度的培养，核心之一就是思维习惯的培养。养成良好的思维习惯，提高思维的品质(深刻性、敏捷性、灵活性和独创性)，发展思维能力，才能使学生对数学的好奇心与求知欲得以持续，才有可能在数学学习活动中获得成功的体验，锻炼克服困难的意志，建立自信心，体验探索与创造，感受数学的美与乐趣。良好的思维习惯，不仅能够促进学生的学习，也能够使其受用终身(表1-22)。

表1-22　学生思维习惯观察量表

课时内容(版本、单元、课时)：　　　　学校：　　　　班级： 引领教师：　　观察人数：　　　观察教师：　　　观察日期：				
关键学习任务	思维过程 　　分析、综合、比较、分类、抽象、概括、具体化、系统化、创新、多角度、反思、质疑、联想、转化、有序、判断、推理、其他(请描述)	思维方式 1.独立思考 2.阅读教材或材料 3.讨论 4.游离	思维深度 1.很深 2.深 3.较深 4.一般 5.浅显	思维习惯描述分析

(6)学习能力观察

《数学课程标准》指出："通过义务教育阶段的数学学习，学生能够具有初步的创新精神和实践能力，使不同的人在数学学习方面的能力有不同的发展。"培养学生的数学学习能力，不但对提高课堂教学效率起到事半功倍的作用，还对学生以后学好数学具有十分重要的意义。一个人具有良好的数学思维和数学学习习惯，其数学学习能力也得以形成。数学学习能力的核心就是思维的发展，思维发展的核心就是数学思想方法的发展与形成。在教学实践中，课题组从数感、符号意识、运算能力、推理能力、模型思想、几何直观、空间观念、应用意识、创新意识、数据分析观念等方面进行量表设计。

①数学计算技能发展观察量表

课题组认为学生必备的计算技能主要包括：熟练地记忆数学公式、法则、概念以及性质并进行运用；进行准确、快速的运算，合理、严密的推导，并能得出正确的计算结果；有效地运用计算器或查表等辅助工具进行运算(表1-23)。

表 1-23　数学计算技能发展观察量表

课时内容(版本、单元、课时)：　　　　学校：　　　　班级： 引领教师：　　观察人数：　　　观察教师：　　　观察日期：					
计算题 (口算、笔算、简算、四则运算、面积、体积、容积、解决问题中的计算等)	学生	运用数学公式/法则/概念/性质 (熟练、较熟练、生疏、不会)	计算速度 (快/中/慢)	计算准确率 1.全对 2.过程对,结果错 3.全错	计算能力分析描述
题目 1	生 1				
	生 2				
	生 3				
	……				

②逻辑思维能力观察量表

逻辑思维能力不仅是学好数学必需具备的能力,也是学好其他学科、处理日常生活问题所必需的能力。数学是用数量关系(包括空间形式)反映客观世界的一门学科,逻辑性很强、很严密。逻辑思维能力是指正确、合理思考的能力,即对事物进行观察、比较、分析、综合、抽象、概括、判断、推理的能力,采用科学的逻辑方法,准确而有条理地表达自己思维过程的能力(表 1-24)。

表 1-24　逻辑思维能力观察量表

课时内容(版本、单元、课时)：　　　　学校：　　　　班级： 引领教师：　　观察人数：　　　观察教师：　　　观察日期 ：						
关键学习任务	学生	运用基础知识的能力	语言能力	想象能力	作图、识图能力	逻辑思维方法	学生逻辑思维发展描述分析
学习任务一	生 1					
	生 2					
	生 3					
	生 4					
	……					

学习任务二							

分析内容参考说明：

1.运用基础知识的能力：(1)理解深刻；(2)运用灵活；(3)熟练；(4)检查、判断；(5)修改订正；(6)其他

2.语言能力：(1)严谨；(2)通顺；(3)准确；(4)清晰；(5)其他

3.想象能力：(1)猜测；(2)质疑；(3)灵活；(4)开放；(5)多元；(6)联系

4.作图、识图能力：(1)敏捷；(2)准确；(3)独创；(4)其他

5.逻辑思维方法：(1)比较与分类；(2)分析与综合；(3)判断与推理；(4)抽象与概括

观察时，填写序号，如果是"其他"请详述。每一项可多重选择

③空间思维能力观察量表

所谓空间思维能力是一种普遍的思维能力，是所有人在任何背景下都或多或少具备的一种能力。空间思维能力的培养可以为学生插上创造性思维的翅膀。对实际中遇到的各种问题，形成清晰的印象，思路开阔，有助于快速有效地解决问题。空间思维能力是从事各种职业必备的素质，建筑师如果没有空间思维能力就不可能设计出漂亮雄伟的楼宇，电器设计者如果没有空间思维能力，那电路肯定是一团糟。

《数学课程标准》指出："在教学中，应注重使学生通过观察、操作、推理等手段，逐步认识简单几何体和平面图形的形状、大小、位置关系及变化。"这一描述不仅要求学生能认识图形，而且还包括"能够由实物的形状想象出几何图形，由几何图形想象出实物的形状，进行几何与三视图、展开图之间的转化"。这是一个包括观念、想象、比较、综合、抽象分析，不断由低到高向前发展的认识客观事物的过程(表1-25)。

表1-25　空间思维能力观察量表

关键学习任务	空间观察能力	图形特征记忆能力	图形分解/组合能力	心理旋转能力	空间定向能力	空间意识能力	空间表达能力	图形特征抽象/概括能力

课时内容(版本、单元、课时)：　　　　学校：　　　　班级：
引领教师：　　　观察人数：　　　观察教师：　　　观察日期：

分析内容参考说明：

　　空间观察能力:视觉空间表象能力。

　　图形特征记忆能力:对图形形状和位置特征有很强的记忆。

　　图形分解/组合能力:能够从复杂的图形中区分出基本图形,并能分析其中的基本元素及其关系。

　　心理旋转能力:能够想象几何图形的运动和变化。

　　空间定向能力:能够由实物形状想象出几何图形大小。

　　空间意识能力:能够由几何图形想象出实物形状、位置和大小。

　　空间表达能力:能够根据条件作出或画出图形;会运用图形与图表等手段形象地揭示问题本质。

　　图形特征抽象/概括能力:图形归类测验和镶嵌图形测验——对图形特征进行抽象和概括。

　　用白描的方法记录所观察学生的学习行为,然后进行分析

④数学信息收集与处理能力观察量表

信息能力主要包括运用信息工具、获取信息、处理信息、生成信息、创造信息、发挥信息效益、信息协作和信息免疫能力。信息能力是当今社会人类生存的最基本能力,它深深地影响着人们的生活、工作、学习的方方面面,是个人寻找职业、融入社会的一个决定性因素。

收集和处理信息的能力是信息能力的结构核心。收集信息的能力是指通过各种方式获取所需要的信息的能力,是信息得以利用的第一步,也是关键的一步。信息收集能力的好坏,直接关系到整个信息管理学习的质量。处理信息的能力是指对获得的信息进行再加工的能力。通过对信息进行筛选、分类、分析、综合,获得研究所需的有效数据,从而为学习提出有针对性的、高效的思想指导和理论

支持,信息的处理包括信息的分析、信息的整理、信息的运用以及信息的交流四个部分。

在数学学习中,学生依据一定的学习目标,从诸多的数学信息中排除干扰信息,抽象出有用数学信息的空间形态或数量关系,并对其进行系统归纳与整理,从而找出其中蕴含的现象或规律(表1-26)。

表1-26 数学信息收集与处理能力观察量表

课时内容(版本、单元、课时): 引领教师: 观察人数:		学校: 观察教师:		班级: 观察日期:			
学习过程	信息收集能力	信息处理能力	信息交流能力	信息分析能力	信息运用能力	信息管理能力	信息收集、处理方式
							浏览、阅读、调查、参观、查阅资料、重组、应用、鉴别、评价、筛选、储存、分类、分析、综合

分析内容参考说明:

1.根据学习目标寻找、选择、整理和储存各种有用的信息。

2.言简意赅地将所获得的信息从一种表达形式转变为另一种表述形式,亦即从了解到理解。

3.针对问题选择、重组、应用已有的信息,独立地解决该问题。

4.正确地评价信息,比较几种方法的优缺点,看出他们各自的特点、适用的场合以及局限性。

5.利用信息做出新的预测和假设。

6.能够从信息看出变化的趋势、模式并给出变化的规律。

7.完成数学信息的整合及深加工后,可以独立尝试开放探索性问题的解答,并能根据解答过程中所反映出的问题,及时调整学习策略。

用白描的方法记录所观察学生的学习行为,然后进行分析

⑤数学建模能力观察量表

数学建模是一种数学的思考方法,是运用数学的语言和方法,通过抽象、简化建立能近似刻画并"解决"实际问题的一种强有力的数学手段。应用数学去解决各类实际问题时,建立数学模型是十分关键的一步,同时也是十分困难的一步。建立数学模型的过程,是把错综复杂的实际问题简化、抽象为合理的数学结构的过程。要通过调查、收集数据资料,观察和研究实际对象的固有特征和内在规律,

抓住问题的主要矛盾,建立起反映实际问题的数量关系,然后利用数学的理论和方法去分析与解决问题。这是一个数学知识与实际生活相结合的过程,而数学建模能力则是这个过程中学生的一种数学综合素养,是学生对各种能力的综合应用,它涉及文字理解能力,对现实生活的敏感程度,对理论知识的掌握程度,良好的心理素质,创新精神和创造能力,以及观察、分析、综合、比较、概括等各种科学思维方法的综合应用(表1-27)。

表1-27   数学建模能力观察量表

课时内容(版本、单元、课时): 学校: 班级: 引领教师: 观察人数: 观察教师: 观察日期:

学习过程	"翻译"能力	数据处理能力	运用数学工具的能力	创造能力	其他能力 交流、倾听、合作、表达、写作等

分析内容参考说明:

　　1."翻译"能力:能将口头语言描述的实际问题用数学语言表达成数学问题,建立数学模型,并把数学问题的解释用大众能理解的非数学语言表达的能力。

　　2.数据处理能力:学生对所收集数据确定有效性、区分主次,并找出关键性数据进行分类、整理、抽象、归纳的能力。

　　3.运用数学工具的能力:用数学工具对所建立的数学模型做数学分析、推理及计算的能力。

　　4.创造能力:学生创造性的发挥,丰富的想象能力以及洞察力。

　　5.其他能力:包括交流、倾听别人的意见、合作、表达及写作能力,建模活动要求在小组讨论和合作交流、争论中获得启示并分享建模成果。

　　用白描的方法记录所观察学生的学习行为,然后进行分析

　　课堂观察Ⅱ类量表的开发:

　　结合计算课、概念课、解决问题等课型的特征,从学生学习的维度出发,单独研发观察量表,称为Ⅱ类量表。

　　(1)计算课观察

　　计算教学直接关系着学生对数学基础知识与基本技能的掌握,关系着学生观察、记忆、思维等能力的发展,关系着学生学习习惯、情感、意志等非智力因素的培养。可以说计算课有利于发展学生的运算能力、模型思想、应用意识、转化思想、创造意识等。

　　课题组从以下几个观察点开展量表设计:①学习目标达成度,主要是开展前

测与后测活动,比较分析学生的计算技能提升情况,观察学生的学习进步度;②学生计算速度与正确率;③学生探究算法,明晰算理的策略;④学生的计算习惯;⑤学生练习环节时的双基达成度;⑥不同计算教学时段的学生参与度;⑦口算或估算能力与方法;⑧计算学习材料的有效性。

①探究算法、理解算理观察量表

算理就是计算过程中的道理,是指计算过程中的思维方式,解决为什么这样算的问题。算法就是计算的方法,主要是指计算的法则,就是简化了复杂的思维过程,添加了人为规定后的程式化的操作步骤,解决如何算得方便、准确的问题。算理为计算提供了正确的思维方式,保证了计算的合理性和正确性,算法为计算提供了快捷的操作方法,提高了计算的速度;算理是算法的理论依据,算法是算理的提炼和概括,它们是相辅相成的。处理好算理与算法的关系对于突出计算教学核心,抓住计算教学关键具有重要的作用(表1-28)。

表1-28　探究算法、理解算理观察量表

课时内容(版本、单元、课时):　　　学校:　　　班级:
引领教师:　　　观察人数:　　　观察教师:　　　观察日期:

环节	学生	题目来源			探究算理			探究算法			计算正确率			计算速度			错误原因		
		教师出题	同伴编题	自己编题	多种表征	一种表征	无表征	主动参与	一般参与	不想参与	对几题	错几题	正确率	快	中	慢	方法错误	抄错数字	计算错误
复习旧知	生1																		
	生2																		
	生3																		
提出问题	生1																		
列出算式	生2																		
……																			
综合评述																			

本量表按照教学流程,通过设计有效的练习素材,从计算课的关键处,如探究算理、探究算法、计算正确率、计算速度、错误原因这几方面来观察

②计算教学中学习材料运用有效性观察量表

现行教材十分重视对算理的理解,学生以具体事物为形象依托进行抽象知识的理解。因此,对于学生计算教学中的学习材料的甄选就尤为重要。学生借助计算学习材料的直观性、生活性、可操作性,理解算理的抽象性与算法的高度概括性(表1-29)。

表1-29　计算教学中学习材料运用有效性观察量表

内容(课题、版本、单元、课时):				引领教师:		观察对象:			
人　数:		观察者:		观察日期:		研究问题:			
学习材料	学生	参与度			材料的来源	呈现形式	材料品质	材料完成效果			记录描述

学习材料	学生	优	良	差	材料的来源	呈现形式	材料品质	优	良	差	记录描述
	1				原题( )改编( )原创( )		与目标的针对性(强、中、弱、无)材料的层次(有、无)材料的趣味性(有、无)				
	2										
	3										
	4										
	5										
	6										
……											
综合评述											

③计算题的选择、应用与效果观察量表

在一节计算课教学中,一般教材会呈现例题,以及相应的计算练习题。在这些题中,并不是所有题都是可以拿来就用的。例如,人教版四年级上册三位数乘两位数这一教学内容,包括因数末尾有0,因数中间有0,积末尾、中间有0等内容。如果不加选择的话势必会使学生的学习产生混淆与负迁移。因此,在计算教学中教师要进行合理的选择(表1-30、表1-31)。

表1-30 计算题的选择、应用与效果观察量表（一）

内容(课题、版本、单元、课时)：					引领教师：		观察对象：		
人　数：　　　　观察者：					观察日期：		研究问题：		
任务(1表示有,0表示无)					学习 主动性:1-弱,2-一般,3-强 独立性:1-弱,2-一般,3-强 准确性:1-错,2-部分,3-对				
内容	属性		要求						
内容	情境	桥梁	小组	展示	反思	学生	时间	主动性	独立性	准确性

内容	情境	桥梁	小组	展示	反思	学生	时间	主动性	独立性	准确性
						A				
						B				
						C				
						……				
……										

总结评价(针对选择的合理性、应用的深度和广度、课堂中学生的学习效果、目标的达成度)

表1-31 计算题的选择、应用与效果观察量表（二）

内容(课题、版本、单元、课时)：		引领教师：	观察对象：	
人　数：　　　　观察者：		观察日期：	研究问题：	
环节	计算题	来　源	意　图	效　果
		原题( ) 改编( ) 原创( )		对( )人 占( )% 错( )人 占( )%
……	……	……	……	……

总结评价(针对选择的合理性、应用的深度和广度、课堂中学生的学习效果、目标的达成度)

(2)概念课观察

概念是思维的基本形式,是构成数学概念体系的基石,是学生理解、掌握数学知识的首要条件,也是进行问题解决、综合实践应用的前提。概念课贯穿于数与代数、几何与图形、统计与概率领域。学生学习概念的过程,同时也经历了观察、概括、抽象、比较、深化、创造等思维过程,可以说概念课对学生 10 个核心素养的发展有着举足轻重的作用。

课题组从以下观察点开展量表设计:①学生对核心概念理解情况;②学生探究核心概念时的参与广度与深度;③学生对核心知识的理解与运用;④学生体验概念形成过程的学习方式、学习情感、学习能力等;⑤学习概念时正例、反例的设置形式、呈现时机与效果;⑥学生思维品质的观察(思维的深刻性、灵活性、广阔性、批判性、敏捷性、创造性等)。

①理解概念的学习材料与呈现形式观察量表

数学概念课的教学模式要从学生熟悉和感兴趣的教学情境出发,用学生在日常生活中所接触到的事物或教材中的实际问题以及模型、图形、图表等作为感性材料,引导学生通过观察、分析、比较、归纳和概括去获取概念。这就需要教师呈现有效的学习材料,恰当地选择呈现时机,促进学生投入情境,实现概念理解(表1-32)。

表1-32 理解概念的学习材料与呈现形式观察量表

内容(课题、版本、单元、课时):　　　　引领教师:　　　观察对象:

人　数:　　　　　　　　　　　　　观察者:　　　　观察日期:

研究问题:理解概念的学习材料与呈现形式

学习材料	学生	参与度			呈现时机	呈现形式	效果			记录描述
		优	良	差			优	良	差	
	1				概念形成前( ) 概念形成中( ) 概念形成后( )					
	2									
	3									
	4									
	5									
	6									
……										
综合评述										

②几何与图形概念(认识)的理解时激发学生思维的方式观察量表

学生的思维过程往往从问题开始。在教学过程中,教师往往设置许多问题,有意识地为学生发现疑难问题、解决疑难问题提供桥梁和阶梯,但由于问题单调、陈旧、零敲碎打、毫无联系,激发不起学生的学习兴趣,不能引起学生思考,与培养思维能力的宗旨背道而驰。在"图形与几何"教学中应充分利用好设计的问题激活学生的思维,给学生独立思考的时间和完整解决问题的机会,采用多种方式进行合作探究,注意交流的时机和必要性,培养学生数学思维能力(表1-33)。

表1-33 几何与图形概念(认识)的理解时激发学生思维的方式观察量表

内容(课题、版本、单元、课时): 引领教师: 观察对象: 人 数: 观察者: 观察日期: 研究问题:几何与图形概念(认识)的理解时激发学生思维的方式										
姓名人数 激活思维的方式	甲 次 数		乙 次 数		丙 次 数		丁 次 数		……	备 注
	有效 次数	无效 次数	有效 次数	无效 次数	有效 次数	无效 次数	有效 次数	无效 次数		
启发										
追问										
题目变式										
知识联系										
逆向联想										
正向联想										
动手操作										
开放条件										
开放问题										
小组交流										
策略开放										
综合运用										
归纳总结										
课堂临时 追加										
综合评述										

③数学概念形成观察量表

小学数学概念包括:数的概念、运算的概念、量与计量的概念、几何形体的概念、比和比例的概念、方程的概念,以及统计初步知识的有关概念等。这些概念是构成小学数学基础知识的重要内容,掌握正确的数学概念,是学生学习数学知识的基石,是培养学生数学能力的前提。数学概念一般比较抽象,对于以具体形象思维为主要形式的小学生来说,学习起来不易掌握。在小学数学中,学生计算能力的提高,空间观念的形成,逻辑思维能力的培养,都必须在加强概念教学的基础上进行。因此,重视数学概念教学,对于提高教学质量有着举足轻重的作用(表1-34)。

表1-34　数学概念形成观察量表

内容(课题、版本、单元、课时):							引领教师:				观察对象:			人　数:					
观察者:							观察日期:				研究问题:数学概念形成								
学习环节	时间	学生	关注度			参与度			运用形式(多选)							运用状态			运用效果						结果记录描述
			优	良	差	优	良	差	思考	交流	画图	讨论	猜想	其他	活动描述	独立	参考	不会	速度			准确度			
																			快	中	慢	高	中	低	
		1																							
		2																							
		3																							
		4																							
		5																							

(3)解决问题教学观察

《数学课程标准》明确指出:要善于培养学生应用数学知识解决简单的实际问题的能力,提高学生的实践能力。解决问题的教学不仅可以夯实双基,帮助学生积累数学活动经验,积淀数学思想方法,更能充分发挥学生的主体地位,提高学生的学习兴趣,发展学生的"四能"。学生解决问题的过程是运用数学知识、数学方法和思想进行数学表达交流的综合能力的体现。

课题组从以下观察点开展量表设计:①在具体的问题情境中灵活地抽象出概念模型,解决问题的能力;②学生的问题意识(发现问题、提出问题);③学生解决问题的策略运用(画图、枚举、列表、实物操作、模拟演示、转化、简化、分析法、综合法);④解决问题过程中学生思维品质的观察;⑤合作探索时的参与广度与深度;⑥动手实践能力;⑦数量关系探究与建构的观察;等等。

①解决问题过程中学生思维品质观察量表

思维品质属于能力范畴,思维品质不同,会带来能力上的巨大差异。在解决问题教学过程中,学生思维品质主要表现为深刻性、灵活性、创造性和敏捷性。思维的深刻性是基础,灵活性和创造性是在此基础上引申出来的,敏捷性是以上思维品质为前提,同时又是它们的具体表现。各思维品质之间相互联系,密不可分。因此,在解决问题教学时,教师既要注意面向全体,又要注意因材施教,切实提高学生解决问题的能力,全面落实有效教学,全面提高教学质量(表1-35)。

表1-35　解决问题过程中学生思维品质观察量表

内容(课题、版本、单元、课时):　　　　引领教师:　　　观察对象:　　　人　数: 观察者:　　　　观察日期:　　　　研究问题:解决问题过程中学生思维品质(深刻性、灵活性、敏捷性、创造性)的情况											
学习材料	学生	审题形式			审题时长	解决问题的方法			解决问题时长	解决问题的效果			记录描述
		仅读(包括默读)	读+标记(形式)	不读		角度	策略	方式		正确率	比重(独立、合作)	回头看	
	1												
	2												
……													
综合评述													

②解决问题意识、策略、能力观察量表

新课程的实施,把培养学生的问题意识与解决问题的能力提到了前所未有的高度。课程标准明确要求教师在教学过程中要注重引导学生质疑、调查、探究,在实践中学习、富有个性化地学习,培养学生的独立性和自主性,转变学生的学习方式。而问题意识在思维过程乃至整个认识活动中占有重要的地位,从某种角度来说,教学过程就是师生双方不断发现问题、提出问题和解决问题的过程,是一个探索、研究和创新的过程,是学生进行数学思考的历程。教学时教师应注意激发学生解决问题的兴趣,指导解决问题的方法,循序渐进地提高学生解决问题的能力(表1-36)。

表 1-36　解决问题意识、策略、能力观察量表

内容(课题、版本、单元、课时)：　　引领教师：　　观察对象：
观察人数：　　观察者：　　观察日期：
研究问题：学生解决问题意识、策略、能力等情况

环节	题目摘录	学生	学生解决问题的意识	学生解决问题的策略运用	学生解决问题的能力	教师对学生的关注
		生 1				
		生 2				
		生 3				
		生 4				
……	……	生 1				
		生 2				
		生 3				
		生 4				

总结评价(针对 4 位学生解决问题的能力、教师对学生的关注度、学生在本课中解决问题能力的提升方面填写)

备注：学生解决问题的意识(主动探究、师生互动、同伴交流)
　　　学生解决问题的策略运用(画图、枚举、列表、操作、演示、转化、简化、分析法、综合法等)
　　　学生解决问题的能力(强、中、弱)
　　　教师对学生的关注(个别辅导、交流想法)

③解决问题中核心学习材料运用观察量表

《数学课程标准》指出学生的数学学习内容应当是现实的、有意义的、富有挑战性的,这些内容要有利于学生主动地进行观察、实验、猜测、验证、推理与交流等数学活动。所以,在解决问题教学时,教师要有意识地引导学生沟通生活中的具体问题与有关数学问题的联系,借助学生熟悉的生活实际中的具体事例,激起学生学习数学的求知欲,寻找生活中的数学问题,运用所学知识分析、解决实际问题,引导他们去发现和寻找问题的答案,把学习的主动权交给学生,多给学生一些研究的机会,多一些成功的体验,多一份创造的信心(表 1-37)。

表 1-37　解决问题中核心学习材料运用观察量表

内容(课题、版本、单元、课时)：　　　引领教师：　　　观察对象：　　　人　数：
观察者：　　　观察日期：　　　研究问题：核心学习材料运用的合理性、有效性

学习材料与学习环节	时间	学生	关注度			参与度			运用形式						运用效果						
									思考	记录	连线	阅读	画图	活动描述	速度			准确度			结果记录描述
			优	良	差	优	良	差							快	中	慢	优	良	差	
		1																			
		2																			
分析内容参考：																					

核心学习材料呈现后,关注学生的独立操作或合作学习的时间与效果。
学生操作后,组织反馈活动时,学生对数学思想方法有无进一步的领悟。
应用环节,学生主动运用数学思想方法的意识有无增强

④解决问题中审题方法、检验意识、总结意识观察量表

解决问题过程中,学生的审题方法、检验意识、总结意识等是学生良好学习习惯的重要标志。只有养成良好的学习习惯,才能保持学生学习的持续性。量表旨在通过对学生课堂学习过程的观察,分析学生学习过程中存在的问题及良好的习惯和方法,进一步改善学生的课堂学习(表 1-38)。

表 1-38　解决问题中审题方法、检验意识、总结意识观察量表

内容(课题、版本、单元、课时)：　　　引领教师：　　　观察对象：　　　人　数：
观察者：　　　观察日期：　　　研究问题：解决问题中审题方法、检验意识、总结意识

任务(1-有,0-无)					学习						
					审题方法:1-读,2-圈,3-画;准确性:1-错,2-部分,3-对						
内容	属性		要求		检验:1-有,0-无;策略总结:1-有,0-无;独立解答:1-有,0-无						
	情境	桥梁	小组	展示	反思	学生	时间	审题方法	独立解答	检验	策略总结	准确率

					A						
					B						
					C						
					D						
……					A						
					B						
					C						
					D						
总结评价(针对选择的合理性、应用的深度和广度、课堂中学生的学习效果、目标的达成度)											

（三）构建课堂观察流程，形成了学本视域下的小学数学课堂观察实施体系

本研究以课堂观察为技术手段，聚焦课堂教与学的定量和定性分析，对自主先学和共学悟法等环节进行课堂实例观察分析，检测基于学本视域下的学材开发、智慧导学和评价促需等教学策略的实施效果，进一步改进和完善了学本课堂的教学策略，形成了小学数学课堂观察的"四步"实施策略(图1-4)，形成了"一个主题、四元分析、三大反观"的实施模式。

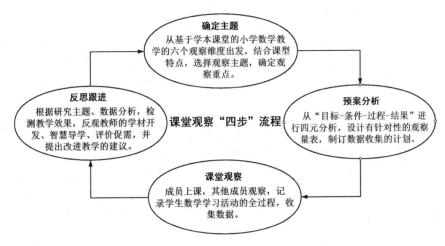

图1-4　小学数学课堂观察的"四步"实施策略

1.选择教学内容,明确观察主题

首先要求研究团队各成员从学生的学习目标、学习方式、学习材料、学习情感、学习能力等视角出发,收集典型普遍存在的真实问题,选择其中一个或几个观察视角作为研究重点。

2.围绕教学预案,开展四元分析

研究团队各成员根据研究主题的需要,确定上课内容,设计导学预案,开发观察量表。从"目标—条件—过程—结果"进行四元分析。目标分析,即针对学科教学知识点和学情实际情况而言的"重点",以及针对学生的学习过程而言可能存在的认知"难点";条件分析,即围绕目标、重难点着重分析如何选择学习材料,是否需要素材重构;过程分析,即针对教学法而言的"关键点",如何通过关键环节设计实现教学目标又能克服学生的困难;结果分析,即期望学生在教学实施后获得的学习效果。这一方法关键在于观课前写出针对本节课内容的"预分析",然后在听课过程中对比实际发生的情况与个人预分析的差距,提出分析和诊断建议。如王小权老师设计的《"平面图形的面积"总复习》一课的四元分析:

(1)学情分析

表1-39 学情分析

知识点	学生掌握情况	学习目标	学习重难点
1.平面图形面积的公式及其推导过程。2.图形等底等高情况下,面积间的联系。3.组合图形面积计算的方法和策略	从课前学生自主复习的反馈情况来看,大部分学生对于平面图形的面积公式推导过程掌握得较好,都能通过画图或文字描述进行完整的书面表达。因此,课堂上的侧重点在于引导学生构建完整的知识网络;另外,从四道不同层次的前测题中可知:学生对于公式的简单运用掌握得比较扎实,但利用图形关系解决面积问题,是学生相对比较薄弱的环节。一是部分学生对于图形面积间的关系较模糊,易混易错;二是大部分学生在选择解题策略时,更倾向于步骤烦琐的公式应用,说明学生的沟通、抽象、联想能力较弱,有待通过复习得到进一步的提升	通过回忆梳理面积的推导过程,帮助学生对面积知识的认识由线性走向网状;通过等底等高的各平面图形面积关系的梳理,进一步强化转化思想,提高学生灵活解题的能力和空间观念的发展。	重点:回忆整理平面图形面积的计算公式及推导过程,仍是学生后续学习的重要基础。因此,构建完整的平面图形面积的知识网络仍是本课教学中的重点。难点:梳理平面图形间的联系,并能灵活地应用图形的关系进行解题,是本课力求突破的难点

总之,对于六年级的学生来说,平面图形面积的公式推导及运用都已经具备一定的水平,但对于抽象程度相对较高的图形关系、面积转化等解题策略,还需要在课堂上进一步梳理强化,形成比较系统的解题策略。

(2)学材分析

本课的学材选择本着"学生推荐为主,教师补充为辅"的原则,选取了学生课前自主复习的有关素材作为课堂学习的主要学材。

学材一:在平面图形关系梳理时,通过一组顶点在平行线上的平面图形,创设了图形面积联系丰富的素材。一是等底等高关系;二是外方内圆的面积关系。同时进一步拓展等底等面积、等高等面积时,三角形与平行四边形高与底的关系;等高等面积时,梯形与平行四边形、三角形面积计算方法的沟通和联系,从而进一步深化知识融通,发散学生思维,促进空间观念发展。

学材二:通过对课前学生推荐的易错题的筛选,以分层分类的形式构建了本堂课的练习题组。第一类是利用"割补转化"的方法求组合图形的面积,强化组合图形面积计算的基本方法;第二类是利用"等底等高"的转化方法求组合图形的面积,强化学生解题的灵活性;第三类是利用"整体代换"的方法进行巧妙解题,强化学生解题中的整体意识;第四类是利用"分解转化"的方法求复杂图形面积,强化学生空间观念的发展。通过四个层次的练习反馈,把学生从一道题的练习,引向对一类题的研究。

(3)流程分析

根据学生课前自主复习的学情反馈,本课力求通过以下三个层次的复习构建知识网络:第一层次,面积计算公式推导过程之间的联系。让学生课前梳理,唤醒已有经验,通过课内交流,深化图形间的联系,构建知识网络。第二层次,平面图形"等底等高"时的面积关系以及平面图形面积计算方法上的联系,强化转化思想。同时,让学生感悟梯形面积计算方法与三角形、平行四边形面积计算方法之间的联系,以及外方内圆的面积关系等。第三层次就是整合课前学生推荐的易错题进行分层分类的题组练习,强化面积计算过程中的基本思想方法和策略。通过以上三个层次的复习,一方面,通过知识的融通和跨界,提高学生对知识的理解能力,促进知识间的联系,重构认知结构;另一方面,使学生学会整理知识的方法,拓展空间观念,提升数学素养。

(4)结果分析

期待通过复习,学生能在熟练掌握各图形面积公式的推导过程中,凸显转化思想,构建知识网络。在应用中,既能熟练地应用公式计算平面图形的面积,同时也能充分利用图形间的关系,解决平面图形面积的实际问题。另外,积累复习、整理知识的经验,认识到沟通知识间的联系、构建知识网络在复习中的重要性,初步学会自主复习的方法。

3.深入实践观察,收集观察数据

研究团队一成员上课,其他观课,记录学生数学学习活动的全过程,收集观察数据。

(1)立足课堂,进行深入观察

课堂观察与传统听评课不同,它需要观察者根据观察量表进行相关的记录,在记录时观察者必须客观地、有针对性地记录课堂上发生的各种现象、行为,尽可能多地记录相应的观察资料,记录资料的翔实与否,直接影响后期对课堂的处理与分析。

在实践过程中采用"人机结合"的方式开展,所谓人机结合一方面是一成员授课,其他成员一起观课,利用观察工具,分组记录课堂实际教学情况;另一方面通过摄像、录音记录教学全过程,以便于析课、研课时进行微格讨论。

(2)立足数据,分析观察结果

承担不同观察任务的观察者必须进行观察信息的汇总以全面反映学生的学习实况,为随后的分析与研讨提供充足的证据。通过数据分析,立足于学生,对教学过程做出分析和诊断,侧重抓住课堂教学的整体结构层次、主要教学任务及学生认知水平等。

观察结果分析过程中,通过把本节课所有观察点的数据及结果有机地联系起来,形成系统有效的推论,找到教学现象的本质问题,不能用一个点的观察信息来推论整个课堂的教学效果,要深入地挖掘数据背后的意义。

4.深度辩课反思,落实三大反观

数据的分析通常在课后交流讨论环节进行。数据的分析与推断,对观察结果的诠释是课堂观察提升课堂教学效率、促进教师专业成长的关键环节,它能使观察者与被观察者在专业研讨中,通过全方位、多视角的交流,找到有效的教学策略。

(1)从学习任务反观教师学材的开发

针对推动教学过程展开的主要学习任务,分析学生在学习任务的实施中是高认知还是低认知水平完成,即是记忆型任务和无联系的程序型任务还是有联系的程序型任务,以此判断学习材料的开发是否有效促进了学生的自主学习活动的开展,是否有效促进了学生学习力和数学核心素养的发展。

①从学习任务的设置,反观学材的难易度。从完成学习任务时使用的学习材

料是否符合学生实际、是否易于操作、是否促进学生的学习等方面,能有效反观课堂教学中的学材开发是否难易适度、是否有效促进了学生的学习。

②从学习任务的方式,反观学材的适切度。学生在完成学习任务的过程中,选择合理的学习方式,是促进学生学习能力发展的重要途径。学生学习方式的选择,能有效地反观学材开发的适切度,学材的开发是否落实了学生的主体地位,学为中心的理念是否得到了体现。

③从学习任务的达成,反观学材的实效度。学习任务的完成,即学习目标的达成,是衡量一堂课最基本的要求。通过学生学习任务目标的达成,可以有效反观课堂教学中教师学材开发的效度。

(2)从学习思维反观教师的智慧导学

对于课堂中开展的典型的重点学习任务,结合观察量表收集到的数据,分析学生的思维特点,以此来分析和诊断学习任务对学生的挑战程度以及目标的达成度。

①从学习的起始点,反观教师导学的梯度。通过对学生学习过程中思维起点的观察分析,关注教师的导学是否适合大部分学生的思维起点,从而反观课堂教学中教师导学是否具有一定的梯度。

②从学习的探究点,反观教师导学的深度。在教学的探究点上,通过对学生思维的活跃度、学习活动的参与度等要素的分析,反观课堂教学中教师导学是否促进了学生的深度学习,导学是否具有深度。

③从思维的发散点,反观教师导学的广度。思维的发散点是学生沟通知识间的关系,以及综合应用知识的重要基础。思维发散点的分析,能有效评估教师导学的广度。

④从思维的落脚点,反观教师导学的力度。思维的落脚点,直接反映了一堂课的思维训练含量。通过对思维落脚点的分析,能有效反观课堂教学中教师导学的力度。

(3)从学习效果反观教师的评价促需

通过收集课堂任务单、习题纸、实验单、补充材料、导学案等学习材料,分析前后测对比数据,了解学生整体学习效果。根据学生的填写情况,对学生留下的学习痕迹分门别类地进行统计或枚举典型个案,呈现教学过程中学生真实的思维过程和学习状况;从前后测数据对比中,有效反观课堂教学目标的达成度和教师教学的效度;从学习策略的对比中,反观教学中高阶思维的发展,同时也能反观教师课堂教学策略的实施效果。

①从学习的易错处,反观教学的薄弱点。课堂中学生学习的易错处往往是教

学应该重点关注的地方。通过对易错点的分析,可以反观课堂教学中的薄弱环节,有针对性地改进课堂教学的措施。

②从学习的闪光处,反观教学的创新点。学生在课堂学习中的闪光处,往往体现了课堂教学的良好效果,通过对闪光处的分析,可以有效反观教师教学中的成功之处,这往往也是教师教学的创新点所在。

③从学习的难点处,反观教学的着力点。学生学习的难点处,往往是教学中需要教师着力加以关注的地方。通过对学习难点的分析,可以有效反观教师在课堂教学的着力点上采取的措施是否合理有效。

(四)构建学本视域下的小学数学教学策略体系,形成了"四学六导"的学本课堂实践模式

小学数学要体现基础性、普及性和发展性的特点,使数学教育面向全体学生,人人学有价值的数学,人人都能获得必需的数学,不同的人在数学上得到不同的发展。小学数学内容应当是现实的、有趣的,有利于学生主动从事观察、实验、猜测、验证、推理、交流与解决问题等活动。小学数学教学要突出体验性,即让学生经历数学化的过程,在过程体验中发展必要的认知工具、学习策略和思维能力,所以其基本方式不是"授予",而是"引导",要给学生的思考和发展留下充分的空间,使学生真正成为学习活动的主人。

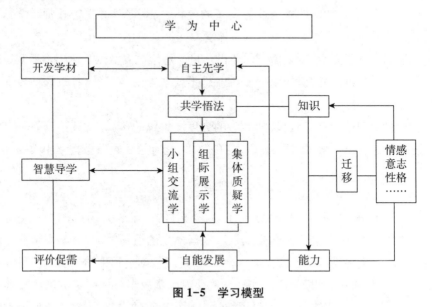

图1-5 学习模型

基于以上认识,我们在探索基于课堂观察的小学数学学本课堂的实践研究过程中,构建了以上学习模型(图1-5),并据此展开教学与研究,形成了"自主先

学—开发学材""共学悟法—智慧导学""自能发展—评价促需"等教学策略,让课堂导有效度、学有深度。

1.学生自主先学的行动策略

学生通过自主先学,了解基础知识和基本技能,并在先学过程中提出自己最想研究或最想了解的问题。按学生的学习时间可以将自主先学的时间定在课外、课始、课中、课后等时间段,根据不同课型和不同形式的导学灵活安排。学生自主先学的主要策略有导学单导学、微视频启学、操作单引学三种(表1-40)。

表1-40　学生自主先学行动策略

策略	先学要点	行动要领
1.导学单导学	1.自学提示 2.自学问题 3.我的收获 4.我的疑惑	"四字诀" 看:研读教材和学习工具的内容 理:观察、分析、类比、演算、推理、猜想、画图、验证、归纳、概括 练:练习、检测 思:反思、评价、质疑
2.微视频启学	1.微学案 2.微习题 3.微反思	
3.操作单引学	1.操作提示 2.猜想记录 3.验证过程 4.我的疑惑	

(1)导学单导学

导学单导学包括自学提示、自学问题、我的收获和我的疑惑四大块内容,可以有效培养学生的预习习惯及自学能力。

以"平行四边形的面积"一课为例,本课内容以图形内在联系为线索,以转化为基本方法开展平行四边形面积计算的学习。学生已经具备了自主学习的能力基础,初步积累了数格子、剪、拼、摆等操作活动经验,对"转化"这一方法也有一定的认知基础。但部分学生由于受长方形的面积计算方法的影响,形成知识的负迁移,认为平行四边形的面积可以用邻边相乘的方法进行计算,造成了认知上的冲突,也是本节课教学的难点。为此,课题组设计了导学单。让学生通过自主探究、动手实践、主动建构等学习活动,经历知识的转化过程,从而解决教学难点。

平行四边形的面积(导学单)

姓名　　　　　班级

1.平行四边形的面积计算公式是怎样的? 请分别用文字和字母

表达。

2.平行四边形的面积公式是怎样推导的？（提示：可以用文字描述，也可以画图表示，还可以剪几个平行四边形进行操作演示，并将操作过程留存在导学单上）

3.计算平行四边形的面积，为什么不能用相邻的两条边相乘呢？

4.关于"平行四边形的面积"，我的疑问：

根据导学单的要求，让学生开展"四字诀"活动。

看：仔细阅读书本第87页和第88页的内容，通过阅读，学生可以自主解决导学单的两个问题：平行四边形的面积计算公式是怎样的？用字母怎么表示？通过阅读学生还能够初步感知平行四边形的面积公式的推导过程。

理：根据导学单的要求初步完成第2、3两题的学习任务。一是学生通过画图或剪拼，进行操作梳理，经历平行四边形转化成长方形的过程，并通过观察、分析、比较、推理，发现转化前后两者的内在联系，从而根据长方形的面积计算公式推导出平行四边形的面积计算公式。二是通过画图、计算、比较发现邻边相乘的面积要大于底乘高的面积，初步感知为什么不能用邻边相乘的理由。

练：完成教材中的基本练习题。

思：学生通过自主先学，提出自己的疑问，如平行四边形的面积为什么不能用邻边相乘来计算？为什么要用字母 S、a、h 表示？三角形、梯形面积怎么计算？等等。

课题组对先学效果的分析显示，学生通过自学教材，构建了"平行四边形面积计算方法"的模型，并且能够按照要求进行剪拼转化。但是部分学生并不明白这样剪拼的真正原因，而为什么不能用邻边相乘这一问题，更是暴露了学生的学习困惑，这些正是我们在共学悟法环节需要重点解决的问题。

基于导学单的自主先学活动，通过学生的观察、分析、类比、画图、操作、归纳、概括等数学活动，一方面，可以了解学生的真实学习状态，为共学悟法提供重要的依据；另一方面，可以培养学生的阅读能力、自主探究能力和反思能力。

（2）微视频启学

微视频可以化静为动，变平面为立体，声像结合，图文并茂而且可以反复使用，一般适用于学生不易理解的概念课教学。微视频启学由教师提供微视频素材，供学生观看学习，让学生在学习中时刻保持浓厚兴趣和注意力，有效促进自主课堂的构建。

例如，在教学"负数的认识"一课时，考虑到学生对负数已经具备了一定的生活经验,但这种经验只是建立在具体的生活情境中,对于负数表示相反意义的量这一数学本质却知之甚少,特别是"负数小于0"等新知,势必与学生原有的、根深蒂固的认知结构和计数经验产生强烈的矛盾冲突,阻碍概念的建构,这是教学需着力突破的难点。基于以上认识,课题组根据负数在生活的应用,制作了可以用"−4,0,4"表示的动画微视频,围绕视频开展"四字诀"活动。

看:通过观看微视频,唤醒学生的生活经验,并通过正负数在具体情境中的实际意义的强烈视觉冲击,帮助学生初步感知正数、负数表示相反意义的量,以及正、负数和0之间的大小关系。

理:通过视频的观看学习,捕捉视频情境所反映的数学信息,即"−4,0,4"在不同的生活情境中所表示的相反意义的量,以及0作为正负数的分界点,并通过举例的形式说明负数表示相反意义的量。

练:通过多种形式的练习,让学生在不同的情境中进行负数的应用,深化对负数意义的理解,进一步丰富学生对负数的理解。同时为了打破学生旧有的计数观念,强化负数概念的建构,让学生在数系破与立的过程中,完整建构负数的概念。

思:通过对本堂课学习过程的反思,引导学生把负数纳入原有的知识结构中,从而进一步从整体上去把握负数的概念。

以上四个环节,充分调动学生已经建立的生活经验,在自主学习过程中,既完善了知识结构,又实现了能力的发展。

(3)操作单引学

操作单引学重在操作探究,一般适用于需动手操作帮助理解掌握的内容。通过操作单引学,可以帮助学生明确操作的要求,提高学习的效率,充分调动学生的学习能动性,促进学生综合运用所学知识解决实际问题,从而培养学生的分析、综合、创新等思维能力。操作单引学一般包括操作提示、猜想记录、验证过程和我的疑惑四大块内容。如课题组在研究五年级下册《长方体、正方体的体积和容积的计算》时设计了以下的操作单。

长方体、正方体的体积和容积的计算(操作单)

班级_____ 姓名_____

同学们,我们已经学习了长方体、正方体的体积和容积。我们一起来动手做做实验吧。

操作一:

1.操作提示:如果给你一张长30厘米、宽25厘米的纸片,怎样可以做成一个无盖的长方体?怎样剪所折成的盒子能容纳的物体最多?

2.我的猜想:(请你动手试试吧,并在下面画出示意图。)

3.验证过程:

操作二:

1.操作提示:同学们,相信刚才你一定已经成功了。如果再给你这样一张纸片,怎样可以做成一个正方体的盒子呢?剪成的每个平面与立体图形之间有什么联系?

2.我的猜想:(请你动手试试吧,并在下面画出示意图。)

3.验证过程:

操作三:

1.操作提示:如果有这样的一个长方体玻璃缸,投入一个正方体铁块,可能会出现哪些情况?请和同学一起探讨每种情况中,铁块体积与水的体积之间的关系。并把你们讨论出来的每种情况记录下来(至少写两种)。

2.我的猜想:

3.验证过程:

我的疑惑:同学们,你们完成以上的实验了吗?如果全部完成了,那就恭喜你们了。如果还没有完成,别灰心,请你再回忆一下我们学习长方体、正方体体积和容积的有关知识,或请教一下成功的同学,然后想想失败的原因可能是什么?能说明一下吗?也让其他同伴吸取教训。

这一课时的内容是在学生学习了长方体和正方体这一单元的内容后,安排的一节练习课,通过这一单元的学习,学生已经掌握了长方体、正方体的体积、表面积、容积等计算方法,并能解决一些简单的实际问题。在教学本单元的概念、特征、计算方法等新知识时都是通过让学生动手操作、自主探索来学习的。因此,安排这样的操作活动,可以充分调动学生的学习能动性,综合运用所学知识解决实际问题,从而培养学生的分析、综合、创新等思维能力。学生依据操作单开展“四字诀”活动。

看:仔细阅读操作单的内容,通过操作单上的提示,抓住关键信息。操作一:无盖长方体,容积最大。操作二:正方体,平面与立体图之间的关系。操作三:不规则物体体积与长方体玻璃缸内水之间的关系。

理:根据操作要点,进行猜想。操作一:在棱长总和相等的情况下,长、宽、高越接近则长方体的体积越大。操作二:当长宽高相等时,就可以拼成一个正方体。操作三:铁块的体积可以转化成水的体积,而水的体积要占空白部分的体积。因此,就是空白部分与铁块体积之间的比较。通过分析、比较,学生初步提出设想。

练:进行操作验证。操作一:分别在长方形四角剪去一个边长为16厘米的正方形,然后通过计算验证猜想。操作二:动手操作,首先剪一个边长是25厘米的正方形,然后在四个角剪去4个正方形,折成一个无盖的正方体。操作三:学生动手实验。拿盛水的玻璃器皿和不规则物体进行实验,感知不规则物体与不盛水部分体积之间的关系。

思:进行实践反思。根据自己的实验操作情况反思成功或失败的原因,小结完成任务过程中所运用到的方法,以及对自己的表现等进行叙述。

通过操作单的引学,学生自觉地综合运用所学知识解决实际问题,经历观察、分析、猜想、验证、演算、画图、操作、归纳、概括等数学活动,培养学生综合、分析、创新等数学高阶思维能力。

2.教师开发学材的行动策略

儿童的数学学习是基于自身学习经验的学习,喜欢用自己固有的思维方式进行数学意义的建构,而且受到已有的认知水平、生活经验以及思维状态的影响。虽然在平时的教学活动中,大部分教师都知道学生的学习基础是什么,但却无法真正了解学生的思维水平及思维方式。如何真正体现以儿童为中心,体现以生为本的课堂,教师要基于儿童视角,认真研读教材,找准知识的起点,创造性地变教材为学材,使学习内容更加符合儿童的认知。

(1)研读知识体系,把握学习起点

课题组借助知识体系表,针对每次要研讨的内容进行知识体系分析,如平行四边形的认识知识体系分析表(表1-41)

表1-41 平行四边形的认识知识体系分析表

维　度	内　容	综述分析(知识、方法、兴趣、能力等)
要学的新知识	平行四边形的认识	平行四边形和梯形都是特殊的四边形,学生的生活经验非常丰富,学生已经具备直观分辨两种图形的能力。因此,了解两种图形的本质属性上的不同是教学的重点,而突破这一重点的方式就是引导学生动手操作,比较分类,而这正是学生最喜欢、最感兴趣的学习方式
已学关联知识	长方形、正方形的认识,平行与垂直,直线与角	
后续关联知识	梯形的认识、三角形的认识	

在知识体系分析的基础上,教师可以通过作业、前测或访谈,做好学情调查,了解儿童的学习起点,站在儿童的角度思考学习路径,处理好教材定位和学生发展之间的关系,准确把握学生学习过程中的生长点。教师只有精心创设基于儿童

已有学习起点的学习材料,儿童才能自然、轻松、愉悦地进入学习活动。

策略一:调整教学顺序

虽然教材是编写者在充分研究了儿童心理后,按照各学段儿童的年龄特点精心编排的,但它有时也并不适合所有学生的实际情况,当教材内容与学生习得经验不适应时,往往会对学生的学习造成一定的障碍。在这个时候,可以根据现实需要调整教学顺序,将某些教学内容或提前或延后,教学进度或加快或放慢等。

如人教版三年级上册《数字编码》一课,这节"数字编码"在人教版实验教材中是作为"数学广角"的内容安排在五年级上册的,而在修订教材中移到了三年级上册,作为"综合实践"的内容,教学时间整整提前两年。笔者对我校三年级(3)班共44人进行了一次前测,内容是这样的:你知道下面这些编码吗? 如果知道,你都从中了解它的哪些信息? 不知道的也可以大胆地猜一猜(表1-42)。

表 1-42

编码	331081200903250025	317500	20150236	13586229099	浙J·90B73
人数	6人	2人	学号1人、日期18人	26人	39人
所占比例	13.6%	5%	2%、40.9%	59.1%	88.6%

对于第一个身份证号码全班只有一个学生能从中看出出生日期,第三个编码实际上是一个三年级孩子的学号,学生还没有学过年、月、日的知识,能有这么多的学生觉得是日期已经相当不错了,但是他们不知道2月是没有36日的。看来,教材编写的专家在将"数字编码"前置时忘记考虑"年、月、日"的知识了。因而在教学这个内容之前,笔者将三年级下册的"年、月、日"这一块内容提前进行教学,这对身份证的解读带来了方便。

策略二:调整教学内容

对于一堂新课,教师要清楚地知道新知对学生而言重点在哪、难点在哪。因为学生原有的知识基础不同,教材上有些知识点、情境图的出示并不符合学生的实际,所以要根据本班学生的实际情况更换或调换教学内容,重新制定教学目标和教学重难点,创设更适合儿童的教学情境。

如人教版三年级上册《数字编码》一课,教材分为两个层次进行教学:第一个层次,从生活中邮递员叔叔送信和银行存储实例引入邮政编码及身份证号码,让学生通过观察、比较、猜测来探索编码的基本规则和一般方法。通过解读邮政编码,进一步体会数还可以用来编码,感受数字编码的简洁性、规范性、唯一性和有效性等特点。第二个层次,尝试进行编码。给学校的每名学生编写一个学号。通过上述策略一中的前测结果,如果按照教材的编排开展教学,身份证号码、邮政编码的复杂性必定会将学生的所有注意力转移到对编码含义的关注上,而不是蕴含其中的编码方法。三年级的孩子已经完全具备自我研究的能力,因而可以把身份证号码上的知识作为课前作业,让学生通过询问家长、上网、查阅资料完成。在教学中,将第二层次和第一层次的顺序进行调换,以编小明的学号为主线,注重边编边读、编读并重。基于以上的思考,笔者将本节课的教学目标进行重新设定:①通过观察、比较、猜测、交流去探索编码的特性及方法;②经历设计编码及解读身份证号码的过程,体会数字编码的简洁性、规范性、唯一性和有效性等特点,以及数字在表达、传递和交流信息中的作用;③体验数字编码带来的方便和快捷,体会数学与生活的密切联系。教学重点是培养学生的编码意识和能力。教学难点是深刻感受数字在信息交流和传递中的作用。

　　(2)结构化备课,整合学习内容

　　通过素材重构、结构重组、整合内容等形式,依据数学体系分析及学情分析,恰当处理数与代数、几何图形领域中内容结构相似,学习方法类同,学习素材不足的内容,进行结构化处理。表1-43是我们开发的小学数学结构化备课分析表。

表1-43　小学数学结构化备课分析表

年级	结构化处理内容	结构化处理分析
四年级(上)	平行四边形的认识 P64 例1 梯形的认识 P66 例3	1.内在联系:(1)内容结构相似:研究特殊的四边形,都是从边的本质属性出发。(2)学习方法类同:观察、操作、验证、抽象、概括出本质属性。 　　2.学习目标:(1)通过观察、分析、操作、验证发现平行四边形和梯形的特征,理解定义。 　　(2)学会分享、交流、表达、展示的技巧,提出自己最想研究的问题。 　　(3)对自己进行自我学习效能的评价,体验成功。 　　3.学习重点:发现平行四边形和梯形的特征,从而抽象概括定义。 　　学习难点:经历观察、操作、验证、抽象、概括等数学活动,感悟数学学习方法的重要性。 　　核心问题:平行四边形和梯形的基本特征是什么? 它们有什么联系和区别? 　　4.学习工具:任务探究单

结构化处理要求：

1.教师梳理关联内容的内在联系，确定关联内容的教学目标，教学重难点。

2.分析学情，梳理核心问题和挑战性问题。

3.设计学习方法，开发学习工具，使学生能够举一反三，触类旁通

知识之间是融会贯通、循序渐进的，在结构化备课的过程中，教师要善于重组教材，把相同知识点、相同教学目标的内容整合在一起，既沟通知识之间的联系，丰富学生的积累，拓宽学生的眼界，又节约教学时间，将更多的时间用于知识的拓展，真正提高学生数学素养。

策略一：单元内整合

数学教材中有一些单元各知识点之间具有相同的结构、相同的规律或相同的数学模型思想等。教师把这些单元教材作为一个整体来全盘设计，对教学内容做重新整合，让学生通过系统学习，对相关知识有一个比较完整的认识，有利于学生构建比较完整的知识结构，从而积累学生的基本活动经验。

如人教版四年级下册第三单元"运算定律"分成"加法运算定律"和"乘法运算定律"两块内容(图1-6)，"加法交换律"和"乘法交换律"这两个定律的本质是一样的，就是交换两个数的位置，得数不变，唯一不同的是一个是加法运算，一个是乘法运算，但却被分散在例1和例5进行教学；"加法结合律"和"乘法结合律"也是两个本质相同的定律，也被分散在例2和例6进行教学。因而在教学时，笔者对这个单元进行了整合，将"加法交换律"和"乘法交换律"整合成一个课时叫"交换律"，将"加法结合律"和"乘法结合律"整合成一个课时叫"结合律"。学生通过"猜想—举例—验证"，从而得出"加法交换律"以及"加法结合律"。在探索的过程中，爱思考的学生自然而然会想到既然加法有交换律和结合律，那么减法、乘法和除法是不是也有交换律和结合律呢？从而主动按照"加法交换律"和"加法结合律"的学习路径进行自主探索，"乘法交换律"和"乘法结合律"的学习就水到渠成了。这样的教学，让学生深刻体会到了知识之间的内在联系，主动将所学到的数学思想方法进行自主扩展，不仅培养了学生的自主学习能力，而且大大提高了课堂效率。以后碰到类似的问题，都可以用同样的方法进行研究，教师只需要做好组织者和引导者，让学生进行学习成果的展示和交流，起到了举一反三的作用。

经过这样的整合，学生将知识的学习置于一个整体板块中，将知识之间的相同之处进行有效沟通，达到学习方法的正向迁移，从而更好地掌握所学知识以及

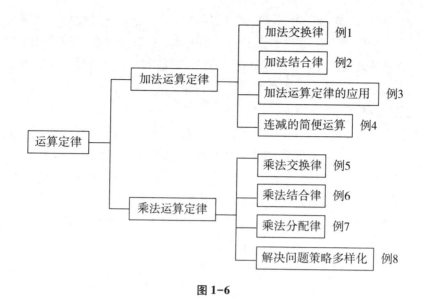

图 1-6

进行方法的合理提炼,体现知识的系统性和完整性。

策略二:跨学科整合

虽然不同的学科具有各自特有的内容以及教学目标,但是各学科知识在一定的程度上又存在着融会贯通。在教学中,要努力寻找数学知识与其他学科知识之间的结合点,以数学学习为主线,把各科知识适时有机地整合,沟通知识之间的联系,灵活运用其他学科的教学手段和有关知识。从而提高学生对数学知识的认知能力,拓宽视野,学得生动活泼。

整合教学内容,需要教师在充分了解学生和解读各科教材的基础上,把各种有关的学习材料都融入数学教学中,让知识之间适当地"走走亲戚""串串门",真正达到把手中的教科书整合为一本大教材,使学生学会主动地进行知识迁移,构建综合性的学习经验。

一是横向整合,拓宽广度。

每一段数学知识往往都包含一段它特有的历史和文化,让学生了解数学发展史,不仅可以丰富他们的数学文化知识底蕴,而且可以让他们感受到数学的独特美,对伟大的数学家们产生敬佩之情,从而更加喜欢数学。数学发展史有一部分就出现在教材中的"你知道吗?"但是由于受版面的约束和学生学习能力的限制,教材只是用很概括的语言进行介绍,课堂上教师也没有充足的时间去讲解这一块知识,大部分教师都是让学生自己阅读,学生也只是匆匆读一遍,无法深刻领会数学的博大精深及生动而富有哲理的智慧。因而,我们教师要进行适当的拓展。如二年级上册"乘法初步认识"里的"你知道吗?"介绍了"乘号的由来"。笔者根据二年级学生的年龄特点,在平台上发布了三个方面的阅读资料:①乘号是谁发明的? ②乘号是怎么发展来的? ③奥特雷德是怎样想到把加号斜过来变成乘号的?让学生了解乘号,从而也加深对乘法意义的理解。

二是纵向整合,挖掘深度。

教材编写者既考虑城市,也考虑农村,而我们的学生每一个都是独立的个体,都是与众不同的,针对本班学生对基础知识掌握的情况比较好,可以适当进行深度拓展,让他们能够不仅吃得饱,而且吃得好。一是增加教学资源,为教学目标服务,并能有效达成教学目标。二是增加课时数,当对某个话题进行深入探讨时,需要充足的课时数来支撑。适时增加课时数,以保证教学内容的落实。如人教版小学数学四年级下册学了《乘法分配律》后,适时补充让学生研究除法有没有分配律,学生通过独立思考、举例说明、验证猜想,得出除法分两种,被除数不适用除法分配律,除数适用。其实这就是以后我们学习分数除法后,除以一个数就是乘这个数的倒数,这种也是乘法分配律。给每个孩子一个成长的舞台,让学有余力的孩子走向精英。

(3)开发学习工具 支撑自主学习

根据小学生以形象思维为主,逐步转向抽象逻辑为主的思维特点,开发恰当的学习工具支撑学生自主学习。如数学导学单、微视频、任务探究单等。

如平行四边形和梯形的认识。

研究主题:平行四边形和梯形

1.操作提示:你已经会分辨平行四边形和梯形了,请你找一找生活中哪里用到了平行四边形和梯形?

2.猜想记录:你觉得平行四边形和梯形的基本特征是什么? 有什么联系与区别?

3.验证过程:利用三角尺动手量一量,测一测,记录你的发现,并想一想你是怎么研究的。

4.我的疑惑:

3.学生共学悟法的行动策略

以学生学习为本,教师引导学生开展合作学、交流学、展示学、质疑学等共学活动,通过小组讨论、交流展示、质疑拓展等活动,使学生经历学习全过程,掌握知识技能,感悟思想方法,积累数学活动经验,使学生主动学(表1-44)。

表1-44　学生共学悟法的行动策略

共学策略	共学要点	行动要领
1.小组交流学	1.依次介绍自学收获,成员进行学习评价。 2.互相交流自己想研究的问题,组长进行记录。 3.组内开展"四字诀"活动。提炼小组无法解决的数学问题	四字诀 看:研读教材和学习工具的内容 理:分析、比较、演算、推理、猜想、画图、验证、归纳、概括 练:练习、检测 思:反思、评价、质疑
2.组际展示学	1.各小组展示学习成果,进行学习评价。 2.开展"四字诀"活动,梳理各小组提出的数学问题,二次生成共性问题	
3.集体质疑学	1.全班围绕共性问题开展"四字诀"活动。解决问题,提炼学法。 2.若还有无法解决的问题,三次生成疑难问题。 3.师生共同解决疑难问题,提升学力	

共学形式:包括师生共学、小组共学和集体共学。课堂是发现问题、解决问题的沃土,根据问题的特性,教师可以开展不同形式的共学活动,如个性问题可以开展小组共学活动;共性问题可以开展集体共学活动;疑难问题则可以开展师生共学共研活动。

共学策略:针对不同的共学形式,学生根据不同的数学问题开展交流展示活动。主要包括:①组内交流自学所得和个性问题。②组际展示合作学习成果和共性问题。③集体解决共性问题并提炼学法。④师生共同解决疑难问题,提升学力。

共学要求:共学时机要适时、共学人数要适宜、组员搭配要匀称。

例如,章亚萍老师教学"平行四边形的面积"一课时,在学生开展自主先学的基础上,设计了下面的教学环节,在小组交流学、组际展示学、集体质疑学中,充分发挥学生的主观能动性,发挥学习团队的力量,让学生在合作交流中理解平行四边形面积计算公式的推导过程,在合作交流中突破难点。

(1)小组交流学:组员在组长的组织下依次介绍自学收获,其他成员进行学习评价。小组内互相交流自己想研究的问题,组长进行记录,并提炼出小组无法解决的数学问题。

学生根据导学单进行自主先学后,先让学生根据导学单的内容进行小组讨论。

由组长(组员3)进行组织,组员依次汇报导学单的内容,汇报形式如下。

组员1:平行四边形的面积计算公式是底乘高。用字母表示是:$S=ah$。大家同意吗? 其他成员发表意见。(同意)

组员2:在解决第2题时,我把平行四边形沿高剪开,通过平移,我得到了一个长方形。长方形的面积和平行四边形的面积相等,长方形的长等于平行四边形的底,长方形的宽等于平行四边形的高,因为长方形的面积等于长乘宽,所以平行四边形的面积等于底乘高。大家的方法和我一样吗?

组员3:我有补充,我是用画的方法。我先在平行四边形里画了一条高,然后通过想象把这个三角形平移到右边拼成一个长方形,然后再找平行四边形和长方形之间的联系。后来我想,平行四边形有无数条高,那么我是不是可以沿着任意一条高进行平移呢? 于是我又画了这几条高,通过平移我发现,不管沿着平行四边形的哪条高都可以。(学生用铅笔画的图)

组员4:我觉得平行四边形的面积不能用邻边乘邻边来计算,因为平行四边形的高和平行四边形的邻边不相等,自然面积也就不相等了。大家的意见呢?

组员3:我是通过计算来说明的,我在平行四边形里画了一条高,高是4厘米,这样面积应该是28平方厘米,如果用邻边相乘的话就是35平方厘米,所以我也觉得不行。

组员1:刚才我看了你的图,我认为不用算也可以发现它们的面积不相等。你们看,画了一条高后,这里有一个直角三角形,这条邻边就是三角形的斜边,我们知道斜边要大于直角边,所以它们的面积肯定不相等。

组员3:大家还有什么疑问吗?

组员1:我的疑问是:为什么要用字母 $S=ah$ 来表示?

组员2:我的疑问是:是不是任意平行四边形都可以转化成长方形呢?

组员3:我的疑问是:三角形的面积、梯形的面积又可以怎样转化?

组员4:我的疑问和×××(组员2)的一样。

学生通过小组交流,一方面,可以回顾自学的内容,另一方面,通过组内同学的交流、补充、质疑、释疑等活动,学生借鉴同伴的智慧,加深对所学内容的了解。

(2)组际展示学:各小组展示学习成果,进行学习评价。开展"四字诀"活动,梳理各小组提出的数学问题,二次生成共性问题。

由教师组织各个学习小组围绕导学单的问题开展组际展示学习。展示形式如下。

师:通过刚才的组内交流,我相信你们小组已经对某些问题达成了一定的共识,下面我们就请几组同学上来展示他们的学习成果。当小组在汇报展示时,如果其他小组有补充或有不同意见,请你们及时发表。下面先请第 5 小组上来展示第 1 题和第 2 题。

组 5:我们组通过讨论交流后,达成如下意见。

第 1 题:平行四边形的面积等于底乘高,字母公式是:$S = ah$。大家同意吗?(其他小组都同意)大家都同意,那我们开始展示第 2 题。

第 2 题:我们小组有 3 位同学是用画的方法,1 位同学是用实物剪拼的方法,方法都是在平行四边形里画了一条高,然后沿着高剪开,把三角形平移到右边,就拼成了一个长方形。这时我们发现,长方形的面积和平行四边形的面积相等,长方形的长等于平行四边形的底,长方形的宽等于平行四边形的高。因为长方形的面积等于长乘宽,所以平行四边形的面积等于底乘高。

大家有补充吗?

组 11:我们有补充,我们也是沿着高剪开的,但我们画的高与你的位置不一样,我们的高画在了平行四边形的右边,通过平移,也可以转化成长方形。

组 9:我们组的高是画在平行四边形的中间的,把平行四边形分成了两个直角梯形,通过平移也可以转化成长方形。

组 1:我们组的×××同学认为平行四边形有无数条高,不管沿着哪条高剪开都可以把平行四边形转化成长方形,刚才我们组还进行了验证,我们都觉得×××同学讲得非常有道理。

师:通过这几组同学的补充,大家觉得,他们在推导平行四边形的面积时,有哪些共同的地方?

生 1:都是将平行四边形转化成长方形。

师:为什么要这样做呢?

生 1:因为长方形的面积我们已经会求了,这样转化成长方形后,平行四边形的面积和长方形的面积相等。所以可以根据长方形的面积计算公式推导出平行四边形的面积计算公式。

生 2:都是沿着高剪开的,而且可以沿着任意一条高来剪。

师:如果不沿着高剪可以吗?

生 2:不行。

师:大家动手试试。

操作后,发现不沿着高剪不能拼成长方形。

师:结合刚才几组同学的介绍,谁再来总结一下平行四边形面积计算公式的推导过程?

生 3:先沿着平行四边形的高剪开,通过平移拼成一个长方形,长方形的面积等于平行四边形的面积,长方形的长等于平行四边形的底,长方形的宽等于平行四边形的高,因为长方形的面积等于长乘宽,所以平行四边形的面积等于底乘高。

平行四边形的面积推导过程以及内在联系是本节课的重点内容。只有在充分体验的过程中学生才有可能学得深刻,理解得透彻。所以,这一环节,组织学生进行学具操作,通过画、剪、移、拼,使学生感悟转化这一重要的数学思想,并通过观察、对比、分析这两种图形,发掘其内在的联系,找到转化后两者的相等关系,从而根据长方形的面积计算公式推导出平行四边形的面积计算公式。

(3)集体质疑学:全班围绕共性问题开展"四字诀"活动。解决问题,提炼学法。

若还有无法解决的问题,三次生成疑难问题。

教师继续组织全班同学针对学习难点开展质疑学习。汇报形式如下。

师:通过刚才的汇报展示,我们已经知道了平行四边形的面积的推导过程,以及面积计算公式。各个组现在最想解决的问题是第3题:为什么不能用邻边相乘求平行四边形的面积。下面我们请第12组交流第3题。

组12:我们组同学都是通过计算发现用邻边相乘求平行四边形的面积是不行的。我们在平行四边形里画了一条高,量的长度是 4cm,平行四边形的面积 = 7cm×4cm=28cm^2,如果用邻边相乘的话就是 7cm×5cm=35cm^2,这样面积就不相等了。大家还有不同意见吗?

组7:我们组也认为不能用邻边相乘计算平行四边形的面积。我们也画了一条高,但我们没有进行计算。我们发现,高的长度比邻边短。因为在直角三角形里,斜边要大于直角边。所以不用计算也知道它们的面积不相等。

组8:我们同意组7的意见,邻边与高的长度不同,所以面积肯定不同。因此,不能用邻边相乘求平行四边形的面积。

组5:我们组没有画高,也没有算,我们组的××同学做了一个平行四边形的框架,只要轻轻一拉框架,我们发现,平行四边形的边长没有变,但是面积变了。大家请看(图1-7)。所以我们组认为平行四边形的面积不能用邻边相乘。

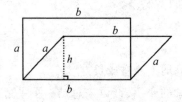

图1-7

师:非常好,各个小组想到了计算、比邻边与高的长度、用学具进行操作等不同的方法,解决了第三个问题。下面我们一起来梳理一下第3题,同学们请看大屏幕上的课件演示,你们发现了什么?

生1:底不变,面积变了。

生2:周长没有变,面积变了。

生3:底不变,高变了,所以面积变了。

生4:底没有变,但面积随着高的变化而变化。

生5:在这个变化过程中,两条邻边的长度始终没有变,但是面积却不断地在变化。

师:通过刚才的演示,我们进一步认识到平行四边形的面积不能用邻边相乘来计算。

因为当底和边一定时,面积是随着高的变化而变化的。

用邻边相乘去求平行四边形的面积是受长方形面积计算的负迁移,这也是学生真实的学习情况。本环节通过核心问题的引领,激发学生的思维,使学生关注到图形转化的重要条件是面积不变,通过课件的辅助教学,使学生进一步理解邻边相乘不可行的真正原因。

4.教师智慧导学的行动策略

"智慧导学"就是要求教师积极参与学生的学习活动,以明确的教学目标为指引,以有效的教学方法深化学生的理解,激发学生的思考,在问题解决的过程中发展学生的分析、综合、创新等高阶思维能力,培育学生的数感、符号意识、空间观念、几何直观、数据分析观念、运算能力、推理能力、模型思想、应用意识和创新意识等核心素养。

学本课堂并非弱化教师的作用,而是对教师提出了更高的要求。在教学中通过教师的智慧导学,适时把握导的契机(表1-45)。

表1-45　教师智慧导学的行动策略

智慧导学时机	智慧导学策略	智慧导学行动要领
1.新旧知识的沟通处	1.导趣:引起兴趣,激发动机	听:认真倾听学生发言 看:观察学生学习状态 拨:点拨学生学习思路 评:评价学生学习表现
2.推导过程的把握处		
3.概念方法的理解处	2.导疑:激起疑问,深入探究	
4.知识形成的难点处		
5.规律规则的发现处	3.导法:指导方法,授以技能	
6.思想方法的感悟处	4.导思:点拨引领,激活思维	

(1)教师智慧导学的时机

数学知识体系呈网状结构,纵横生发,由于其高度的抽象性与概括性,再加上学生个体的差异,在学习过程中,需要教师及时地进行引领与指导。尤其是各小组间通过交流合作、排疑解难、系统思考、筛选组合,最后生成全班共性问题。此时需要师生一起展开探究释疑。所以这里的导,不单是指教师的指导,还包括学生自导和学生互导,教师只是对学生自主合作而尚未解决的问题进行指导。因此,教师要准确把握导学的时机循学而导。

①导在学生对新旧知识的沟通处。数学中的重要内容、方法和思想是采用逐级递进、螺旋上升的原则编写的,不同知识之间也是有关联的。因此,教学时要非常重视知识的串与连,让学生感悟到知识之间的实质性联系,在学习过程中及时与旧知识进行沟通。如人教版数学第十一册"用分数乘除法解决问题",教材介绍的方法是先结合线段图抓住关键句理解数量关系,再根据分数乘法的意义或乘除法之间的关系进行解答。大多数学生很难理解,尤其解决求单位"1"的问题时错误非常多。教师可以这样引导:除了以把青少年每分钟心跳次数看作单位"1"之外,还可以把它看作份数来理解吗? 说说你的想法和解答的思路。学生经过思考与讨论,把用分数乘除法解决的问题转化成了整数中与份数有关的问题,新旧知识进行了很好的沟通,学生自然能轻松地解决问题。

②导在学生对推导过程的把握处。学生通过自主学习对推导过程的把握很多时候仅停留在表面,经常会出现只处在一种模仿的状态。如人教版数学第十一册"比的基本性质",学生通过阅读课本认为验证比的基本性质的方法是这样的:先写两个相等的比,再通过折纸、画图等方法进行验证。笔者认为这样的验证不够科学,需要验证的是"比的前项和后项同时乘或除以一个相同的数(0除外),比的大小不变",应先写一个比,再把这个比的前项和后项同时乘或除以一个相同的数(0除外),然后用折纸或画图等方法验证这两个比的大小是否相等。教师应在学生交流的基础上进行引导,让学生知道并经历严密的验证过程,发展科学探究的意识和能力。

③导在学生对概念方法的理解处。有些数学概念和方法的字面意思比较好理解,但要真正理解其本质内涵其实是有一定困难的。如人教版数学第七册"平行四边形和梯形的认识",为了让学生理解"只有一组对边平行的四边形叫梯形"中的"只有一组"一词,教师引导学生思考并动手操作:请你一只手拿起平行四边形,另一只手拿起剪刀,你能否剪一刀把它变成梯形? 为什么说你剪出的这个图形是梯形? 要怎样剪才可以剪出一个梯形? 通过这样的引导,学生终于明白"只有一组"的本质内涵。

④导在知识形成的难点处。知识形成的难点处往往是学生对数学知识、思想方法的理解、掌握或运用产生困难的地方。在难点处进行导学,可以帮助学生紧扣教学的重难点,抓住核心问题进行思考,以达到事半功倍的效果。如在教学"比较数的大小"一课,教师没有直接教学比较数的大小的方法,而是设计了"抽签比大小"活动,学生从 1~9 中抽出一个数字,放到相应的三位数的数位上,哪个组最后组成的数大,这个组就赢了。活动中,教师三次改变规则开展活动。第一次,从高位抽起,当两个学生分别抽出第一个数时,让学生思考:现在可以确定胜负了吗? 为什么? 第二次,从低位抽起,当两组的学生分别抽出第一个数字时,又让他们思考:现在可以确定胜负了吗? 为什么? 抽到哪一位就可以决定胜负了呢? 第三次,每抽出一个数可随意放在哪一位上,每一次学生抽出数,都让他们思考:数字准备放在哪一位上? 为什么这样放? 在这个教学过程中,教师在知识形成的难点处设置活动,抓住核心问题,引导学生运用观察、分析、比较、判断、联想和推理,加深了对数的大小比较知识的深度理解。

⑤导在学生对规律规则的发现处。学生有时虽然发现了规律规则,但是不一定能真正理解其内涵、知道其用处。如人教版数学第十二册"比例的基本性质",学生发现"在比例里,两个外项的积等于两个内项的积"这一规律后可以这样引导:先判断 3∶4 是否是比例,并说说为什么,学生刚学完比例都能很快回答;再写一个比并与 3∶4 组成比例,有的根据比例的意义写了一个与 3∶4 相等的比并组成比例,有的根据比的基本性质 3∶4 的前项和后项同时乘一个相同的数(0 除外)后组成了比例;然后举例说说学习比例的基本性质有什么作用,学生经过举例与讨论知道了学习比例后"可以判断两个比能否组合比例、判断四个数能否组成比例、已知其中三项可以求出另外一项是多少"。

⑥导在学生对思想方法的感悟处。数学思想方法对于学生而言不是仅靠教师的教就能习得,更主要的是通过学生亲身经历才能悟得。如人教版数学第十一册"圆的面积",学生知道圆面积的推导过程之后,教师问:"推导过程中用到了什么思想方法?"有的说是转化的思想,有的说是割补的方法。教师引导说:"通过割补把面积还不会求的圆转化成了面积已经会求的近似长方形(近似平行四边形),你还想到了什么?"学生经过思考想到了还可以把圆转化成近似三角形和近似梯形,教师让每个人自主选择一种进行实际操作和推导,学生基本都能得出正确结论。在此过程中让学生感悟,圆运用割补的方法可以转化成不同的图形,但面积始终不变,结论完全相同,即 $S = \pi r^2$。

(2)教师智慧导学的行动要领

①听:上课时,竖起耳朵。如当一些学生的发言与众不同和富有独特见解时,

教师要善于倾听,及时捕捉,并给予适当的评价。当学生之间就某些问题发生争执时,教师要抓住争执的焦点以便引出思维碰撞的火花,从而培养学生思维的清晰性、系统性和综合性。

②看:上课时,教师要具备火眼金睛,时刻观察学生的学习状态。在学生思考陷入困顿时及时出现,化解矛盾,帮助学生化难为易,定会起到四两拨千斤的作用,达成高效课堂。在学生思维激荡时,及时捕捉闪光点,让学生展开讨论和探究活动,不能为完成教学任务而扼杀学生的探究积极性,可根据需要适时调控教学时间和教学计划,顺应学生的探究需求。

③拨:教学时,教师要顺势而导。做一个适时的、权威的点拨者,在学生"愤"和"悱"的时候及时出现,迅速化解,帮助学生化难为易、解开疙瘩。在新旧知识联结处、在学习新知关键处、在学习疑惑处、在学生争议处、在思维受阻处点拨、在受思维定式干扰处适时点拨,帮助学生化难为易,变困惑为顿悟,引导学生思维发展,促进学生学习能力的提高,优化教学过程,大大提高课堂教学效率。

④评:教学时教师要设计、组织引导性教学语言,做到准确、简洁,要从学生的经验、思维能力和个性差异出发,引导他们积极、有目的地思考、讨论;促进教师与学生、学生与学生之间的思维碰撞,进行有质量的思维活动;促使学生及时发现问题、矫正问题;帮助学生不断调整学习行为,并向好的方面发展;评价学生学习表现。

(3)教师智慧导学的行动策略

下面结合章亚萍老师执教的人教版六年级下册《图形的运动》整理和复习一课为例,阐述智慧导学的策略。

①导趣:引起兴趣,激发动机,使学生想学

例如,右图是书本例2呈现的一个图案。从整体去观察这个图案,它是一个轴对称图形;从图案形成的全过程去想象,就会看到平移、旋转、放大(缩小)这些学生已经学习过的图形运动方式。因此,只要用好这个学材,定能引起学生的学习兴趣,激发学生的求知欲望。

课始,教师充分利用这个美丽的图案进行兴趣的激发。首先,呈现静态的图案,引导学生观察、想象,能看到几种图形运动方式,和同学讨论交流,激活学生的原有认知,培养学生的空间想象能力。其次,根据学生的发现将静态转化成动态,展现图案形成的全过程。

轴对称图形:

旋转: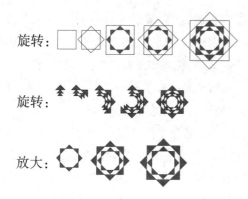

旋转:

放大:

让图案在学生头脑中动起来,感受图形运动带来的神奇变化,吸引学生主动参与到整理和复习中来。学生在观看的同时,视觉神经也在不断地受到美丽几何图形的刺激,从而产生创造美的欲望。这样将教材静态的学材以动态的形式呈现,这种看似不经意的举动,实则是对学生学习兴趣、学习心理的一种把握。正因为是现实的、有趣的、有用的"数学素材",不仅拓展了数学课堂教学的空间,也正因为是学生熟悉而又感兴趣的,不仅激发了学生的学习兴趣,快速激活了学生的数学思维,而且发展了学生的空间观念。

②导法:指导方法,授予技能,使学生能学

我们都说"授之以鱼,不如授之以渔"。那么,适时地将学习方法告诉学生,引导学生运用方法进行有效学习,这无疑可以促进学生学习能力的提升,核心素养的发展。

在引导学生进入复习后,让学生利用三角形 ABC,选择一种或几种图形运动方式,设计自己喜欢的图案(图 1-9),然后分 3 步进行学法的指导与提炼。

梳理片段

请你利用三角形**ABC**,选择一种或几种图形运动方式,设计喜欢的图案。

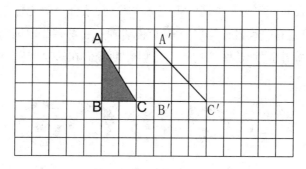

图 1-9

第一步:着手一种运动方式。根据学生的回答,重点辅导一种运动方式的梳理过程。如平移,让学生展示介绍自己的创作过程,三角形 ABC 向右平移 3 格得到三角形 A′B′C′。抓住关键词:向右平移 3 格,梳理出平移的要点:方向、距离。

第二步:进行学法引导。和学生一起回顾是怎样梳理平移的。从而明确梳理步骤:先判断是哪种运动方式,再思考这种运动方式的要点是什么。

第三步:让学生用这种梳理的方法,以小组为单位,梳理另外三种运动方式。然后分组进行汇报。这个过程,从无法到有法,学生运用梳理方法,有效开展讨论交流、整理提炼的学习活动,将已学知识逐渐系统化,进而形成知识网络。

③导思:点拨引领,激活思维,使学生会学

在课堂上学生的思维状态是时而多变、时而发散、时而活跃的。只要能激活学生的思维,就能迸发出思维的火花,以发展学生的分析、综合等高阶思维能力。

应用片段

下面四个图形的涂色部分面积相等吗?为什么?

图 1-10

图 1-10 是书本中的一道习题,教学中着重进行了转化思维的训练,即当解决问题遇到障碍时,学会把问题由一种形式转换成另一种形式,使问题变得更简单、更清楚,以利于问题解决。

这道题教师分四个层次进行导学。

第一个层次:在初步思考中感知转化思想。先让学生进行猜测,下面四个图形的涂色部分面积相等吗?再请学生想办法验证,结合学生的思考,通过课件演示,使学生知道通过平移进行等积变形,就能将前三者都转化成第四幅图,得出涂色部分面积相等,同时明确图形的运动可以帮助我们在解决问题时化难为易,渗透转化思想(图 1-11)。

图 1-11

第二个层次:进一步思考,继续渗透转化思想。观察转化后的图形有什么特点?用图形运动的知识进行思考,发现是轴对称图形。利用课件的动态演示,通过图形的运动把第四幅图转化成同心圆,思考这个图形有什么特点?有几条对称轴?在比较辨析中进一步明确轴对称图形的特点。

第三个层次:深入思考,运用转化思想。给学生数据,让学生任意选择一个图形,独立计算涂色部分面积。学生出现了两种方法:大圆面积-中圆面积+小圆面积=阴影部分面积;圆环面积+小圆面积=阴影部分面积。采用第一种方法的学生已经很自然地将前三个图形转化成了第四个图形,而采用第二种方法的学生进行了二次转化,转化成了同心圆。这样通过图形的运动进行转化,打开了学生的思维通道,渗透数学思想和方法,既使学生获得了成就感,又使学生掌握了学习方法(图1-12)。

你能计算下面四个图形的涂色部分面积吗?

图1-12

第四个层次:前后沟通,感悟转化思想的重要性。回顾平行四边形、梯形等面积推导过程,再次感受通过图形的运动可以将未知转化成已知。解决问题时可以化难为易,体会图形运动和转化思想的价值。

通过这样一题多变的设计,既强调转化思想的重要性,又对学生进行了思维的强化训练,使学生遇问题后能够将复杂的转化成简单的、将未知的转化成已知的,学生的分析、评价、创造等综合能力得以提升。

④导疑:探究释疑,融会贯通,使学生善学

学生通过思维训练后,已经掌握了一定的解决问题的方法和技巧。因此,在综合应用环节,除了方法的熟练运用以外,教师更要针对课堂出现的难点、热点或疑点组织学生进行交流讨论,充分暴露学生的思维,让学生在交流碰撞中产生智慧的火花,进一步帮助学生打通知识脉络,使学生真正做到触类旁通。

在综合应用的环节,设计如图1-13所示的一道题。

学生出现了两种方法。一种是通过旋转、平移转化成三角形,然后计算出等腰直角三角形的面积,阴影部分就是它的二分之一;另一种是通过两次转化变成正方形。第一种方法出现后,可以追问:你是怎么知道"阴影部分的面积是整个三角形面积的二分之一的?"结果大部分学生都是通过观察,直接判断得到,说不出个所以然来,此时正是老师导学释疑的好时机。于是引导学生观察三角形,结合

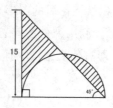 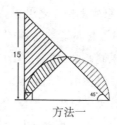 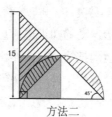

方法一　　　　　　　方法二

图 1-13

今天的知识,想想这些三角形有什么特点? 一提点,空间观念强一些的学生马上就会发现不管是转化一次还是转化两次,因为等腰直角三角形是一个轴对称图形,从直角引出的线段就是它的对称轴,所以这样做是成立的。这样一引导,学生用所学的知识来解释实际问题,帮助学生实现了由感性认识到理性认知的飞跃,不仅使学生释疑了,这个过程更使方法与知识融会贯通,发展了学生解决问题的能力。

5.学生自能发展的行动策略

随着学习进程的推进,学习维度的加深,学生的知识技能、经验方法、思维能力、自觉能动性等将发生潜移默化的改变。教师要引导学生经历学情反馈、反思评价、提炼学法等数学活动,将知识技能内化为自身的能力,从而有效促进学生的自能发展(表1-46)。

表1-46　学生自能发展的行动策略

策略	反思内容	行动要领
1.自我反思	1.我学会了什么,学得怎么样,是怎么学的? 2.我的学习步骤是怎么样的	回:学生回头看,回顾学习历程。
2.组内回顾	1.我们用了哪些方法解决了数学问题? 2.以前哪些数学知识也用到过这种方法	说:结合自身学习的过程,举例子说。
3.集体总结	1.这节课我有什么收获? 2.生活中还有哪些类似的数学问题或数学现象? 3.我还想研究这节课的什么问题	补:交流过程中,肯定他人优点,取长补短。 拓:延伸自己学习的视角,用数学知识去联系生活实际问题

(1)自我反思。自我反思能力是学生对自己的认识与能力进行内在需求分析的一种思维方式。学生针对学习情况进行自我审视、自我肯定、自我评价,可以对已学知识与能力进行再认识,从而建构全新的知识体系。在课堂教学过程中,要

求学生从知识、技能、情感等方面进行反思:这节课学习了哪些问题? 学到了哪些方法? 哪些方法还需进一步改进? 今天我最大的收获是什么? 上课时我的注意力是否集中? 以后如何克服? 该怎样将自己的学习情绪调整到最佳状态?

如教学"平行四边形的认识"一课,在回顾总结环节这样引导,先问学生你有什么收获,让学生回顾知识,建构知识脉络;再请学生思考一个问题:为什么都转化成长方形,而不转化成圆形、三角形、梯形等其他平面图形呢? 让学生将新旧知识进行有效融通,进一步感悟转化思想方法;最后让学生思考,在转化时要提醒大家注意什么? 学生进一步明晰数学思想方法,在后续学习中可以举一反三,触类旁通。

(2)组内回顾。同伴之间进行学习过程的梳理与小结,能有效促进知识内化。尤其对于中高段学生,当自我反思还不够深入时,小组反馈、反思就是很好的一个抓手。教学中我们可以设计如下问题:我们用了哪些方法解决了数学问题? 以前哪些数学知识也用到过这种方法?

如教学五年级下册"同分母分数加减法"一课时,在自学例题环节,教师提出这样的自学要求:读读想想,同分母分数加法怎么算? 为什么这样算? 请你用自己喜欢的方式来解释;和三年级的分数加减法相比,有什么不同? 学生自学后,教师组织成果汇报,理解算理,掌握算法。接着引导学生进行小组总结反思:①小组内互相说说同分母分数加减法的算理和算法,说说注意点。②小组观察下面式子,说说你们的发现。

$\dfrac{3}{7}+\dfrac{2}{7}=\dfrac{5}{7}$ 3 个 $\dfrac{1}{7}$ +2 个 $\dfrac{1}{7}$ =5 个 $\dfrac{1}{7}$

30+20＝50   3 个十+2 个十＝5 个十

0.3+0.2＝0.5   3 个 0.1+2 个 0.1＝5 个 0.1

讨论后将你们的发现与大家分享。这一环节教师通过组内反馈,建桥梁、巧沟通,让学生通过不同角度思考,发现同分母分数加减法的意义,也明白了同分母分数的加减法与整数、小数加减法的计算方法相同,只要把计数单位的个数直接相加、减,将新旧知识系统地联系起来。

(3)集体总结。数学是一门逻辑性很强的学科,新知识往往是旧知识的延伸与发展。因此,在课堂总结环节,我们要引导学生把有联系的知识进行归类,帮助学生更好地理解知识间的内在联系,完善知识结构,提炼解题技巧和思想方法等。教学中可以引导学生从这些方面进行总结回顾:这节课我有什么收获? 生活中还有哪些类似的数学问题或数学现象? 我还想研究这节课的什么问题?

如教学"年、月、日"一课时,学生这样进行课堂总结:今天我们通过年历学习掌握了许多关于年、月、日的知识，我知道了什么叫年、月、日，我知道了年、月、日之间的关系，我还知道了一年中有大月、小月，还有根据二月来判断平年、闰年。我还想知道古人是怎么发现年、月、日的？我要去网上查一查有关年、月、日的书籍和有趣的故事。学了年、月、日，我知道了时间的宝贵，今后我要珍惜时间！教师让学生通过对全课内容的梳理，帮助他们回顾了学习内容、课堂表现及积累的活动经验。

学生自能发展行动可以依据"四字诀"展开。

回：课堂上要留足时间，让学生充分有回头看的时间，回顾课堂学习历程，如掌握了哪些知识、学到了哪些技能、经历了哪些探究活动、受到了哪些启发、还想知道哪些问题等。让学生全方面多角度地进行反思，构建知识脉络，获取活动经验，感悟思想方法。

说：学生经历反思总结后，对课堂学习活动有了充分的话语，此时要引导学生结合自身学习的过程，举例子说出来。不过像"学了哪些知识"之类的陈述型小结，尽量让"学困生"完成；像"应注意什么"之类的陈述型小结可先让"中等生"完成；概括性比较强或深层次的反思型小结则由优等生完成。

补：学生自能发展的过程是建立在多元交互的基础之上。正如萧伯纳所说，你有一个苹果，我有一个苹果，我们彼此交换，每人还是一个苹果；你有一种思想，我有一种思想，我们彼此交换，每人可拥有两种思想。因此，在课堂上我们要让师生互动、生生互动充分开展起来，在一个学生说的时候，其余学生要善于听。同学说完，要肯定他人优点，取长补短，并能进行补充与深化。

拓：互动的过程是学生思想碰撞中对知识脉络的构建，更是自我学习触角的延伸。通过交互学生全面地掌握了知识，并将自己的学习拓展到生活中去，在生活中经历用数学知识去联系生活实际问题的过程，实现学以致用。

6.教师评价促需的行动策略

评价的主要目的是全面了解学生的数学学习历程，激励学生的学习和改进教师的教学。数学学习的评价不仅要关注学生的学习结果，更要关注他们学习的过程；不仅要关注学生数学的知识水平，更要关注他们在数学活动中所表现出来的情感态度与价值观，帮助学生全面认识自我，建立学习信心。

评价促需就是将多种形式的评价贯穿于学生学习的整个过程，为学生创设自主管理、独立思考、梳理知识和自能发展的学习载体，不断满足学生的自我挑战、自我肯定、自我欣赏，从而获得体验成功的学习需求（表1-47）。

表 1-47　教师评价促需的行动策略

策　略	要　　求	行动要领
1.及时反馈	1.在学习的各个环节,教师都要积极参与其中,适时进行评价反馈。 2.关注学生的参与面,交流广度。 3.关注学生的生成性资源,依据学生的学习情况循学而导。突出学法指导和思想方法的渗透	察:善于捕捉学生资源,如精彩发言、优秀作业等。 导:对学生积极方面予以表扬,消极方面予以疏导。 评:对学生的表现要及时做出评价,并及时反馈。 展:优秀作业、独特解题思路、优秀表现等予以上榜展示,激发积极性
2.分层检测	1.根据不同层次的学生设置选做题和必做题,使每个学生在原有的基础上有所提升,体验成功。 2.关注学生的学习体验,突出思维训练	
3.学法提炼	1.针对学习内容罗列明显的数学方法。 2.举例说明一些隐性的思想方法。 3.拓展应用数学思想方法	

(1)及时反馈

在学习的各个环节,教师都要积极参与其中,适时进行评价反馈。关注学生的参与面、交流广度。关注学生的生成性资源,依据学生的学习情况循学而导。突出学法指导和思想方法的渗透。

例如,课题组成员在教学"平行四边形的面积"时,依据及时反馈的情况不断地调整教学策略,以激发学生自能发展的需求。

提出猜想:

师:这个平行四边形的面积是多少? 谁来解决?

生1:拉成长方形再算。

生2:底乘邻边。

生3:底乘高。

生4:割补成长方形。

在学生提出猜想后教师组织了三次反馈调整。

第一次反馈:

师:现在我们来比较一下这四种想法,请你说说谁的方法更好?

结果学生比较时说法不一,耽误很长时间,教学目标未实现课堂失败。

第二次反馈调整：

师：这么多种方法，究竟哪种最合理呢？老师来给大家一一展示。

老师展示过程中学生思维不集中，课堂效果很差。是不是关注点出错了？两种评价都强调结果，打断了学生继续探究的思维，削弱了学生的探究欲望。

第三次反馈调整：

师：同学们的想法都非常大胆，那么平行四边形的面积究竟如何计算呢？

这个评价并未评价结果，而是引导学生继续深入思考，好像没有评价，但实践的效果却非常的好。

教师的及时反馈首先要有利于学生知识与技能的学习，有利于学生思维的发展，评价必须要明确知识与技能的学习是实现问题解决、数学思考、情感态度目标的基础。课堂生成不一定都是评价的关键，但要是能抓住有意义的课堂生成，评价将非常有利于教学目标的实现和学生思维的发展。

（2）分层检测

分层检测关注的是对学生学习过程和结果的评价，针对学生学习能力的差异，采取不同的评价机制。教师要准确地掌握学生的实际学情，充分尊重学生的个体差异并进行有针对性的指导，对学习结果进行有针对性的评价，使所有学生在原有的基础上有所提升，体验成功。

例如，在教了"长方形的周长计算"后，可以设计探究型的分层检测作业：在一个长方形中，剪去一个小长方形后，周长会有什么变化？（要求通过动脑想、动手画和量的方法寻求问题的答案）第一层学生只要找到一种答案；第二层学生要找到多种答案；第三层学生不仅要找到多种答案，还要把思路讲完整，阐述清楚。这样的探究型分层检测作业重在激发不同层次的学生都在原有基础上得到不同程度的发展，从而发挥作业的激励作用，帮助各层次的学生体验学习的乐趣，激发进一步学习的动力。

（3）学法提炼

教师在引导学生进行学法提炼时，可以针对学习内容罗列显性的数学方法。在此基础上，结合举例提炼一些隐性的思想方法，并在解决问题时加以运用。提炼数学思想和方法，不仅可以加快和优化问题解决而且还可以达到会一题而通一类的效果。

例如，"转化"这一数学思想方法在小学阶段经常会用到。在总结反思评价时，教师可以有意识地将这一显性的数学思想方法告诉学生，使学生明白解决问题时可以将未知转化成已知，将复杂转化为简单，将抽象转化为直观。如学生在掌握了三角形内角和的计算之后，要计算多边形的内角和，有许多学生就会想到通过添加辅助线,可以将四边形分割成两个三角形,将四边形的四个内角和转化成求两个三角形的内角和,这样就把所求的多边形内角和的问题转化为计算三角形内角和的问题。学生已经能够运用转化这一数学思想方法解决一些简单的数学问题。

此时,教师可进一步引导学生去回顾哪些地方还曾用到了转化这一数学思想方法,使学生能够形成知识体系。因此可以引导学生进行回顾反思总结,学生会发现在图形与几何领域经常会用到转化这一数学思想方法:如五年级进行平行四边形面积的计算时,利用已经学习的长方形面积计算方法,将平行四边形的面积转化为长方形的面积;三角形的面积是通过转化为平行四边形的面积而得来;学习梯形的面积时,转化这一思想方法就应用得更加灵活,既可以转化为两个三角形的面积,又可以转化为平行四边形的面积,也可以转化成多种图形面积的组合等,最终得出梯形的计算面积公式,将新知内化为自己的知识。

教师的评价促需贯穿整个教学过程,生发于每个教学环节,教师要时刻关注学生的学习状态,做到善察、随导、适评、优展,这样才能促使学生积极主动地投入到学习当中,也就是要做到"察、导、评、展"这四字诀。

察:在"生成"的课堂教学中,善于捕捉学生资源,因势利导地纳入预设的教学当中,灵活处理好学生提出的一些意想不到的问题,并把它贯穿到教学环节中来。

导:教师在教学过程中要适时点拨,对学生积极方面予以表扬,消极方面予以疏导,实现训练思维,指导学法,让学生因"顿悟",而达到"会学"。

评:评是指在课堂教学中,对学生的学习行为做出合理的评判,并及时反馈,从而激发学生的学习兴趣和动机,启发学生的积极思维,引导学生学习的方向。

展:课堂开展优秀作业、独特解题思路、优秀表现等展示,可以有效地激发学生学习的积极性,体验成功的喜悦。

课题组通过研究,构建了具有学科特色的学本视域下的小学数学教学策略体系,形成了"自主先学——共学悟法——自能发展"的学习策略和"学材开发——智慧导学——评价促需"的导学策略,构建了"个体自主学——小组交流学——组际展示学——集体质疑学"的"四学六导"(六个导学时机)学本课堂实践模式。

五、研究成效

(一)系统构建了学本视域下的小学数学课堂观察的实践研究体系

通过理论研究和课堂观察实践,构建了具有小学数学学科特点的课堂观察体系,包括小学数学课堂观察评价指标体系、量表开发体系及研究实施体系,开发形成了学本视域下的小学数学Ⅰ类和Ⅱ类课堂观察量表,形成了小学数学课堂观察的"四步"实施策略,形成了"一个主题、四元分析、三大反观"的实施模式。在一定程度上填补了目前国内研究普遍存在的量表宽泛、学科特点不鲜明、实用性不强的短板,为一线教师提供了可供借鉴的操作经验。系统构建了学本视域下的小学数学课堂教学的策略体系,形成了小学数学学本课堂的学习模型,形成了研究学—基于学—促进学的"三学"理念,还形成了"四学六导"学本课堂实践模式。《学本课堂:小学数学新教学范式研究与实践》一书已由光明日报出版社出版(图1-14),《教学月刊》"本期话题"栏目专题刊登本研究成果的8篇系列文章(表1-48),为一线教师践行学本课堂提供范例,对小学数学课堂教学和研究具有重要的指导意义。

图1-14

表1-48　发表在《教学月刊》上的研究成果系列文章一览表

序列	文章题目
总文章	基于儿童视域下的小学数学学本课堂的探索
小文章1	自主先学　提升学力 　　——"异分母分数加、减法"教学实践与思考
小文章2	立足学生经验　重视学材开发 　　——"复式条形统计图"导学设计与实践思考
小文章3	翻转复习　共学悟法 　　——"'平面图形面积'的总复习"导学设计及实践

序列	文章题目
总文章	基于儿童视域下的小学数学学本课堂的探索
小文章4	智慧导学　让学生循序建构数感 ——"1000以内数的认识"导学实践与教学思考
小文章5	直面学情　评价促学 ——"运用平移知识解决问题"导学实践与思考
小文章6	循学而导,指向高层次思维能力的发展 ——"运用平移知识解决问题"课堂教学观察
小文章7	数学课堂观察中学生情感的分析 ——"平面图形面积的整理与复习"课堂教学观察

(二)促进了学生数学学习力的发展

学本课堂以学生的学习为本,凸显学生本体、学习本位、学科本色,促进了学生数学学习力的发展。

1.提高了学生数学自主学习的动力

在学本课堂中,教师通过结构化备课了解学情,开发学材,让学生通过导学单、微视频、操作单等开展自主学习活动,生成有价值的研究问题,激发学生数学学习的主动性和积极性,使学生积极想学。

2.提高了学生数学自主学习的能力

学生在课堂共学活动中,通过交流学、展示学、质疑学等过程,深入研究问题,掌握知识技能,领悟思想方法。同时,在教师的智慧导学下,经历学习全过程,形成学习方法与策略,达到自我意识发展基础上的主动能学。

3.提高了学生数学自主学习的持久力

在学本课堂中,学生经历了检测反馈、反思评价、提炼学法等数学活动,将知识技能内化为自身能力,使学生达到掌握一定学习策略基础上的会学,从而提高学生自主学习的持久力。

近几年,随着本研究的深入推进,在生源没有优势的前提下,所在学校(天台外国语学校)在全县小学毕业质量评估中,学生的数学学业成绩监测水平遥居区域内4所A类学校的前列,且领先优势越来越明显(图1-15)。

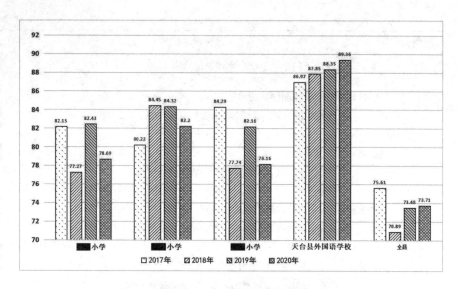

图 1-15　2017—2020 年全县 A 类学校六年级质量监测水平对比

(三)促进了教师的专业发展

1.促进了教师"学本"理念的落地

在研究中,"三学"理念已经被广大教师所接受,并落实到教学行为中,教师重视课堂前测、后测,根据学情设计导学案,开展"四元"预案分析,充分尊重学生的学习现实,善于根据学生先学情况开展智慧导学,使学生真正成为课堂主人。同时,教师研读教材、研读学生、课堂调控、课堂导学等专业素养也得到了提升。

2.促进了教师反思能力的提高

通过全方位、多视角的课堂观察实践研究,形成了"一个主题、四元分析、三大反观"的学本课堂实施模式。基于数据的教学诊断分析,使教师对教学行为的反思更加深刻,对学生目标的达成更加到位,对教学的改进措施更加精准,教师的反思能力持续提高。

5 年来,课题组围绕学本课堂开展了 8 个省市课题研究,撰写的 38 篇相关课例、论文在各类教学期刊中发表。成员中 2 人被评为正高级教师,1 人被评为省特级教师,5 人被评为省教坛新秀,1 人获省教改之星金奖,5 人被评为市名教师,9 人被评为县名教师,课题相关成果在国家级获奖 2 项,省级获奖 9 项,地市级获奖 5 项,成果获浙江省教研优秀成果一等奖和浙江省教科优秀成果二等奖。文章发表以及成果获奖如下。

(1)相关论文、课例发表情况,如表 1-49 所示。

表1-49 相关论文、课例发表情况

序号	文章题目	发表刊物名称	发表日期
1	基于已有经验 建构乘法概念 ——"乘法的初步认识"导学实践与思考	《小学数学教育》	2020.4
2	基于"数学的三个世界理论"的教学研究——以"集合"教学为例	《小学数学教育》	2019.11
3	让学生在过程中培养符号意识 ——"用字母表示数"导学实践与思考	《小学数学教育》	2019.4
4	借助素材 关注本质——"平均数"教学实践与思考	《小学数学教育》	2017.9
5	在比较中抽象 在建构中迁移——"喝牛奶的数学问题"教学实践与思考	《小学数学教育》	2017.4
6	追根究底 助力深度学习——"植树问题"导学实践与思考	《教学月刊》	2020.10
7	加强习题研究 提升命题能力——一道习题的教学实践与思考	《教学月刊》	2019.12
8	直面学情 评价促学——"运用平移知识解决问题"导学实践与思考	《教学月刊》	2019.1
9	翻转复习 共学悟法——"'平面图形面积'的总复习"导学设计实践思考	《教学月刊》	2019.1
10	构建基于儿童视域下的小学数学学本课堂的探索	《教学月刊》	2018.11
11	智慧导学 让学生循序建构数感——"1000以内数的认识"导学实践与教学思考	《教学月刊》	2018.11
12	自主先学 提升学力 ——"异分母分数加、减法"教学实践与思考	《教学月刊》	2018.11
13	立足学生经验 重视学材开发 ——"复式条形统计图"导学设计与实践思考	《教学月刊》	2018.11
14	循学而导,指向高层次思维能力的发展——"运用平移知识解决问题"课堂教学观察	《教学月刊》	2018.11

续表

序号	文章题目	发表刊物名称	发表日期
15	数学课堂观察中学生情感的分析——"平面图形面积的整理与复习"课堂教学观察	《教学月刊》	2018.11
16	创设动态情境 发展空间观念——运动变化观点下的"图形与几何"教学探索	《教学月刊》	2018.6
17	复习课练习设计的策略	《教学月刊》	2017.8
18	基于"前测",构建复习课——以"平面图形面积的整理和复习"为例	《教学月刊》	2017.5
19	逆向联想,提升能力	《教学月刊》	2016.11
20	灵活处理课本习题,提升学生应用意识	《教学月刊》	2016.8
21	少一些"任性",多一些"思考"——略论学本课堂中教师行为的转变	《教学月刊》	2015.6
22	激起建构提效——探寻基于学习起点的以学定教策略	《中学课程辅导》	2016.5
23	研读有效材料　悟出概念本质——《速度、时间、路程》的导学实践与思考	《小学教学设计》	2017.11
24	借助直观　理清结构　沟通联系掌握本质——工程问题的教学设计与说明	《小学教学》	2017.11
25	整合素材　巧用数轴　提升能力——"数的认识"总复习教学设计	《小学教学》	2016.5
26	追溯本质 让数学思想方法真实可感——《平行四边形面积》一课的实践与思考	《教育界》	2016.7
27	顺应学生的认知规律 突出概念的形成过程	《教育实践与研究》	2016.10
28	创设"动手操作+反思"的学习活动 提升学生认知的层次——"轴对称图形"的导学实践与思考	《中小学数学》	2019.7

续表

序号	文章题目	发表刊物名称	发表日期
29	小学数学"课堂导入乱象"的浅析与思考	《中小学数学》	2018.9
30	活动 程序 对象 图式——基于"APOS理论"的《乘法分配律》导学实践与思考	《中小学数学》	2018.7
31	小改变大收益——《方程的意义》两次教学设计带来的变化	《名师备课新思维》	2017.1
32	关注内在联系，练出别样精彩——《圆柱与圆锥综合练习》实践与反思	《新课程》	2017.5
33	依托多元联想 理解数的概念——"1000以内数的认识"的教学思考	《中小学教材教学》	2015.7
34	动力十足 提升学力	《基础教育论坛》	2017.10
35	小学数学"图形与几何"复习课教学策略的探索	《小学教学设计》	2018.3
36	课堂理答的多维视角与实施策略	《小学教学参考》	2017.2
37	此减非彼减——一次监测引发对简便运算教学的思考	《小学教学参考》	2016.7
38	巧用学习材料　消除思维盲点	《小学教学参考》	2015.11

（2）相关成果获奖情况，如表1-50所示：

表1-50　相关成果获奖情况

序号	成果名称	获奖情况	颁奖单位	日期
1	学生本位视域下的小学数学课堂观察的实践研究	浙江省教研优秀成果一等奖	浙江省教育厅教研室	2019.1
2	基于"学本课堂"的小学数学教学的策略研究	浙江省教科优秀成果二等奖	浙江省教育科学规划办	2018.12
3	学生本位视域下的小学数学课堂观察的实践研究	台州市教学研究课题成果一等奖	台州市教育厅教研室	2018.11

序号	成果名称	获奖情况	颁奖单位	日期
4	基于"学本课堂"的小学数学教学的策略研究	台州市教育科学优秀研究成果一等奖	台州市教育科学规划领导小组办公室	2018.8
5	基于以学定教的小学数学微课实践	台州市教育科学优秀成果二等奖	台州市教育科学规划领导小组办公室	2017.12
6	《乘数除数是两位数的乘除法总复习》	省级优课	浙江省教育技术与信息中心等	2017.11
7	承建的微课程《人教版小学"数学广角"》	2019年度省级精品微课程	浙江省教育技术中心等	2020.1
8	承建的微课程《人教版小学"因数与倍数"》	2019年度省级微课程	浙江省教育技术中心等	2020.1
9	承建的微课程《比和比例》	2018年度省级微课程	浙江省教育技术与信息中心等	2019.1
10	承建的微课程《分数的意义与性质》	2017年度省级微课程	浙江省教育技术与信息中心等	2018.1
11	承建的微课程《小数的意义与性质说课》	2017年度省级微课程	浙江省教育技术与信息中心等	2018.1
12	录像课《三角形的认识》	全国小学数学课堂教学二等奖	人民教育出版社等	2017.6
13	录像课《认识时间》	全国小学数学微课评比二等奖	人民教育出版社等	2017.6
14	"学为中心"的小学数学教学策略的实践与思考	省级二等奖	浙江省创新教育研究会	2017.11
15	儿童视域下小学数学"智慧导学"策略的探索	省级二等奖	浙江省教育科学研究院 浙江省教育厅教研室	2017.6

续表

序号	成果名称	获奖情况	颁奖单位	日期
16	课例《两位数乘除法的复习》	市教育技术与学科教学融合优秀课例一等奖	台州市教育技术与信息中心	2017.7
17	基于学本课堂的线上教学模式的探索	2020年浙江省"基于技术的教与学方式变革"优秀案例	浙江省教育技术中心	2020.12

六、成果的创新性

（一）研究内容：学本课堂，从理念走向实践

本研究提出了"研究学—基于学—促进学"的"三学"理念，构建了小学数学学本课堂的教学实施策略。教师的智慧导学促进了学生的自能发展，察、学、评、议的教学反思方式促进了教师的专业成长，推动了"学本课堂"由理念走向了实践，实现了"学本"理念的落地生根，形成了学本视域下的小学数学课堂观察评价体系、课堂观察量表体系和课堂观察实施体系，形成了小学数学教学独有的、系统的"四学六导"的学本课堂实践模式，促进了课堂教学效率的提升。

（二）研究方法：课堂观察，从经验走向实证

本研究以课堂观察为技术手段，聚焦课堂中教与学的定量和定性分析相结合，开发了具有数学学科特点的课堂观察评价体系和课堂观察量表体系，形成了课堂观察实施体系，为一线教师提供了可供借鉴的操作经验。在研究过程中，课堂观察和课例研究的融合，改变了传统的听评课模式，完善了听评课的针对性、科学性，做到以数据说话，改变传统听评课活动过于依赖个人主观性的弊端，使课堂教学研究从经验积累走向数据积累、实证验证，实现研究方法的创新。

（三）运行方式：研训结合，推进区域教改

本研究以省市戴银杏名师工作室为载体，依托名师工作室强大的人才、研究、资源优势，把本研究主题作为工作室的主攻方向，得到了卢真金、张丰、吴卫东、斯苗儿、童富勇、陈庆宪等14位国内知名专家、特级教师的帮助，先后为本研究做专题培训指导。2016年11月1—5日，工作室组织全体成员赴江苏省南京市开展"儿童本位 学本课堂"渗入跟岗式交流学习培训，观摩了贲友林、周卫东等6位苏

派知名特级教师的课堂展示和专题讲座,听取了南京师范大学课程与教学研究所徐文斌教授的专题报告,领略了苏派教育深厚的文化底蕴和深邃的教育理念,促进了成员的成长,促进了区域教学改革的发展。

5年来,课题组先后与各市县(区)教研室、教师培训单位等联合举办了20余次关于学本课堂推进研讨、推广展示活动;通过浙江省戴银杏网络工作室直播平台举行了6次面向全省小学数学教师的网络直播研修活动,有效推动了学本理念的传播和落地。2017年11月,在台州市教研成果推广暨立项主持人培训会中进行成果介绍;2018年5月11—12日,浙江省学前及义务教育段名师工作站和台州市教师发展中心联合主办了"台州市戴银杏名师工作室周期研究成果推广展示暨浙江省戴银杏名师网络工作室学本课堂专题研究推进活动",全面展示了本研究成果,省工作站负责人、浙派名师研究院院长童富勇、省教研室小学数学教研员斯苗儿、台州市教育局分管局长童文兴等亲临指导,省内500余位教师参会,有效推进了区域教改的发展。

研究论文篇

学本视域下的教师角色转变

现代教学论的"三要素"说认为:教师、学生、教材是构成教学过程的三个最基本的要素。而"教材"作为课程最狭义的概念,已经不能适应课程改革的需求。学本视域下,要求课程既要关注过去,又要关注现在;要反映先前的知识体系,更重要的是要跟学生的生活经验联系起来,把知识经验和生活经验有机统整。所以,我认为作为构成教学过程的三个最基本要素之一的"教材"应该改为"课程",也就是说教师、学生和课程才是构成教育教学过程的三个最基本要素,它们三者之间相互联系、相互作用。用图可以这样表示

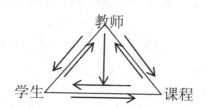

以上图示试图说明,教师不但与学生、课程有着直接密切的联系,他还在课程与学生之间,起到连接学生与课程的中介作用。因此,在新的课程改革背景下,教师能否摆正自身的角色位置,这是当前课程改革成败的关键。

一、从教师与学生的关系看,教师要由"居高临下的权威者"转变为"平等中的首席"

首先,关注学生主体、提升学生的主体性是本次课程改革努力的方向之一。学生作为认识和实践活动的主体,他具有自主性、能动性、创造性等基本特征。自主性是指在一定条件下,学生个人对于自己的学习活动具有支配和控制的权力和能力;能动性是指学生在学习活动中,不是被动地、消极地进行,而是能够自觉、积极、主动地去认识和实践;创造性是以探索和求新为特征,是主体性的最高表现和最高层次。当然,学生主体性的发挥离不开教师的指导。首先,教师必须认识并认同学生作为学习主体的地位,尊重学生的主体性,转变传统的"教师中心"的做

法。其次,教学过程是师生交往、共同发展的互动过程。交往意味着人人参与,意味着平等对话,教师必将由"居高临下的权威者"转向"平等中的首席"。在新课程下,传统意义上的教师教和学生学将不断让位给师生互教互学,彼此形成一个真正的"学习共同体"。在新课程中,教师不仅要输出信息,而且要交换信息,更要接收学生输出的信息。教师要促进课堂中信息的双向或多向交流,成为课堂中信息交换的平台。

　　因此,教师要与学生平等地走进新课程。具体策略:①找准学生的学习起点。学生不是一张白纸,他在学习之前,已经积累了一定的知识和经验,他完全具备学习的能力。这一点往往被教师所忽视。②摆正位置,把探究的机会交给学生。学生是学习的真正主人,教师要俯下身子看学生的生活,平等地参与学生的研究,为学生提供"六个机会",即观察机会、实验机会、猜想机会、验证机会、推理机会与交流机会。③提倡向学生学习。在这个信息时代,允许教师不一定比学生懂得多,教师可以勇敢地请学生帮助解决自己不懂的问题,让学生感受到学习是一种平等的交流,是一种享受,是一种生命的呼唤。

二、从教师与课程的关系看,教师要由原来的"教材的忠实执行者"转变为"课程的实施者、开发者"

　　教师不再仅仅作为课程的消极接受者,而是要作为积极的课程开发者,这是本次课程改革倡导的新理念,也是对教师提出的新要求。在原有的教学实践中,教师把"课程"看作"学科科目"与"教材",甚至就是书面的"教科书"。因此,教师的课程实施无非是"教书""讲教材"。在"教书"的过程中,教师秉承的是一种课程实施的"忠实取向",即在最大限度上再现课程编写者的意图,忠实于课程的内容。教师被排斥于课程之外,教师的任务只是教学,是按照教科书、教学参考资料、考试试卷和标准答案去教;课程游离教学之外,教学内容和教学进度是由国家的教学大纲和教学计划规定的,教学参考资料和考试试卷是由专家或教研部门编写和提供的,教师成了教育行政部门各项规定的机械执行者,成为各种教学参考资料的简单照搬者。有专家经过调查研究尖锐地指出,现在有不少教师离开了教科书,就不知道教什么;离开了教参,就不知道怎么上课;离开了练习册和习题集,就不知道怎么出考卷。教学与课程的分离,使教师丧失了课程的意识,丧失了课程的能力。

　　新课程倡导民主、开放、科学的课程理念,同时确立了国家课程、地方课程、校本课程三级课程管理政策,这就要求课程必须与教学相互整合,教师必须在课程改革中发挥主体性作用。教师不能只成为课程实施中的执行者,教师更应成为课程的建设者和开发者。为此,教师要形成强烈的课程意识和参与意识,改变以往学科本位论的观念和消极被动执行的做法;教师要了解和掌握各个层次的课程知识,包括国家层次、地方层次、学校层次、课堂层次和学生层次,以及这些层次之间的关系;教师要提高和增强课程建设能力,使国家课程和地方课程在学校、在课堂实施中不断增值、不断丰富、不断完善;教师要锻炼并形成课程开发的能力,新课程越来越需要教师具有开发本土化、乡土化、校本化的课程的能力;教师要培养课程评价能力,学会对各种教材进行评鉴,对课程实施的状况进行分析,对学生学习的过程和结果进行评定。国家课程开发只能照顾到学校教育共性的一面,而不能满足地方教育的需要,也不能体现学校特色;而校本课程开发主要由学校的校长和教师研制开发,最能反映学校的具体教育情境和学生的学习需求,体现学校的特点和发展风貌,课程改革赋予教师以参与课程开发的权力,尤其在校本课程的层面上,教师是课程开发的主体。

三、从教师作用于学生与课程的联系看,至少要实现以下几方面的角色转变

(一)由"人类知识的传递者"转变为"学生发展的促进者"

在新课程中,传统意义上被认为是知识传递者的教师的教与学生的学,将被师生互教互学所代替。因为现在学科知识量多且发展快,教师要在短短的几年学校教育里把所教学科的全部知识传授给学生已是不可能的,而且也没有这个必要,学生获得知识的渠道也多样化了,有些知识学生可能比教师还懂,教师将不再是学生取之不尽的"知识源泉"。教师的作用也不再是单纯的"传道、授业、解惑",而应该是学生学习能力的培养者,学生知识体系主动建构的促进者。

根据建构主义观点,学习是学生以自身原有的知识和经验为基础的主动建构活动,如果没有学生的主动参与,就谈不上真正意义上的学习。新课程理论认为,"学习"不再是单纯地为了分数而学习,甚至不是为了知识而学习,而是为了"学会学习"而学习。因此,教师要在如何促进学生的"学"上下功夫,从而真正实现教是为了不教。如何做一个成功的促进者?有专家认为"促进者"这种角色有以下几个特点:①做民主和谐教学环境的创设者。教师要注意创设丰富的教学情境,激发学生的学习动机,充分调动学生的学习兴趣,为学生建立一个接纳的、支持性的、宽容的课堂气氛。②做积极的旁观者。俗话说,当局者迷,旁观者清。积极的旁观者应该遵守"不干涉"的原则,在学生进行自主的观察实验或讨论时,教师要积极地看,积极地听,设身处地地感受学生的所作所为、所思所想,随时掌握课堂中的各种情况,考虑下一步如何促进学生的学习。③注重培养学生的自律能力。

当教师以一个促进者的角色出现时,并不是一味地给学生更多的自由(这样会造成散漫的课堂),而是同时也注意教育学生遵守纪律,与他人友好相处,培养合作精神——这也是德育教育的一个重要组成部分。美国人本主义心理学家马斯洛曾强调:"只有对能自律的人,能负责的人,我们才能说,就按你说的去做吧,那样可能是对的。"教会学生自律并不会妨碍他们创造性的发挥,而只会促进他们的学习。

(二)由"教学过程的控制者"转变为"学习活动的组织者、引导者"

本次课程改革的一个重要任务是转变学生的学习方式。要求转变学生过于注重接受学习、死记硬背、机械记忆的状态,倡导学生主动参与、乐于探究、勤于动手的学习方式。学生学习方式的转变必然要求教师教学方式的转变,与此同时,教师的角色也必然发生转变,由教学过程的控制者转变为学生学习的引导者。

在学生学习活动中,教师要做到"三导":①着眼于诱导,变"苦学"为"乐学",变"要我学"为"我要学"。教师要努力为学生创设现实的、有意义的、富有挑战性的教学情景,努力挖掘,充分发挥课程所蕴含的积极教学因素,唤起并激发学生学习的兴趣和强烈的求知欲。②着重于疏导,变"难学"为"易学"。学生自主学习时,教师要一步又一步地把学生逼向学习的难点,不断引发学生思维碰撞,把学生的探索、发现引向深入。在教学手段的运用上,可以借助现代教学媒体的作用,化抽象为具体,化枯燥为生动,化静为动,化难为易。③着力于指导,变"死学"为"活学",变"学会"为"会学"。教师要帮助学生确定适当的学习目标,并同学生一起确认和协调达到目的的最佳途径。要精心指导学生探索、发现的方法,让学生学会探索,学会发现,体验探究的乐趣。

同时,教师还要清醒地意识到,引导学生学习是自己的职责,教师的引导对学生的发展极为重要。因为学生的学习需要引导,尤其是在学习新课程的过程中,有些课程就是要让学生根据自己的兴趣去自主探索,在探索的过程中包括研究题目的选择、研究活动开展的计划、具体研究活动的进行、对研究结果的处理等都需要教师进行积极的引导。教师要做到很好地引导学生学习,自己必须在知识面、理论水平、认识水平、洞察问题的能力等方面具备较高的修养。

(三)由"学习结果的评判者、挑剔者"转变为"学生继续学习的激励者、欣赏者"

对原有的课程评价方式进行改革,这是新一轮课程改革的重要内容。《基础教育课程改革指导纲要(试行)》明确规定要改变课程评价过分强调甄别与选拔的功能,建立促进学生全面发展的评价体系。评价不仅要关注学生的学业成绩,而且要发现和发展学生多方面的潜能,了解学生发展中的需求,帮助学生认识自我,建立自信。评价方式的改变呼唤教师角色的转变。

我国传统的评价是十分关注结果的。长期以来,学校对学生成绩的考查主要是以考试的方式进行的。在教师的观念中,评价往往窄化为考试,窄化为纸笔测验。因此,考试成为一种工具,运用这种工具,达到甄别和选拔学生的目的。在这一过程,教师毫无疑问就成了评判者,成了说一不二的裁判员。再者,在传统的观念中,学生总是会犯错的,教师就要不断地帮助学生寻找错误,帮助学生改正错误。可教师往往根本不对学生行为经过一番详细调查,就直接凭借自己的喜怒判断学生的对错,以至造成许多"冤案"。

建立一个新的评价体系对老师来说是一个极大的挑战,新一轮课程改革要求关注评价的过程,注重评价过程对学生发展的促进作用。"评价不是筛子,而是泵。"教师在学生学习的过程中,要起到激励者和欣赏者的作用。教师要成为学生继续学习的激励者、欣赏者,至少要做好以下三点:①相信学生。相信每一个学生都是可以学好的。②激励学生。有种说法说得好:"说你行,你就行,不行也行;说不行,你就不行,行也不行。"教师千万别吝啬鼓励性的语言和表情,多给学生一份心理上的支持。③赏识学生。教师要看到学生的长处、亮点,尤其是对差程度的学生,要多用放大镜扩大他们的"闪光点",帮助他们扬起自信的风帆。

(原载浙江省教育出版社出版的《浙江省特级教师文库——论课程改革中的教师角色》,作者:天台县外国语学校　戴银杏)

让学生成为学习的主人

教育要以人为本,其目的是促进人的发展。学科教学也同样,必须将指导人的发展放在首位。在数学教学中,教师就应帮助学生建立认识过程,培养认知方式,注重情感融入,提高学生的主体意识,充分发挥学生的主体作用,使学生真正成为学习数学的主人。

现从以下四个方面谈谈一些做法和粗浅体会。

一、让学生自主学习

现代教学论认为:在课堂教学中,学生的学习是两个转化过程,一是由教材的知识结构向学生的认知结构转化;二是由学生的认知结构向智能转化。这种转化过程,只有以学生为主体,在教师的积极引导下才能实现。对学习数学来说,没有学习主体的积极参与是没有办法学会数学的。因此,在数学教学中,教师要设计和组织好符合学生"最近发展区"的教学活动,引导学生独立思考、主动探索,并调动学生积极学习的心向,使学习数学成为真正意义上的内在需要和追求,成为一种自我表现的方式。

例如,教学"接近整百、整千数加减法的简便算法"时,一开始我就把学生分成两个组,进行速算比赛,第一组计算左边四题,第二组计算右边四题。

246+500	246+499
734+200	734+198
857−400	857−397
3475−2000	3475−1999

结果第一组取胜,第二组同学不服气,说第一组的题目容易。接着,我问:第二组的题目能不能用简便方法计算?同学们通过对题目重新审视,发现第二组数的特点,即第二组算式中的一个加数或减数接近整百、整千。提出:可以把接近整百、整千的数看成整百、整千数进行加减,再减去多加的或加上多减的。在学生运用他们自己发现的简便算法计算出右边四题以后,我又运用购买物品收付和找补

钱的实例,使学生加深理解和牢固掌握这一简单方法,并体会到这种简便算法在实际生活中的应用。在这一学习过程中,学生的学习能力也得到了提高。

二、让学生带着问题学习

"学起于思,思源于疑。"疑问是思维的"启发剂"。因此,在数学教学中,教师必须善于设疑,以拨动学生思维之弦。在新课教学中,教师应根据教学内容,联系学生的生活实际,创设问题情境,把学生置于问题的情境中,借助于外界因素的刺激作用,促使学生带着问题进行学习,通过主动的尝试和探索达到问题的解决。例如,在教学小括号的认识时,一位教师联系生活实际,出示了下面一道情境题:"小珍妈妈在商场里先买了 3 件棉毛衫,后来又买了 2 件,每件棉毛衫 25 元。她一共付出多少元?"要求学生解答。结果学生出现了两种解法:

解法一:25×3=75(元),25×2=50(元)

　　　　　75+50=125(元)

解法二:3+2=5(件),25×5=125(元)

教师肯定两种解法都是对的,然后问:第二种解法第二步中的"5"表示什么?学生说:"就是 3+2=5(件),两次买棉毛衫的件数。"教师说:"对!现在我们把它列成综合算式是25×3+2对吗?"学生说:"计算的顺序要先算'乘'后算'加',这样计算结果不是 125 元,所以这样列式是错误的。"教师进一步问:"这是为什么?应该怎么办呢?"让学生思考、讨论后得出:这道算式要先算"加"再算"乘",必须在3+2处加上小括号——(　),就是25×(3+2)。这样做的过程,实质上是现实问题"数学化"和构建数学模型的过程,一方面,能使学生认识到数学知识来自生活实际;另一方面,使学生更好地理解小括号能改变运算顺序的作用。

著名科学家李政道博士说:"什么叫学问?学问就是要学怎样问,就是学会思考问题。"这就是说,在教学过程中,不仅要教师提问,还要学生思考问题,提出问题。教师要精心设计教学过程,使学生有问题可提。例如,教学"在被除数和除数的末尾,消去相同个数的'0'的有余数除法"时,我先让学生计算 2800÷900,得到的商都是 3,而余数大部分是 1,也有 10 或 100。这时,学生主动提出问题:余数究竟是 1,还是 10 或 100 呢?我叫大家在小组里讨论,但意见还是不统一,有的认为

$$\begin{array}{r}3\\900\overline{)2800}\\2700\\\hline\end{array}$$

$$\begin{array}{r}3\\900\overline{)2800}\\27\\\hline\end{array}$$

100 余数 1 是正确的;有的认为 1 余数 100 是正确的。接着我让学生看课本例题,才知道余数 100 是正确的,但是很多学生的心里还有疑问。最后

用"商不变性质"说明商不变而余数变了的道理,使学生消除疑问,也提高了计算这类题目的准确率。

三、让学生创造性地学习

创新教育是时代的要求,创新教育必须从小抓起。在小学数学教学中,也必须注重培养学生的创新意识和创新精神。在新知识的教学过程中,教师要引导学生进行数学知识的"再发现"和"再创造"活动。荷兰数学教育家弗赖登塔乐说:"学习数学的唯一正确方法是实行'再创造'活动,也就是由学生本人把要学习的东西自己去发现或创造出来,教师的任务是引导和帮助学生去进行这种再创造的工作,而不是把现成的知识灌输给学生。"数学教学一定要改变教师讲、学生听的教学模式,引导学生通过自己的探索或操作实践活动,去"发现"知识规律。

例如,在教学"乘数中间有 0 的乘法"时,我让学生先计算 206×358,学生算好以后,再让学生用交换因数的方法进行验算,即 358×206 = 73748。在验算过程中,我发现部分学生把乘数十位的 0 去乘被乘数这一步省略掉了,于是我请把 0 省略和没有省略的两位学生分别把算式抄在黑板上,并问:两种算法是否都对? 哪种简便? 我表扬了省略用 0 乘这一步的同学,我之所以特别重视表扬这些学生,是因为他们表现出了一种创新意识和创新精神,以激励全体学生今后更好地、创造性地学习。

为了开发学生的创新潜能,在这堂课的练习中,我有意识地让学生计算 448×603,并提出"你认为怎样简便就怎样计算"。结果有好多学生开动脑筋,采用了自己认为比较简便的方法。一种方法是算出 448×3 = 1344 以后,用百位上的 6 去乘448 时,只是把 1344×2 的得数 2688 抄到适当的位置上,再求出积。另一种方法是认为交换因数后的 603×448 比原式简便,进位直接写,对位不出错。还有一种方法也是交换因数后相乘,算出 603×8 = 4824 以后,十位和百位上的 4 去乘被乘数时,都是把 4824 折半照抄。这些方法看起来微不足道,但是对于小学生来说,都闪烁着创造性思维的火花,是一种创造性学习。

四、让课堂成为学生的乐园

学生学习数学知识的过程,是在知、情、意、行共同参与下进行的。苏霍姆林斯基说:"没有欢欣鼓舞的心情,学习就会成为学生沉重的负担。"教学时,教师要重视情感的诱发和融入,使学生内心感到学习数学是有很大乐趣的。教师要充分热爱和信任学生,对学生要和蔼可亲,尽量用商量的口吻讲话,一般不用"指令式"语言。对学生的提问,既要表示欢迎,又不急于表态,只做必要启发和诱导,尽量让学生自己找到答案,让学生尽可能多地获得成功的机会。对学习困难的学生要更多一份关心,更多一份耐心,使他们体会到教师给他们的爱是真诚的,并认识到自己能够进步,已经有进步,但还不够,还要更加努力。

例如,我曾让学生解答:在边长是 4 厘米的正方形中有一个三角形(如下图),求阴影部分面积。

4厘米

学生解答以后,我先叫一位学生讲他的解法:4×1÷2+4×3÷2=2+6=8(平方厘米)。很多同学说他的解法是错的,因为图上没有 1 和 3。那么这真的错了吗? 通过引导,我有意识地表扬了这位同学,说他是用假设法求解,这个方法是可行的。接着我问大家还有别的解法吗? 很多同学这样解:4×4-4×4÷2=16-8=8(平方厘米)。还有的同学这样解:4×4÷2=8(平方厘米)。他说:"我是把阴影部分看成半个正方形来计算的。"以上的不同解法反映了学生的不同认知水平,通过交流,相互启发,取长补短,大家能获得成功的体验。

(原载《小学数学教师》,2001 年第 1~2 期,作者:天台县外国语学校　戴银杏)

学生是课堂教学的有效资源

《数学课程标准》指出:义务教育阶段的数学课程,其基本出发点是促进学生全面、持续、和谐地发展。学生不仅是学习的主体,是课程目标实施的对象,而且是我们教学的资源,是课堂教学的共同创造者。课程资源的开发和利用应该以学生的学习为出发点和归宿。但是在目前的课堂教学中,许多教师很少利用课堂中来自学生的资源,往往按预先的"教案"施教,"心中有案,行中无人",导致课堂教学效率不高。那么,教师应该如何挖掘和利用学生资源,让课程实施由执行教案走向动态生成呢? 下面谈自己的粗浅看法,仅作抛砖引玉。

一、把握起点资源

学生在学习新知识前,不是一张"白纸",他们或多或少地积累了一定的知识、经验。所以,教师要经常思考:孩子在学习这部分内容之前,他们已经具有哪些知识和经验,他们可能还存在什么问题? 把握学生的这些学习起点资源,这是数学课堂动态生成的基础,也是有效的课堂教学的前提。可能教师在教案的预先设计中,对学生的知识基础和直接经验已经有所估计,但在实际教学中,往往会出现课堂中获取的反馈与预先估计有不一致的地方,教师应该找准学生的真实起点,让学生的学习真正成为在原有的知识、经验基础上的主动建构过程,增强教学的体验性和生成性。

例如,借班教学人教版小学教材一年级下册"认识时间",当我按照课前精心设计的教学环节进行教学时,发现学生已经积累了相当丰富的有关时间的知识,于是,就果断地将原先设计的小步子的提问调整为开放性的问题:"关于时间,你们已经知道了哪些?"学生们是各抒己见,相互启发,数学教学变成了学生间学习经验的汇报、交流。学生们利用手中的学具钟正确地认识了钟面指针和刻度,演示了时、分的关系,还结合自己一天的作息情况,正确地读、写几时几分。在汇报交流的过程中,学生们充分地感受到时间与生活的密切联系,内容不仅大致覆盖了教科书的知识点,而且还生成了许多新的课程内容。比如有学生说:"去年我去北京看升旗仪式的时间是7点36分,听导游说天安门广场国旗升旗时间是根据太阳每天升起的时间来确定的,所以每天升旗的时间是不一样的。"一位学生紧接着说:"对,听我姐姐说,她们学的课文中就有一篇文章介绍要让国旗和太阳一同升起的。"这是多好的爱国主义教育的题材。还有的学生说:"我在天都宾馆墙上看见五个时钟,下面写着北京、东京、莫斯科、伦敦、纽约,可是这五个钟上的时间是不一样的。"学生小小的脑袋中竟装有如此丰富的内容。这样的教学,不仅让学生的知识经验在教师的引导下得到了提升和系统化,而且还通过课堂的小舞台,展示了学生们在社会这个大舞台中获得的其他知识。

二、研究疑点资源

"学起于思,思源于疑。"疑问是思维的"启发剂",因此,在数学教学中,教师要善于捕捉学生的疑点资源,引导学生积极探究,拨动思维之弦,往往会收到意想不到的效果。

例如,一次公开课教学"长方形面积的计算",当我借助多媒体手段创设了一个情景,新教学楼的窗子要装玻璃,请问每扇窗需多大的玻璃呢? 竟有一学生站起来说:"玻璃窗是长方形的,我知道长方形面积的算法,只要用长乘宽就可以了。"这样一来,预先精心设计的各个教学环节和问题全都泡了汤。学生都知道了,这节课还学什么呀? 我用咨询的口气对学生们说:"知道长方形的面积计算的同学请对老师点点头。"结果有一半以上的学生点头了。"那么你们知道长方形的面积为什么可以用长乘宽来计算吗?""不知道。"许多学生边摇头边回答。好一个不知道,这不正是本节课需要着力解决的问题吗? 于是,我首先肯定了学生们主动学习的态度,同时指出:这节课我们就一起研究长方形的面积为什么可以用长乘宽来计算,比一比,哪个同学、哪个小组能利用手中的学具最先得到证明? 由于在教学中抓住了"不知道为什么"这个有利于动态生成的问题,学生学得非常主动,有时独立操作,有时合作探究,有时讨论交流,学生们在活动中表现出来的聪明才智,大大地超出了我的预想。

著名科学家李政道博士说:"什么叫学问? 学问就是要学怎样问,就是学会思考问题。"这就是说,在教学过程中,教师不仅要抓住学生的疑问点提问,而且要引导学生发现问题、提出问题、研究问题。比如上面举出的教学"认识时间"的案例中,学生发现宾馆墙上表示北京、东京、莫斯科、伦敦、纽约的五个钟面上的时刻是不一样的。教师就可以抓住这一信息,引导学生提问:这是怎么回事呢? 鼓励学生以此作为小课题进行研究,让数学教学从课内向课外拓展、延伸。

三、利用错点资源

学生的错误是不可能避免的。教师们通常看到的是错误的消极方面，因此，千方百计避免或减少学生出错。但是往往事与愿违，处置不当还会挫伤学生的学习积极性和自尊心。其实，学生课堂上的错误正是教学的巨大财富。心理学家盖耶说得好："谁不考虑尝试错误，不允许学生犯错误，就将错过最富有成效的学习时刻。"错误是正确的先导，错误是通向成功的阶梯，学生犯错的过程应该被看成一种尝试和探索的过程。因此，在教学中，要充分利用错误这一宝贵的财富，变学生的错误为促进学生发展的有用资源。

例如，人教版小学教材第三册第 32 页中有这样一组题目：

（1）有 2 行桌子，每行 4 张，一共有多少张？

（2）有 2 行桌子，一行 4 张，另一行 5 张，一共有多少张？

教师让学生独立练习后，发现学生第（2）题出错，有的列出 $5×4＝20$（张），有个别的学生列出 $4×2＝8$（张）或 $5×2＝10$（张），甚至还有的列出 $2+4+5＝11$（张）。很显然，学生是受到乘法应用题的思维定式影响，没有读懂题意，就乱凑数列式。这位教师把这四种错误的算式抄在黑板上，笑吟吟地问学生："这四种方法的得数都不相同，你觉得哪几种算法是错的？请摆出理由。"于是，学生们都认真地去读题，画圆圈或线段图等表示题意，找出了错误的原因，还达成了共识：以后做应用题一定要多读题目，理解题意后再列式。教师并没有到此为止，而是继续引导：这四道算式应该怎样改正就正确了呢？针对第一种列式，学生说只要把"×"号改为"+"号，因为它是求 4 张与 5 张合起来是多少；针对 $4×2＝8$（张）的列式，学生说哪来的 2 个 4 呀？教师顺着学生的思路问：的确没有 2 个 4，谁能"造"出 2 个 4 来呢？马上有学生说："只要把另一行的 5 张看作 4 张加 1 张，所以要在 $4×2$ 的后面再加 1 就行了。"很自然地学生列出了 $4×2+1＝9$（张）和 $5×2-1＝9$（张）的乘加（减）算式。这样通过让学生找错、改错，不仅使学生订正了错误，深化了认识，更重要的在于训练学生分析、思考的方法和提高处理实际问题的能力，增长了学生的智慧。

四、挖掘亮点资源

孔子说："知之者莫如好之者，好之者莫如乐知者。"教学过程应该成为学生一种愉快的生活情绪和积极的情感体验。由于"情感、态度、价值观"不可具体测量，现行的大部分考试很难关注这一部分内容，再加上知识、技能等是显性的，往往直接体现在教学中,而情感、态度是隐性的,需要教师在教学中发掘、把握。因此,教师要用"心"施教,充分挖掘学生的亮点资源,关注学生在教学活动中所表现出来的情感态度,只要是学生经过自己的努力"创造"出来的东西,都应该给予足够的表扬和鼓励,帮助学生培养对数学的兴趣,建立起学习的自信心。

例如,在一次数学练习课上,我让学生练习这样一道题:用简便方法计算。

327－98

＝327－100＋2

＝229

但也有个别同学这样算:

327－98

＝327－100－2

＝225

这道题到底应该怎么算? 是再加 2 呢还是再减 2? 通过辩析交流,大家达成了一致的看法:多减几的要加几,所以多减去 2 就要加上 2。

正在这时,平时学习成绩不是很好的王超杰同学私下嘀咕:"搞也搞不清楚,还是我的方法好。"我用鼓励的目光看着他,笑着说:"你是怎样算的,能把你的算法做在黑板上吗?"也许是受到了我的鼓励,他真的快步走上讲台,在黑板上写下:

327－98

＝100＋227－98

＝229

他刚写好,下边就有人在喊:"错了,错了,这哪儿算简便方法。"只见王超杰同学脸色通红,低下头来。真的错了吗? 我仔细观察了他的算法,终于发现他算法中非常可贵的"闪光点"。于是我问他:"你为什么要把 327 分成 100 加 227 呢?"他回答:"100 减 98 等于 2,2 再加 227 等于 229,就不用考虑是加 2 还是减 2 了。"多好的回答啊,我带头为他的精彩解题方法而鼓掌,其他同学也跟着鼓起掌来。接着同学们指出了他计算过程中写法的不妥之处,可以写为:

327－98		327－98
＝100－98＋227	或	＝227＋(100－98)
＝229		＝229

最后我们把他的这种算法命名"超杰方法"。小超杰的脸上洋溢着骄傲和自豪。

关注人是新课程改革的核心理念。教师胸中要时刻装着学生,做到"心中有案,行中无案",富有形的预设于无形的动态的教学中。把握学生的起点资源,研究学生的疑点资源,利用学生的错点资源,挖掘学生的亮点资源,随时捕捉促进课堂教学动态生成的切入点,让学生真正成为课堂教学的有效资源。

（原载《小学数学教师》,2005 年第 1～2 期,作者:天台县外国语学校戴银杏）

给学生一次成功的机会

学生都希望被老师承认和欣赏,都有积极向上的想法,他们无论是优秀还是平凡都渴望关注,渴望认可,渴望成功。学生只有在学习上获得成功的体验,才能创造出持续的快乐与继续学习的动力。给学生一次课堂上成功的体验,将能换来学生一生的命运改变。对此,我深信不疑。

故事一:这是谁的作业

庞小亮同学的父母长年在外做生意,他是留守儿童,双休日由爷爷、奶奶管教,平时住在学校,学习兴趣不浓,学习自觉性差。上课不是玩这玩那,就是和前后桌同学自由说话,我私下曾几次找他谈话,但收效甚微。

一次批改作业时发现,小亮同学画的长方形特别工整,而且旁边还认真地写上了长和宽的长度,我非常高兴,给他批了100分,而且特意加了4个☆。

第二天我把这份100分加4个☆的作业,放在实物投影仪上,充满激情地对全班同学说:"同学们,这是我昨天批改到的最好的作业,你们看,这图画得多规范多工整,这字写得多漂亮多认真啊!你们猜这是我们班谁的作业?"

顿时教室里沸腾起来,有的说是张优优,有的说是李好好,猜的几乎都是平时成绩好、表现好的同学,就是没有人说出我希望听到的那个名字——庞小亮。我故意把目光投向小亮。这时终于有学生从老师的眼神中猜出正确答案。于是我带着赞扬的语气说:"猜得很对!这就是小亮同学的作业!"教室里自发地响起热烈的掌声与欢呼声。同学们不由自主地把羡慕的目光投向了小亮,我也从小亮那有点发红的脸上看到了他内心的喜悦。从此,小亮的作业完成得更认真了,在数学课上也专心了许多,数学成绩也不断地上升。

故事二:回答得太好了

小瑜是本学期刚从别校转入的学生,从摸底成绩看还好。一次数学课,我请他说说1千米等于多少米,这个问题比较简单,他居然说:"我不知道,我不想说。"

弄得我很尴尬。第二天的数学课是学习万以内的加法,在学生尝试用竖式计算以后,我特意走到小瑜同学桌旁检查他的作业,发现他完全做对了,于是我轻轻地对他说:"你做得真好,请你上台板演吧。"谁知他却回答:"我不想去做。"从教20多年,我真还没有碰到过这样的事情,这孩子怎么啦?

事后我特意进行了家访,从他父母那里了解到,他在别的学校就是这样,上课不肯举手,不肯回答老师的问题,为了改变这一状况,所以给他转学换个环境。问起产生这种状况的原因,他父母告诉我,可能是一年级的时候有几次他回答问题后遭到老师的批评造成的,后来也曾多次教育就是改变不了。

看来是这孩子在遭遇挫折后产生了退缩行为,我决定先用消退法帮助他消除心理的抵触和恐惧,再用正面鼓励的手段唤回他的自信。于是我和他父母约定要心平气和地对待他的不肯举手发言、不肯回答问题等毛病。要给他一个宽松的环境,对孩子的这一缺点不予关注,不予批评,不予教育,平时尽量不提它,让他逐渐忘记。同时,要多发现孩子身上的其他优点并多强化,积极寻找突破的时机。

过了一个阶段,在一次数学课上,我让学生用"一定或可能"说话,一位学生说:"人一定是用右手拿筷子吃饭的",许多学生也附和,只听得下面有人嘀咕:"不对,不一定的。"我一看是小瑜,马上微笑着说:"是吗? 小瑜,请你说说人为什么不一定是用右手拿筷子吃饭的呢?"也许是受到了我的鼓励,小瑜站起来回答:"因为有的人是左撇子。""回答得太好了!"同学们不约而同地为他鼓起掌来。事后我了解到,小瑜他爸就是左撇子,他是情不自禁脱口而出的。有了这次经验,小瑜上课表现积极多了,我也有意识地多请他回答问题,逐渐地他不再退缩了,真是可喜可贺!

故事三:编题大赢家

每上完一个单元,按惯例都会进行一次测试。测试后,学生把测试卷带回家分析,并让家长签字。这样做,一是让家长了解孩子在学校的学习情况;二是让学生反思自己的学习情况,找到自己学习的优势和存在的问题。几年下来,学生、家长也已接受,而且有些学生还乐于把自己的好成绩向家长汇报以获得家长的奖励。

这次在上完一单元后,照常进行测试。有几个性急的学生跑到我办公室问自己的成绩。成绩不够理想的,默不作声地走开了,成绩好的,满心欢喜,还不时地翻看别人的成绩。"小琳只有80多分,她又要被妈妈骂了!"一个学生喊起来。"我看小拓的屁股也要被爸爸打开花了。"另一个学生插嘴说。经了解,小琳的妈妈平时对她比较严格,如果分数在90分以下的就会换来一阵臭骂,甚至毒打,班里还有几位学生也有同样的遭遇。其实小琳平时学习还认真,成绩也不错,只是性格内向,动作有点慢,这次测试还有两个题目来不及做。看来让家长签字,把学生的成绩告诉家长,本是想让家长了解孩子的学习情况,及时辅导,及时帮助督促,却没想到会有可能带来相反的结果。难怪有几次,几位没考好的学生没签字,推说家长没在或忘签字,甚至出现代签作弊现象。我得改变一下做法了。

星期五的数学课上,我把卷子发下去,因为本次测试有点难度,学生分数普遍下降了。只见有的眉开眼笑,有的低头不语,个别的趴在桌上轻声哭泣,教室里气氛有点凝重。我说:"同学们,这个单元的内容有点难,所以我要做出这样一个决定:第一,可以申请加分,条件是根据本单元的知识范围、重难点编一份测验卷。编得好的同学不但可以加上订正对的分数,而且还可以参加'编题大赢家'的评选。第二,可以申请补考,补考以后再把成绩带回去。"学生听后都很高兴,成绩好的还有加分的机会,成绩不理想的还有补救的机会,教室内的气氛热烈了很多。

下课时,小琳走到我身边轻声问:"老师,我能申请加分吗?"我说:"能啊!"对于三年级的学生来说,自编单元测验卷是有一定的难度,虽然题型可以模仿,但题目内容要靠自己收集,自己编。因为这不仅要对整个单元的内容进行梳理,还要反思自己及同学们在学习这一单元时,已学会了什么,哪些是容易错的。我支持小琳申请加分,一是相信她的实力,尽管只有八十几分,但我相信没来得及做的两题她是会的;二是肯定她的挑战勇气。小拓等其他同学也纷纷申请加分或补考。

星期一早上,小琳把她的自编测试卷交给了我,她告诉我,这个双休日她没有出去玩,她把平时的作业本上的错题都另外摘出来了,还参考了很多书,并把与爸妈观看文艺演出的内容也编进去了。看着小琳编的卷子我感动了,可以毫不夸张地说,卷子真的编得有板有眼、有模有样,卷面也非常工整漂亮。我在班上表扬了小琳,并把她编的卷子复印起来,人手一份当作学生的回家作业,其他班的老师还把小琳的卷子拿去当范例讲,她还被推选为本期的"编题大赢家"。小琳的脸上写满了喜悦。

后来,在与小琳妈妈的电话交流中,她妈妈告诉我,小琳经常说她喜欢数学,喜欢编卷。在沟通的过程中,我希望她妈妈改变自己的家教方法,共同关注孩子的健康成长。她妈妈欣然接受。

从以上三个自己亲身经历的小故事中,我深深地感到:第一,教师手中要时刻拿着搜索仪、放大镜,要多寻找、多发现学生身上哪怕微小的进步、亮点,然后用放大镜无穷倍地放大,只要是进步、亮点确实存在,不管放大多少倍都不过分。像故事一中的小亮,一次作业被老师刻意表扬,使他在感受自己的进步中、在同学的掌声中获得成功的体验和学习的动力。第二,教师要善做学生的心理辅导师。要宽容学生的缺点和错误,充分信任学生,坚持多鼓励、多微笑的原则,很多时候给学生创造宽松安全的心理环境,实际上也是给学生创造了成功的机会。像故事二中的老师,宽容了小瑜上课不敢回答、不想板演的退缩行为,采用消退法使他逐渐忘记自己的缺点,并适时进行鼓励引导,使他重新找回了自信。第三,在给学生创造成功机会的过程中,教师要注意方法灵活变通,着眼于学生的可持续发展,换个角度换个方式让学生体验成功。像故事三,只不过是一次重新评价学生的尝试,换来的是学生轻松的学习氛围、浓厚的学习兴趣和健康的身心发展。

　　给学生一次成功的机会,也许并不代表今后学生每次都能成功,但却能为学生今后更多的成功做铺垫。为了学生的健康成长,请给我们的学生一次、两次甚至更多次的成功机会吧!

　　(原载浙江教育出版社出版的《特级教师的特别建议》,作者:天台县外国语学校　戴银杏)

小学数学课堂"自主预学"的有效性策略

"自主预学"是学生在课堂学习过程当中的一种预备学习,是学生事先对于即将教学的新知进行自主学习,为新知识的学习做好准备工作。预学的形式多种多样,按预学时间可划分为课前预学、课中预学和课后预学。"自主预学"是素质教育的要求,更是"人本思想"在小学基础教育中的体现,是互联网教学模式发展和成功的基础与关键。因此,致力于预学方法的指导和预学形式的设计,可以提升自学能力,提高预学质效,从而提高课堂效率。

一、灵活预学时间

有效的数学课堂的学习过程,应该体现"任务导航,自主学习——合作探究,展示交流——课堂评估,反馈拓展"三大环节。因此,我们的自主预习课堂完整清晰地体现了这三大环节。

(一)预课前,任务导航

预学是整个教学过程的前奏,更是数学课堂不可或缺的一个重要环节。常用的预学方式是学生在课前独立自主开展学习,学生利用课外时间独立接触、感知、预学教材。自己利用已有的知识经验解决问题,扫清相关学习障碍,同时寻找学习中的疑难盲点,为课堂学习做好充分准备。

我在教学中经常采用课前自主预学的形式,只告知学生第二天的教学内容,让学生课后自主学习新教材,不给学生过多的限制与干预。例如,在教学人教版数学二年级下册"平移和旋转"一课前,我布置学生课前自主预习:要求学生通过观察游乐园的主题图,收集一些生活中关于平移和旋转的素材,在收集的过程中思考,平移的现象有什么共同的特点,旋转的现象有什么共同的特点。再分别举出一个平移和一个旋转的例子,并且说一说,两种运动有什么区别。如有些学生把平移的运动规定为水平方向的运动,垂直方向的就不是平移,也有些学生认为门的转动都是在地面的水平面上,也属于平移,他们的预学让思维盲点预先显露,为课堂中针对性的学习做好准备,提高了课堂学习的有效性。

（二）预课中，展示交流

在新课程理念背景下，预习不再是单纯地为了掌握知识和技能的学习活动，而是为了让我们的每一个孩子发展得更好。随着新课程理念的不断深化和课堂教学改革的不断落实，对于"预学"，教师也越来越重视，其实不单单是在课前，课中也经常出现。

例如，在教学人教版二年级下册"认识钟表"这节课时，在学生对于时针走一圈就是1时，分针走一圈就是60分钟有了一定的认知后，我不是让学生的思维跟着我走，看着我的钟面，或者看着电脑的课件寻找时与分的关系。而是让学生在课堂中途预学，自己动手操作拨钟面，预学时针和分针的关系，进而知道时针走一大格分针走一圈，1时＝60分。这样的预学设计，让学生自主去探索时针和分针的关系，效果要远远大于教师强加给他们的概念，激发了学生的学习能动性。

（三）预课后，反馈拓展

课堂教学中，在课后也可以布置预学作业，拓展课外知识。例如，在教学人教版数学一年级下册"人民币的认识"这节课，在完成对人民币的观察、比较、发现之后，认识了不同面值的人民币，找出了人民币的特征以及图形与数字的含义。但是教学不仅仅止步于此，在课堂结束时，我还布置了这样一个预学任务：除了今天认识的这些面值的人民币，你还认识我们国家哪些面值的人民币？它们之间有什么关系呢？这样的预学，为下一节课的大面值人民币的认识奠定了基础。再请小朋友们课后去了解其他国家的货币知识，拓展了学生的课外知识。

二、把握预学内容

"预学作业"的设计过程是对教材进行分析与建构的过程。"预学作业"降低了后进生预学的难度，同时也提高了预学的效率。"预学作业"设计得有效与否决定了预学质量的高低，因此，要精心设计"预学作业"，激发学生的预学兴趣，激励学生的探究欲望。

（一）预实践，深化体验

学生的深度学习需要经历从简单到复杂，从浅显到深入的过程。教师只有从"牵引"走向"开放"，关注学习过程中的体验活动，让学生亲历动手操作，数学思想才能落地生根。

例如，在教学人教版小学数学四年级上册"亿以上数的认识"一课时，课前先让学生收集一些生活中含有亿级的多位数。课上利用生活资源，精心安排了如下体验活动：第一步，组织学生小组学习，先数100颗围棋子，看需要几秒，再推算出数 1 亿颗围棋子所用的时间,渗透"以小想大,以少想多"的学习策略。第二步,借助材料与同桌合作,量一量 100 枚 1 元硬币有多高,从而推算出 1 亿枚一元硬币摞在一起的高度。也可以称一称 100 粒大米的重量,进而推算出 1 亿粒大米的重量是多少。第三步,结合身边的数学引发思考:如果一层楼高 3 米,20 层楼高 60 米,这一亿枚一元硬币摞在一起的高度,相当于 20 层楼的多少倍?第四步,在解决实际问题中,感受 13 亿人每人每天节约一粒米的重要性,思想教育润物无声。

(二)预比较,探索新知

观察能力是学习数学的必备能力之一,许多数学知识的获得都来源于观察。通过观察发现事物的基本特征,并对这些特征进行分析和整理,得到理性的认识,从而加深对事物的认识和理解。

例如,在教学人教版数学四年级下册"轴对称"一课时,让学生在课中预学,首先出示一组图片:

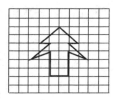

请学生判断是否为轴对称图形,并在轴对称图形上画出对称轴。其中第五副图引起争议,这个图形是轴对称图形吗?全班大部分学生赞成,但是也有个别学生认为不是,感觉两边不一样,好像不能判断。这时我出示了一个好工具,可以让我们一眼就看出它是不是轴对称图形。(如右图)让学生仔细观察,是不是轴对称图形,和同桌互相说一说。在学习材料中,教师有意设置了一个"似是而非"的图形,这个图形的出现,制造了一定的矛盾冲突。正是这一冲突,使学生产生了主动解决问题的意愿,学生的探究行为随之逐步展现,不断深入。在学生想不出更好的方法时,教师顺势引入方格图,让学生仔细观察,从中得出结论,同时也感受到了方格图的价值,进而生成利用方格深入探究的欲望。

(三)预反思,发现规律

思考永远是解决问题的最佳途径。例如,人教版数学六年级上册的"数学广角"以"数与形"作为主题,以其中的"正方形数"的教学为例,设计了这样的"预学作业"。整份预学作业分为三个主要部分。第一部分,用一则介绍"形数"的数学史料作为导语,学生通过阅读适当了解将要研究的"形数"的背景知识;第二部分,模仿古人研究"形数"的方式,依据图形数出点子后,结合图形表述同一组数的特点,相对于教材来说,起点更低,学生思考的空间更大;第三部分记录学生学习过程当中的发现以及遇见的问题,让学生自觉反思自己的预学过程。

三、落实预学目标

数学的学习过程,不仅是知识习得与技能形成的过程,也是活动经验不断积累、思想方法不断渗透的过程。在预学作业基础上的再认识,放手让学生自己去再思考、再完善,并且在简单应用的过程中体会其价值。

(一)预目标,巧妙设计预学

一节课,没有强加的噱头,没有出奇的设计,只是在预学的设计上做了一些巧妙的改动,就能收获意外的惊喜。例如,在教学人教版数学一年级上册"9加几"这节课时,第一节课我按照以往的思路进行教学,发现学生都说不到点上。因此,我在第二节课时就进行了一些适当的调整,在课前我就让学生做一些预学练习。①小朋友们帮老师解决一个问题好吗?(在黑板上摆好9个磁钉)我这里有9个磁钉,再摆几个就是13个磁钉呢?[板书算式:9+( )= 13]②布置预学要求:来个挑战性任务,希望小朋友们不仅能说出答案,还能上来摆一摆、说一说,让其他同学听懂你的想法。③把学生的方法取个名字,如"数数法""倒数法""凑十法",再让学生从刚才所有的方法中优化出最佳算法。在方法优化环节,凑十法的支持率显著上升。

(二)预思维,增强预学效率

预学作业犹如登入数学殿堂的阶梯,扶持学生一步步登上殿堂的顶端,由简入难层层递进,提高预学的效率。例如,在教学人教版数学《平行四边形的面积》一课中,我设计了课前预学作业,让学生围绕预学作业开展预学,以规范和引导预学步骤,提高预学质量。我是这样设计的:①用不同方法比较每组两个图形的面积;②剪一剪、拼一拼,把一张平行四边形纸转化成长方形;③量出相关数据,算出长方形和平行四边形的面积;④比一比、想一想长方形与平行四边形之间的联系?⑤通过以上活动,你有什么发现?预学作业犹如一根纤绳,牵引着学生循序渐进,漫步在知识的海洋,一步步抵达彼岸。

著名教育家魏书生说过:"学生通过资料能弄懂教材的百分之九十九,教师只起百分之一的作用。"教师要重视预学,预学是学生自主参与、获取知识的过程,是培养学生自主学习,提高学生自学能力的重要途径。学生只有在开放的学习活动中才能得以成长,而自学的第一步就是要学会预学。

(台州市论文评比二等奖,作者:天台县实验小学 安丽娜)

基于学情分析的小学数学单元整合
优化教学实践探究

近年来,在以探究为理念的新课程改革下,单元整体教学成了国内教学的新趋向,教材不再是课堂教学的唯一内容。单元整体教学从单元整体的角度出发制定单元教学目标,在教学过程中突出单元内各知识之间的联系,注重数学思想方法在各课时的渗透。但在当下的教学环境中,很少有老师把单元教学作为一个整体来进行考虑,更没有按照单元教学的整体要求有效地进行教学和思考。即使有少部分教师在教学过程中希望从整体的角度对整个单元进行教学设计,或者想要通过"学情分析"进一步了解自己的学生,但大部分教师都被课时压力或教师自身素质等因素所限制,而无法真正地将想法付诸实践,还有些教师由于不知该从何下手因此也就不了了之。基于以上问题的思考,在已有的研究基础上,调查本校数学教师单元整体教学的现状,了解基于学情分析单元教学研究的必要性和可行性。通过实际案例的操作让教师体会"学情分析"的结果是如何帮助自己制定单元教学设计,从而体会到"学情分析"的益处,同时认识到小学数学单元教学的重要性,构建小学单元整体教学教研新模式。

一、确定单元教学内容

合理确定单元教学内容是单元教学设计的基础,单元并不仅仅是教材所划分的教学单元,教师还可以根据自己对教材的理解、对学生的了解,对跨单元、跨年级的教学内容进行有机整合,从而形成一个新的"教学单元"。

二、小学数学单元教学的教材分析

深度分析教材,整体、全面地熟悉《义务教育数学课程标准》及相关教师用书、学生用书和"配套练习"等课程资源,对所使用版本教材烂熟于心,并尽可能多地了解其他版本教材。单元教学教材分析应当更注重课时与课时之间的逻辑性,从结构的整体性、知识的系统性出发,进一步地对教材进行深入剖析,以构建单元知识结构联系。

1.单元教材整体分析

数学教材是学习的载体,普适性的教材对于个体有局限性,需要教师根据学生群体的认知发展水平和知识经验基础,对教材进行调整与创新。基于单元视角,整合教材内容相近、结构相似的单元知识,通过调整教学内容的顺序、合并教学内容、改变教学方式等,达到知识点的整合。从而把原本割裂的内容统整起来,使分散的知识点通过网络结构联系成一个整体,让学习更为高效。

2.教学内容序列重组与定位

序列重组,是指基于单元整体视角知识内在联系,重新编排课时教学内容,构建单元整体教学新序列,优化学习路径,进一步提升单元知识的整体性与连贯性,实现单元知识迁移和转化探索的自主性。

3.制定单元教学目标

在新序列的整合思路下,从单元整体的角度出发制定单元教学目标,在教学过程中突出单元内各知识之间的联系,在整体学习体系中推广应用,最终确定新序列各个课例的教学目标定位。

三、小学数学单元教学中的学情分析应用

学情分析是了解学生发展的起点状态,预测学生发展可能的基本手段。若所学内容过于简单,则对学生可能没有挑战性;若所学内容对于学生的认知起点而言过难,一节课的教学目标则难以落实。要想提高学生的学习有效性,教师必须认真研究学生的已有知识和实际需求,才能更有效地做好知识铺垫,改进教学设计,优化教学方法,达成教学目标,提高教学效率。

1.课前运用学情分析,更优质地设计单元教学

(1)通过"单元新知学情调研课"了解学生已有知识和经验

上好数学单元教学学情调研课是"以学定教"课改理念的具体表现,数学课刚好非常适合常态小调研,因此,每一节单元新知教学之前都可以进行课前调研。数学单元新知学情调研主要是通过:设计内容——实施调研——反馈调整等具体流程。在教师认真研读教材,找到单元教学知识的链接点,精心设计内容后,在授课前让每一位学生参与,利用10~20分钟的时间进行调研,最后针对调研所获得的信息,对教学设计做出调整,借助生长点用好正迁移。因此,上好单元新知学情调研课是优质教学设计的必要前提,是提高课堂实效性的重要保障。

(2)运用"课前问卷调查法"找准学生的现实学习起点

课前问卷调查法需要教师根据单元教学内容,精心设计课前调查问卷,既要

关注内容的科学性和合理性,又要符合学生实际。可以和同年级组,同学科教师分工合作,集体攻关,每个人负责其中的一部分。通过课前在班内开展集体性的问卷调查,找准学生的现实学习起点,在教学设计时就能有的放矢,设计好教学目标以及达到目标的学习路径。

(3)运用"课前谈话调查法"找准全班不同层次学生的"真问题"

课前谈话调查法,是对课前问卷调查法的一个有效补充。教师针对单元教学重点、难点,设计2~3个问题,采用个别谈话的形式,有目的地从优、中、学困三个不同层次的学生中选取几个进行调查,以点带面,了解全班不同层次学生已有的生活经验和学习经验,从而基于学生真实的起点,精心创设教学设计,找准学生的"真问题"。

为了检验此前的单元教学目标是否符合学生的实际情况,教师需要对学生的学情做一定的了解,主要采用前测法,根据初拟单元教学目标设计前测试题,由学生完成,教师收集数据并统计学生答题情况,再根据统计结果对学生的"认知起点"进行初步的了解与分析。随后,为了进一步了解学生在解题时是怎么想的,教师还将通过对其进行有针对性的访谈以深入了解其解题思路与认知特点。

2.课中运用学情分析,更好地调整单元教学实践

学情调研不仅要在课前进行,还要在课中分析,要把学情调研贯穿在整个教学中,根据学生学习的实际需求,不断地调整教学方法和策略。课堂生成捕捉法,通过教师课堂观察,及时捕捉未预见性问题,或现场解决,或做好记录,或在课中找到学生学习的新起点,探究新知的兴趣点和生长点,找到更好的解决方案,从而改进单元教学设计。教师按照单元整体教学流程以及整合后的课时内容,来开展实施自己的教育教学实践工作。根据教学的实施结构,设计多样化的教学组织活动,结合学生的基本学情,预设可能出现的教学情况,最大限度地抓住精心预设和有效生成的契机,做到高品质的课堂教学。

3.课后运用学情分析,更精准地评价单元教学

(1)运用"后测检测法"及时调整方法和改变策略

后测检测法就是在课后对学生本节课所学的知识进行检测,进一步发现并解决学生在学习后存在的问题,同时来评定教学内容是否完成的一个过程。教师可发现学生对知识掌握的情况,能力提升的程度,哪些同学已经达到目标,哪些同学还有待于进一步提升,为以后制定相应的措施提供帮助。同时教师也只有进行课后检测,才能发现教学设计的不足,才能及时地调整方法、改变策略,从而提高教学的有效性。

（2）教学的反思和评价能为课堂教学提出有针对性的意见

教学的反思和评价为我们后续的教学改进积累宝贵的财富。如对教学中课堂的组织形式、学生的参与度、自己的教态和应变能力以及教学过程中产生的教育机智等都可以写进我们的日常反思过程中，这是对教师的课堂反馈。对学生的评价往往运用单元跟进、学习档案等形式对学生的学习进行跟踪调研。

四、单元整合教学实践思考与收获

1.教师对小学数学"单元教学"的认知效果分析

课题组开展研究以后，对黄岩区南城小学数学团队教师共 17 人进行了问卷调查。通过基于学情分析的小学数学单元整合优化教学的实践探究，全校 17 名数学教师已全部接受单元整体教学的思想，说明本课题研究得到了数学老师的认可。80%的数学教师认为单元整体教学对提高数学成绩、提高教学效率是有帮助的，通过跟他们的谈话了解到，单元整体教学有助于教师把握教材体系，从而设计高品质备课方案，提高课堂效率。100%的教师认为对自己的专业成长有帮助，有针对性的教学研究，让团队成员从"重教轻学""重教轻研"转变为"教""学""研"并重，使自己真正成长为研究型的教师。

2.学生对小学数学"单元教学"的认知效果分析

调查南城街道中心小学六年级三个平行班 129 名学生，发现通过单元整合教学，75%左右的学生喜欢或比较喜欢上数学课，由此看出教师在组织数学课堂教学上还是下了功夫。只有 8%的孩子不知道单元整体教学的流程，说明三个班教师在平时的教学中，运用了基于学情分析的单元整体教学模式，并且 80%的孩子还是喜欢这种教学方式的。不到 5%的学生认为单元整体教学对他们的学习兴趣、自主学习能力、学习习惯没有帮助，分析这些同学，大部分是这三个班的学困生，这些孩子觉得在课堂教学中没有自信，发言少、参加活动少，所以帮助不大。对学困生在单元整体教学中的观察和培养为以后的研究提供了方向。

聚合知识可以让学生的学习效率大大提高，学会推理可以让学生的数学思维能力得到培养，融会贯通能够提高学生解决问题的综合能力，自主建构知识可促进学生创新意识培养，单元整体教学对学生数学学习能力的培养意义非常显著。

（台州市级课题论文，作者：黄岩区南城街道中心小学　包智慧）

数学课堂反馈的现状观察与对策思考

　　课堂教学反馈是检查教学效果、调整教学内容、组织后续教学的重要方法和主要依据,也是课堂教学的重要环节。有效的课堂教学反馈,能使教师掌握学生的真实情况,了解学生的切实需要,能促进学生相互启发、开阔思路,拓宽和丰富数学知识,发展思维能力,从而提高课堂教学效率。

　　然而当前课堂教学反馈的现状如何? 针对现状,该采取什么对策呢? 笔者特意设计了"课堂教学反馈环节观察表",分别从课堂中学生的倾听、教师的倾听、反馈的形式、反馈的处理方法四个方面,对 10 节公开课及 12 节常态课进行了观察、记录、统计、分析。

现状一:同学反馈　听而不闻

　　学生的倾听习惯,在公开课上总体不错,82% 与 58% 这组数据就是很好的说明。而在常态课下,学生对教师说的话的倾听却不容乐观,对其他同学说的话的倾听更成问题。在我们的观察统计中,只顾自己,不倾听同学发言的高达 59%,只有 12% 的同学能针对同学的发言提出自己不同的想法。

　　情景再现:"小数的性质"教学片断

　　……引导学生进行归纳:

　　师:"你认为小数的性质是什么?"

　　学生的参与程度很高,纷纷高举小手。

　　生 1:"小数的后面添上 0,小数的大小不变。"

　　生 2:"小数的后面去掉 0,小数的大小不变。"

　　生 3:"我觉得应该说成小数的末尾,不能说成小数的后面,否则在小数部分其他位置添 0,小数的大小就变了。"

　　其他同学纷纷点头。

　　师:"这样说就更规范、准确了。"

教师发现生 4 在生 3 汇报时到现在一直举手,便叫他回答。

生 4(迫不及待):"我给刚才的几个同学总结一下,小数的后面添上 0 或去掉 0,小数的大小不变。"

……

前几个同学刚刚说得不够规范,已经有同学给指出来了。由于沉浸在自己的新发现之中,没能很好地倾听其他同学的发言,竟然又重复了开始的错误。

对策思考:让学生成为积极的倾听者

1、创设氛围。学生都希望自己成为老师心目中的好孩子。这时教师的一句肯定与表扬,往往就能让他们凝神倾听。比如在刚才的教学片段中,教师可以在开始时就说:"我最喜欢认真倾听、善于思考的小朋友了;比一比哪个小朋友听得最认真"等要求。另外,在教学中教师要创设轻松愉快的课堂氛围,以朋友的身份和学生交谈,用亲切的眼神、细微的动作、和蔼的态度来缩短师生心灵间的差距。

2、优化教学。要提高倾听的效果,教师要有效组织课堂活动,用各种方式去提示、突出、强化教学重难点。如在上述案例中,生 3 回答后,教师可以再追问"谁能说一说这个同学说得合理吗? 比一比这两种说法,你认为谁的说法更好一些呢? 你能写出几组数来证明你的观点吗?"等问题,让学生去议一议、比一比、写一写。这样,不但可以将抽象的数学教学过程转变为学生对数学的体验过程,而且能使学生的注意力持久而集中。

3、专项训练。方式有:①听后复述,训练听知注意力、听知记忆力以及检测听知效果。如"刚才他说了什么,你能再说一遍吗"? 或者老师说一道题,让学生说说主要讲了哪几点?②听答训练,训练倾听注意力及判断力。训练时教师先读一遍题目,让学生听后做出判断或选择。③听记训练,训练边听边记的能力。训练时教师口头述说题目,要求学生及时记录完整的信息和问题。④ 听辩训练,训练在听中思考的能力。教师特别要加强引导学生在听中思考,再根据同学或老师的发言,思考哪些需要补充,哪些持不同意见,学生通过生生之间这种听后争辩训练,能让倾听更加主动。

现状二:教师处理 放任自流

有的教师闻而不思,虚应其事,缺少对学生呈现的信息进行必要的整理与调控,缺少引导学生主动建构认知的过程。有时学生的认识出现偏颇,或回答不严密甚至错误时,教师为了盲目追求课堂教学的开放性,有近 50% 的教师也只是煞有介事地作"嗯、哦、好"等空洞的鼓励,对于学生回答的内容却不置可否。

情景再现:《图形的拼组》教学片断

师:什么样的两个三角形可以拼成一个平行四边形呢?

生1:两个完全一样的锐角三角形可以拼成一个平行四边形。

生2:我不同意,应该是两个完全一样的钝角三角形能拼成一个平行四边形。

生3:我是用两个完全一样的直角三角形拼成的。

师:表扬这三个同学有不同的想法,到底应该是怎么样的两个三角形可以拼成一个平行四边形呢?

(学生围绕角的特点继续争论,相互之间都拿出了自己拼好的平行四边形举例说明。)……

教师缺少必要的引导,等拉回正题,半节课的时间已经过去。

对策思考:及时引导　对症下药

1.执着冷静。教师要做主动的倾听者,能敏锐地发现学生理解上的偏差,从而及时地加以引导,以达到最优化的教学效果。在本案例中,学生经历了用三角形拼各种四边形的实践活动,不同经历使得他们对怎样的两个三角形才能拼成一个平行四边形产生了不同的想法。此时,教师应冷静的把学生的思路引到"完全一样的两个三角形"上来,而不是任由学生争论不休。

2.专注警觉。学生发言时教师要做到专注,边听边思考。针对来自学生的每一种回答都要保持警觉,做出及时的、正确的处理。上述案例中学生争论的方向出现偏差,此时教师应该及时调整思路,作好引导:"同学们从角的特点这个角度,证明了这三种三角形都能拼成一个平行四边形,那么你们所说的'完全一样'难道就单单指角的大小完全一样吗?"这样,将学生的注意力引到问题的本质上来,明确"完全一样"必须是大小和形状都完全一样。课堂上学生与教师之间的倾听是相互的,教师能以身作则地去倾听,这种专注,这种警觉,都是对学生潜移默化的教育。

现状三:形式单一,关注面窄

课堂中一个新知识点讲完之后,一般需要一定的练习进行巩固。对于练习的反馈,教师会选取有一定代表性的作品进行交流讲评,这个环节处理得当,既能很好地将新知内化,又可以让学生有机会展示自己,体验成功。但调查发现常态课堂中竟然有高达90%的反馈形式是一问一答的形式,其他的反馈形式组合使用占比不到30%。同时发现,在反馈时,教师往往请学优生回答,学困生的学习状况没有很好地得到关注。

情景再现:《三角形三边关系》教学片断

教师为每小组提供四根分别长 20cm、12cm、10cm、8cm 的小棒。

师:同桌合作利用学具拼三角形,想一想围成三角形的三条边之间的长短有什么关系。

分组操作后反馈环节。

师:你发现哪三根小棒能围成三角形? 哪三根不能围成三角形?

生 1:长是 20 cm、12 cm、10 cm 的三根小棒能围成。

师:还有谁想说?

生 2:长是 8 cm、10 cm、12 cm 的三根小棒能围成。

师:谁还想说?

生 3:20 cm、12 cm、8 cm 这三根小棒不能围成三角形。

师:还有谁想说?

生 4:20 cm 这根小棒,如果能短一些,就又可以和 8 cm、12 cm 长的小棒围成三角形了。

……

班级中学习比较活跃的学生都争着发言,兴趣很高。教师最后共请了 8 名学生进行汇报。

对策思考:灵活机智   面向全体

1.灵活机智,有效调控。课堂上,一些教师盲目追求人气指数,同一个问题,指名回答的学生过多,忽视了学生真实的思维过程。但审视课堂热闹的背后,这种形式仅仅是走过场,效果不佳。本案例中,学生经历了操作,已经会发现三根小棒有时能围成三角形,有时围不成三角形。教师应该集中时间重点引导思考“怎样的三根小棒能围成三角形?”“怎样的三根小棒不能围成三角形?”学生通过独立思考后在小组里展开讨论交流,然后采取派小组代表汇报、补充的形式进行反馈。这样做,既让每个学生有思考和表达的机会,又让学生有合作交流的机会。

2.面向全体,形式多样。数学课堂上,最为常见的反馈方式是教师往往直接指名,下意识地请举手的同学发言,上台板演也请速度快的、成绩好的同学。它的优点是课堂节奏相对较快,缺点是教师不能很好地了解学困生的实际情况,日后补习的工作量会大大增加。作为教师应选择合适的、多样的反馈形式,让学困生也有更多的反馈机会。如听听不举手同学的想法,让学困生上台板演,组织小组讨论、班级交流、媒体展示等。

现状四：有效资源　白白荒废

课堂上，学生反馈信息中的一些亮点，往往被老师忽略；出现一些错误的信息，也不能很好的加以处理利用。调查中，有近 50% 的教师不能很好地抓住学生的生成性资源加以利用，而是蜻蜓点水式地一带而过，或视而不见，使有效资源，白白荒废。

情景再现：

片断一："立体图形的复习"片段

教师出示了一道题目：一个长方体，长 8 厘米，宽 6 厘米，高 2 厘米，它的占地面积是多少？

生 1：算占地面积，就是算它的底面积，就是 $8 \times 6 = 48$（平方厘米）。

（教师表扬了这位学生）

生 2：我认为他的回答并不完全正确。因为这是一个长方体，其摆放姿态的不同占地面积就会不同，竖起时它的占地面积是 $2 \times 6 = 12$（平方厘米）；而侧放时它的占地面积就是 $2 \times 8 = 16$（平方厘米），因此，这道题正确的占地面积应该是三种情况。

师：一般的，我们算占地面积只需要算出底面积就可以了。

片断二："植树问题"

师：园林工人沿公路一侧植树（两端都要种），每隔 6 米种一棵，一共种了 36 棵。从第 1 棵到最后一棵的距离有多远？

生 1：$6 \times (36-1) = 210$（米）

生 2：$6 \times 36 = 216$（米）

生 3：$6 \times 36 - 1 = 215$（米）

师：这 3 种方法中哪一种是正确的？

生：第一种。

师：为什么？

生：因为两端都要种的情况，间隔数要比棵数少 1，也就是有 35 个间隔，再用"间距×间隔数"的方法求出这段路的长度。

这正是老师所预设的、需要的精彩回答。

师：说的多好啊，掌声送给他。$6 \times (36-1) = 210$（米）这种方法都明白了吗？

生：明白了。

师：请看下一题……

对策思考:放大亮点　化错为宝

1.放大亮点。在片断一中,第二位学生的回答可以给课堂留下了一个值得深思的问号,他真实的想法或许可以给课堂带来新的启发,新的精彩。此时教师如能抓住这个亮点,展开讨论:"算长方体的占地面积需要算出哪个面的面积? 不同的摆法跟占地面积的大小有什么关系?"通过教师这样的引导,既巩固了学生对占地面积的理解及算法,又发展了思维。但课堂上教师只满足于自己预设的、满意的答案,没能很好地抓住亮点,充分放大,这不能不说是一种遗憾。

2.化错为宝。运用"错误资源"最终目的是为了让错误不再重演,让错误不再重现。如片断二中的这道题是在学生刚刚学习了"棵数-1=间隔数"后遇到的求路长的问题,对学生来说,这是一道逆向思维的题目,难度比较大。因此,学生的答案出现了三种情况,而后面两种错误的方法正是反映了学生的真实想法,教师在反馈中应重点抓住这两个错误信息,充分引导学生进行对比:"为什么不能用 6×36 和 $6 \times 36-1$ 来计算?"使学生明白要求路长,关键是求出间隔数,然后用"间距×间隔数"求出路长,而不是只把注意力集中到正确的方法上。

当然,相对老师而言,有效的课堂反馈也是一种能力、一种习惯。它具有长期性,不是三两天就会了。只有教师长期坚持,从培养倾听习惯入手,灵活把握课堂教学反馈的时机、方式和方法,才能形成有效反馈,从而使数学课堂更高效、实效。

(原载《中小学数学》(小学版),2012.12,作者:天台县外国语学校　陈伟　戴银杏)

基于儿童视角的小学数学教材的创造性处理

儿童的数学学习是基于自身学习经验的学习,受到已有的认知水平、生活经验以及思维状态的影响。在平时的教学活动中,教师很难真正了解到学生的思维水平及思维方式。要想真正体现以儿童为中心、以生为本的课堂,教师要基于儿童视角,认真研读教材,找准知识的起点,创造性地处理教材,让教材更加符合儿童的认知。

一、调整教学顺序——基于学生学习"起点"

教师要充分做好学情调查,了解儿童的学习起点,站在儿童的角度思考学习路径,处理好教材定位和学生发展之间的关系,准确把握学生学习过程中的生长点。精心创设基于儿童已有学习起点的数学课堂教学活动,让儿童自然、轻松、愉悦地进入学习活动。

(一)教学时间点的调整

教材按照各学段儿童年龄特点精心编排,但有时也并不适合所有学生的实际情况。当教材内容与学生习得经验不匹配时,会对学生的学习造成一定的障碍。教师要根据现实需要调整教学时间点,将某些教学内容或提前或延后,教学进度或加快或放慢等。

如三年级上册"数字编码"一课,从实验教材五年级上册的"数学广角",移到了修订教材三年级上册的"综合实践",教学时间提前两年。笔者对我校三(3)班44人进行了一次前测:

编码	331081200903250025	317500	20150236	13586229099	浙 J·90B73
人数	6 人	2 人	学号 1 人、日期 18 人	26 人	39 人
所占比例	13.6%	5%	2%、40.9%	59.1%	88.6%

学生还没有学过年、月、日的知识,全班只有一个学生能从身份证号码中看出

出生日期,20150236是一个三年级孩子的学号,认为是日期的学生不知道2月是没有36日的。因而在教授这个内容之前,笔者将三年级下册的"年、月、日"这一块内容提前进行教学,有利于对身份证进行解读。

通过学情调查,教师更准确地把握学生的逻辑起点和现实起点,对不符合学生学习时间点的内容进行适当的调整,促使学生的认知能力有所发展,学习经验更加丰富,知识储备更加完善。

(二)教学内容的调整

每节新课,教师要清楚知道新知对学生而言重点在哪、难点在哪。由于学生原有的知识基础不同,教材上有些知识点、情境并不符合学生的实际,要根据本班学生的实际情况更换或调换教学内容,重新制定教学目标和教学重难点,创设更适合儿童的教学情境。

如三年级上册"数字编码"一课,教材分两个层次进行教学:第一层次,从生活实例引入邮政编码及身份证号码,探索编码的基本规则和一般方法,体会数还可以用来编码,感受数字编码的特点。第二层次,尝试进行编码。如果按照教材的编排开展教学,身份证号码、邮政编码的复杂性会将学生的所有注意力转移到对编码含义的关注,而不是蕴含其中的编码方法。于是,笔者把身份证号码上的知识作为课前作业,让学生自己查阅资料完成。将第二层次和第一层次的顺序进行调换,以编小明的学号为主线,注重边编边读、编读并重,经历编码全过程。

根据学生的知识基础和学习能力,将例题和做一做适当调换顺序,对学生的学习起真正的促进作用。

二、整合教学内容——丰富学生知识"融点"

知识之间是融会贯通、循序渐进的,教师要善于重组教材,把相同知识点、相同教学目标的内容整合在一起,既沟通知识之间的联系,丰富学生的积累,拓宽学生的眼界,又节约教学时间,将更多的时间用于知识的拓展,真正达到提高学生数学素养。

(一)单元内整合

教材中有一些单元各知识点之间具有相同的结构、规律或数学模型思想等,要把单元教材作为一个整体全盘设计,对教学内容重新整合,让学生通过系统学习,对相关知识有一个比较完整的认识,有利于学生构建完整的知识结构,从而积累基本活动经验。

如四年级下册"运算定律"分成"加法运算定律"和"乘法运算定律"两块内容

（如下图），"加法交换律"和"乘法交换律"的本质一样，就是交换两个数的位置，得数不变。唯一不同的是一个是加法交换律，一个是乘法交换律，但却被分散在例1和例5进行教学；"加法结合律"和"乘法结合律"分散在例2和例6进行教学。教学时，笔者将"加法交换律"和"乘法交换律"整合成"交换律"一个课时，将"加法结合律"和"乘法结合律"整合成"结合律"一个课时。学生通过"猜想—举例—验证"，得出"加法交换律"。在探索的过程中，学生自然而然会联想到减法、乘法和除法是不是也有交换律呢？从而主动按照加法的学习路径进行自主探索，"乘法交换律"的学习就水到渠成了。

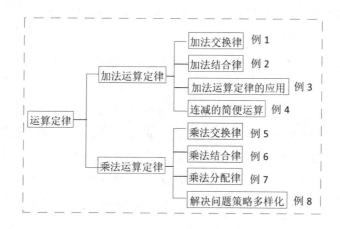

　　学生将知识的学习置于一个整体板块中，对知识之间的相同之处进行有效沟通，达到学习方法的正向迁移，从而更好地掌握所学知识以及进行方法的合理提炼，体现知识的系统性和完整性。

（二）跨学科整合

　　不同的学科具有各自特有的内容以及教学目标，但各学科知识在一定的程度上又存在着融会贯通。在教学中，要寻找数学知识与其他学科知识之间的结合点，以数学学习为主线，把各科知识适时有机地整合，沟通知识之间的联系，灵活运用其他学科的教学手段和有关知识。

　　1.与品德学科整合

　　数学教材中有很多例题和练习都会渗透对学生的思想品德教育，在数学教学的同时对学生进行爱国主义、保护环境、节约用水等教育，可以将品德课中相应的内容和数学课进行整合，以达到更好的教育效果。如四年级下册品德与社会"看地图找家乡"中包含"方向""比例尺""图例"数学知识,可以将这节课分散在数学三年级下册"位置与方向"、六年级下册"比例尺"中进行教学。在"位置与方向"这一课教学中,让学生在地图上找找家乡在祖国的哪个方向?家乡的邻居分别在家乡的哪个方向?在"比例尺"这一课教学中,让学生在地图上连接家乡和首都北京,通过比例尺计算出家乡和北京之间的距离,选择什么交通工具去北京比较合适,大约需要多长时间。还可以估计一下家乡占了祖国的几分之几,从而感受祖国的疆土辽阔。数学课和品德学科的整合,将知识教学、智能培养和思想品德教育有机结合,让课堂教学更加丰富、生动、和谐、有效,促进学生的健康成长和全面发展,最终积淀成良好的品质,达到"润物无声"的最佳效果。

2.与美术学科整合

数学教学中经常会让学生画图解决问题,对于抽象的线段图,学生觉得特别枯燥,往往都是为了应付才画,并不是为了解决问题本身所需而画。课堂中,经常会发现学生在画图时会进行一些美化,可见学生将画图作为一种乐趣。教学时,让学生将题目用图画的方式表达出来,允许进行简单美化,有利于让学生在轻松愉快的氛围中掌握数学知识。数学本身就有一些课和美术有着密切相关,如人教版小学数学二年级下册"剪一剪"和美术课中"手拉手好朋友"一课所剪的小人是完全一样的,数学课让学生通过剪一剪加深对对称、平移和旋转的认识,美术课让学生运用对称的原理设计、制作出连续的小人。数学和美术学科的整合,让学生在数学课中动手剪一剪、画一画、涂一涂,更好地激发了学生的学习兴趣,从而更加积极主动地投入数学学习中。

3.与科学学科整合

数学和科学本身就是一家人,都属于自然科学,这两门学科在知识上相互交叉重合,在方法上互为借鉴通用,将两门学科进行整合,能有效地打破学科间的割裂,有助于学生获得整体知识,提高问题解决能力和自主探究能力。如数学五年级上册"轴对称图形",科学五年级上册"光的折射"中也涉及轴对称的知识,但是这两者教学目标的定位是不一样的,将两者整合有益于提高学习效率。又如数学三年级下册"认识方向—东南西北"的"你知道吗?"介绍了司南和罗盘以及指南针,科学三年级下册"指南针"一课就是利用指南针确定方向,可以很好地将数学知识进行拓展。数学与科学学科的整合,可以是知识的整合,也可以是学习方式和思维方式的融合,让学生主动经历一个生动活泼的、富有个性的知识主题学习过程。

4.与体育学科整合

数学是思维的体操,数学与体育的整合,利用学生好动、好玩的心理进行课堂教学活动,可以让数学变得更加生动有趣。比如三年级上册"秒的认识"一课与体育课中100米跑步计时进行整合,二年级下册"有余数除法的应用"一课可以整合在体育课的报数游戏中。又如五年级下册"圆的认识"一课,对圆"一周同长"这一教学重点的认识,可以让学生往操场中间的纸篓里进行投乒乓球比赛,思考"怎样站,比赛才公平?"从而让学生得出每个人离纸篓的距离同样长,经过测量定位,学生刚好站成一个圆形。这样把数学和体育有机地整合,学生在活动中不仅增强了体质,而且轻松愉快地学到了新知识,同时培养了学生的观察能力和思维能力,使学生了解数学知识在体育中的应用。

三、拓展教学内容——发散学生思维"延点"

数学教材中的一些内容是可以拓展的,教师要善于查阅资料,将知识进行拓展,既可以让学生对所学的数学知识进行巩固和提升,又可以培养学生的发散思维。

（一）广度拓展

每一段数学知识往往包含一段它特有的历史和文化,让学生了解数学发展史,不仅可以丰富他们的数学文化知识底蕴,还能感受到数学的独特美,对伟大的数学家们产生敬佩之情,从而更加喜欢数学。数学发展史有一部分就出现在教材中的"你知道吗?"由于受版面的约束和学生学习能力的限制,教材只是用很概括的语言进行介绍,课堂上教师也没有充足的时间去讲解这一块知识,学生也只是匆匆读一遍无法深刻领会数学的博大精深及生动而富有哲理的智慧。因而,教师要进行适当的拓展。如二年级上册"乘法初步认识"里的"你知道吗?"介绍了"乘号的由来",笔者根据二年级学生的年龄特点,在公众平台上发布了三个方面的阅读资料:①乘号是谁发明的? ②乘号是怎么发展来的? ③奥特雷德是怎样想到把加号斜过来变成乘号的? 让学生了解乘号,从而也加深对乘法意义的理解。

（二）深度拓展

每一个学生都是独立的个体,都是与众不同的,针对本班学生对基础知识的掌握情况,可以适当进行深度拓展,让他们不仅吃得饱,而且吃得更好。一是增加教学资源,为教学目标服务,并能有效达成教学目标。二是增加课时数,当对某个话题进行深入探讨时,需要充足的课时数来支撑。适时增加课时数,可以保证教学内容的落实。如四年级下册学了"乘法分配律"后,适时补充让学生研究除法有没有分配律,学生通过独立思考、举例说明、验证猜想,得出除法分两种,被除数不适用除法分配律,除数适用,这就是以后我们学习分数除法后,除以一个数就是乘这个数的倒数,其实这种也是乘法分配律。给每个孩子一个成长的舞台,让学有余力的孩子走向精英。

　　总之,教师要在充分了解学生、读懂学生的基础上创造性地处理教材。基于儿童,回归儿童,让处理后的教材内容更加生动有趣、有利于学生进行自主探究、合作交流,从而提高学生解决问题、获取新知的能力。

（获台州市教科论文二等奖,作者:温岭市太平小学　金丹）

基于儿童本位　走向深度学习

　　新课程的发展观,可以用"儿童本位"来概括,它的出发点和归宿可以理解为尊重儿童、理解儿童、关心儿童。也就是要站在学生的立场思考问题,尊重教育规律、尊重学生的成长规律、尊重学生的认知规律。敏锐地意识到儿童的需要并提供最恰当的帮助,让他们健康、快乐地学习和成长。深度学习是指在理解的基础上,学生能够批判性地学习新知识,并将知识融入原有的认知结构,能够在众多思想间进行联系,并能够将已有的知识迁移到新的情境中,做出决策和解决问题的学习。从以上的分析可以看出,我们只有基于儿童本位的学习,才能有效达成这种主动的、批判性的深度学习方式。下面结合课堂实践谈谈个人的想法。

一、多元学教方式,开展"针对性助学"

　　小学数学知识点丰富多彩,不同年级段、不同单元、不同课时或同一课时的知识点也不相同。为了让学生能生动地、深刻地掌握各种知识点,理解知识点本质或前后之间的联系,需要采用不同的教学方法。单一的教学方式必然会使学生失去学习的兴趣,同时不利于数学基本知识的习得,不利于基本技能的掌握,更不利于数学核心素养的培养。曾经在某一次的教研活动中,聆听了一位教师教学"平行四边形的认识",是一节评价很高的课。课的结构完整,准确把握知识点。最重要的是,不同的知识点采用不同的方法展开,每种方法符合每个知识点的特点,学生很受益,给与会老师留下非常深刻的印象。

　　教学实录(一):教学边与角的特征时

　　1.师设疑:猜一猜,平行四边形可能有哪些特点?

　　生1:平行四边形有四条边、四个角。

　　生2:对边平行、对边相等。

　　生3:对角相等。

　　2.同桌合作,出示研究要求:

　　(1)同桌两人各选择一个角度进行验证,并记录"我的发现"。

(2)把你的验证方法与同桌交流,补全"我的发现"。

3.学生合作操作。

4.反馈:

师:你验证了哪个猜想,是怎么验证的?

生1:我用量一量方法验证了"对边相等",相对的两条边长度相等。

生2:我有补充,我将两边重合比较,一样长,也说明对边相等。

师:是的,用不同的方法验证对边相等,我们可以得出结论:平行四边形的对边相等。

生1:我们验证了对边互相平行。(上台)推一推。

生2:我们补充验证:对边之间画两条垂线段,垂线段一样长,也说明对边平行。

师:真是有理有据。我们可以得出结论:平行四边形的对边互相平行。

生1:我们验证了对角相等,用量角器量出角的度数,它们对角相等;也可以将对角叠在一起比较,能完全重合,也说明它们对角相等。

课堂中此起彼伏、有理有据地发言无疑是精彩的,学生的思维是活跃的、学习是灵动。

教学实录(二):平行四边形易变形特征

1.制作平行四边形

师:给你四根小棒,制作一个平行四边形。边制作边思考:这四根小棒能围成不同的平行四边形吗?

学生动手制作一个平行四边形。

2.比一比(体验形状不确定性)

师:同桌比一比,你们制作的平行四边形形状一样吗?

小结:看来,平行四边形的四条边确定了,它的形状还不能确定。

3.玩一玩(体验易变形不稳定性)

师:这是什么原因呢?

生:我发现用手捏住平行四边形的两个对角,向相反方向拉,很容易变形,说明平行四边形具有不稳定性。

师:大家一起跟他做一做,体会一下。

师:说说生活中哪些地方应用了平行四边形的易变形这一特性?

(学生举了常见的升降机、伸缩门等)

从以上两个教学实录可以看出,在认识边与角的特点时,经历猜想、验证、练习、巩固四个环节。当理解易变形特征时,是借助学具的操作形象去理解的。不同的知识采用不同的方法展开,这些手段都很符合每个知识点的特点。为此,教师要充分研读教材,在准确把握知识点的同时,要充分根据各种知识的特点,采用多元的教学方式,适时地为学生们开展针对性助学,落实学为中心,又能达到理解地学,学得轻松又扎实。

二、巧妙整合资源,开展"错误优化学"

教师在备课的同时,不但要在新授环节开展针对性助学,也要在练习环节精妙设计,将可以整合的资源适当整合,同时在反馈环节抓住错误的共性地方,设计巧妙的问题,这样可以利用有限的时间将练习的功能最大化,又能有效地提高学生的思辨性,使学生的思维走向更深层次。

案例:在某市数学教学大比武的课堂教学活动中,曾经有一位老师在教学《数学广角—集合》新授课之后设计的一节练习课给我留下了非常深的印象。他精妙的设计,让练习达到一题多练的效果,该教师将书本中以下两个练习结合起来讲解。

光荣榜

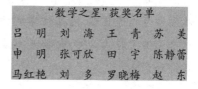

(1)既荣获"语文之星"又荣获"数学之星"的有( )

(2)上光荣榜的一共有多少人?

同学们到动物园游玩,参观熊猫馆的有25人,参观大象馆的有30人,两个馆都参加的有18人。

(1)填写右边的图。

(2)去动物园的一共有( )人。

(3)你还能提出其他数学问题并解答吗?

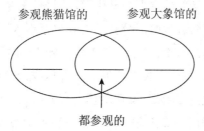

生1：（1）把下面的图填完整

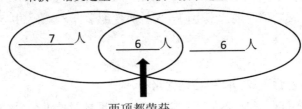

两项都荣获

生2：（1）把下面的图填完整

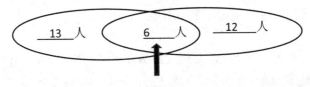

两项都荣获

这样的组合是不是更有价值呢？一题多解，练习的层次、学生的思维含量均由低到高。更精妙的是反馈环节。有经验的老师知道，这里韦恩图各部分的人数对于中、下学生是有难度的，但该教师非常有智慧，在收到学生的作业后，他抓住学生的有效资源"这里为什么都填6"，通过这个关键问题的引领，润物无声地又一次帮助中、下学生理清韦恩图的各部分意义。

作为一线教师的我们手头不缺各种资源，但我们要有整合资源的本领，把简单的资料、有思考价值的材料进行有效的整合。同时，面对学生的各种错误，教师要善于抓住关键问题，从关键问题入手，快速帮一些孩子准确地把握知识的易错点。这样学生既能练得轻松，又有时间进入高层思维的课堂。

三、充分时间空间，开展"少教多思学"

我们已经意识到课堂的主人是学生，教师只是配合主人完成各项学习任务，学习各种知识。但现实教学中部分教师的霸权意识太强，什么都是教师说了算；也有一部分教师保姆式教学，对于孩子不懂的知识，不厌其烦地一遍又一遍讲给他们听，结果还是许多孩子会做错。原因在哪里呢？没有给孩子充分的时间，他对知识的认识只能是过眼云烟；没有给孩子充分的空间，他对知识的理解只能依样画葫芦。课堂上我们不要吝啬一些时间和空间，充分给他们应有的学习时间和空间,从而促进孩子全面而有深度地参与学习过程。

　　案例:同样是另一位教师在教学"数学广角—集合"时,她的新课探究给我留下了非常深刻的印象。教师利用提供的学具分类贴名单,用红色的圈表示跳绳的同学,绿色的圈表示踢毽的同学。当学生在操作中,发现有 3 个同学同时参加两项,名字无法满足两个圈同时存在时引发冲突。教师轻声引导:"名字不够,怎么办呢?"从而引发了学生的思考与交流,同学之间又开始叽叽喳喳地进行交流,然后豁然开朗地笑了。整个活动过程中,学生在操作中产生冲突,根据需要知道必须把两个圈重合起来表示两项都参加的学生名单。他们真实地经历这样一个过程。在这个过程中孩子的体验是直接、理性、深刻的。紧接着列式计算,参加两项的一共有多少个同学? 学生理解得更形象,学生均能根据图式结合的形式表述这两个算式的意义。生 1(指着图和算式):9+8-3 = 14(人)这里的 9 表示参加跳绳学生的人数,8 表示参加踢毽学生的人数,3 表示既参加跳绳又参加踢毽的人数,3 个同学重复计算了一次所以要减一个 3。生 2(指着图和算式):6+5+3 = 14(人)这里的 6 表示只参加跳绳学生的人数,5 表示参加只参加踢毽学生的人数,3 表示两项都参加的人数。不同层次的学生上台图式结合讲解意义,教师重点放在 9+8-3 = 14(人)这个算式,使学生充分结合图形理解其意义。学生有了充分的学习时间,给他们的学习空间也足够大,课堂上才会促使学生积极思考和探究,从而有效地"暴露学生的思维过程",教师也能及时捕捉课堂的生成资源,组织深度讨论和进一步的学习。

　　让我们一起坚守"学为中心"课堂转型,让孩子成为真正的主人。教师在教学方式、整合资源等方面充满地让学生多思多学。让数学课堂充满浓浓的"学"的味道。

　　(作者:天台县洪畴镇中心小学　张兴炉　徐敏月)

让评价真正走进学生的"心灵"

——学本视域下的小学数学作业评价策略

伴随着课程改革的热潮,广大教师越来越注重课堂教学的创新,形式多样的课堂教学着实让人耳目一新,而作为教学环节之一的作业却往往被我们所忽视。作业的评价更是被当成一件简单的例行公事,教师对作业批改行为的优劣和它产生的后果研究很少。批改时只是对作业过程和结果给予一个正确与否的判定符号、等级和分数,更有甚者只是简单地打上"√"或"×",或一"阅"了之。即使一些负责任的教师,在学生的作业批改上花了不少的时间,也常常埋怨事倍功半。另外,教师在作业评价过程中还存在着标准绝对化的现象,不管学生的基础如何,采取单一化的评价方式,一把尺子量所有的人,忽略了评价的激励功能,导致部分学困生由于无法正确面对作业本上的众多的"×"号,而渐渐丧失了学习的兴趣和信心,学习成绩又怎能不一落千丈呢? 可见,作业评价的有效性问题很值得一线教师思考与研究。

基于对作业评价中实际存在的问题的思考和课程改革对作业的新要求,我们组织有关教师进行了为期一年的"学本视域下的小学数学作业评价策略"研究,对新课程下小学数学作业评价的有效性问题进行了实实在在的实践与探索。

一、请家长、学生也参与评价,让评价主体多元化

作业评价的改革,首先要从评价主体的改革开始。学生的作业由谁来评? 小学数学作业往往思路比较清晰,答案易于统一,这就为评价主体的多元化提供了可能。因此,在小学数学教学中,对学生的作业进行的评价应是一种民主协商、主体参与的过程,而非评价者对被评价者的控制过程,学生(被评价者)也是评价的参与者、评价的主体。因此,评价方式除了最普遍的以教师为主的评价外,还可以通过其他渠道如小组评价、自我评价、相互评价等展开。

我们在学生课堂作业、家庭作业领域进行了多主体评价的实践。在课堂作业评价中,我们让学生自己、同桌及老师共同参与评价;在家庭作业中,我们让学生

自己、家长及老师共同参与评价,为此我们在作业的最后部分设计了如下项目,呈现各主体的评价结果:

课堂作业: 家庭作业:
自我评价: 自我评价:
同学评价: 家长评价:
老师评价: 老师评价:
日　　期: 日　　期:

低年级学生可以用一个符号(☆表示满意,很认真;□表示基本满意,一般;△表示不满意、不认真。或者用→表示比前一次作业进步;←表示比前一次作业退步等),一张画(用笑脸表示满意,很认真;用哭脸表示不满意,不认真等)或者其他的方式进行。高年级学生的评价形式就更灵活了,除采用百分制、等级制外,还用画"正"字的统计式评分方法。

通过实践,我们发现:采用评价主体的多元化,改变了教师一人唱评价独角戏的局面,学生在自我评价和同学间相互评价中,学会正确认识自己和同伴的学习过程与结果。同时,由于评价过程有家长的参与,使得评价的有效性更能得到保证。

二、运用"三维"立体评价,让评价内容多维度

新课程下的小学数学作业,应该从哪几方面进行评价呢?我们尝试构建对学生基础知识和基本技能掌握情况、完成作业的思维过程和完成作业的态度"三维"立体评价运作模式,综合使用各种评价方法和手段对学生的数学作业进行科学有效的评价,以达到反馈教师的教学效果,反馈学生在学业上的发展,促进学生认知、情感、思维的发展和数学能力的提高的目的。

第一维度:对基础知识和基本技能掌握情况的评价

对基础知识和基本技能的理解与掌握情况除了采用百分制以及等级符号评定外,在中高年级我们还尝试用画"正"字的方法,变等级符号为统计符号,对学生的知识技能掌握情况进行统计评价。也就是说,全对的作业记"正";有错的作业根据错误情况少记笔画,当学生把错题订正完毕后,可以把"正"字中缺少的笔画补充完整。

怎样才能把"正"字中缺少的笔画补充完整呢?在这一评价过程中,我们认为,要引导学生正确看待作业中的错误,并善于利用出现的错误,使错误成为有效的课程资源。为此,作业评价后,学生要自觉地自我反思,完善评价。主要措施有:

（1）填写、积累错题卡，建立错误作业档案。例如，王大刚同学有一张错题卡是这样填写的：

知识点名称	接近整百数的加减简便计算
错　　例	$276-98=100+176-98=168$
错因分析	书写不规范，计算错误
错误订正	$276-98=(100-98)+176=178$
备注	老师说我的方法很特别，命名为"小刚算法"

从以上错题卡的填写不难看出，学生在主动找错、辨错、改错的反思中，沟通了知识间的联系，改善了自身的认知策略，也得到情感上的满足，体会到成功的喜悦。

（2）写数学日记。当然这种形式同样也适合于第二、三维度的反思评价。这里略举一例。

我为什么做错了？

今天，我的作业没得100分，错了两道填空题，是什么原因使我错了呢？我反复地思考着，就是由于我有粗心大意、马马虎虎的坏毛病。再仔细一看，终于知道了错的原因。因为这道题目上写着百万位的左边和右边是什么数位，我把左右弄混了，就错了。尽管我十分地想改掉坏习惯，但还是改不掉，但我一定尽自己的最大努力把毛病改掉。

第二维度：对学生作业的思考过程、解题策略的评价

传统的作业很少评价学生在应用知识解决问题时是否理解隐含在作业中的解题技能，更少评价在作业中的思考过程、解题策略。新课程强调，对学生作业的评价不仅限于考查学生解题技能的正确度，还要考查学生对不同知识的理解和解题策略的运用等。为此，我们根据学生的习题解答（或订正）的过程，对学生的解题策略、思维能力进行评价，在"正"字的右下角，用"△""☆"来反映学生解题思维的灵活性、创新性。"△"表示思维有创意，但没有完全做对，或表示方法正确但不简便。"☆"表示思维方法独特，有创意。例如，上例中王小刚的作业开始时可以记"正"字少一横，并在右下角记"△"。因为他的解法很有创意，先在276中拿出100先减98，再用剩下2加176得178。这样就避免了有些学生在计算276减

98 时,用 276 先减 100 后,遇到要再加 2 还是减 2 的困惑。因此,学生订正对后,不但要记"正"字评价算得正确,而且要用"☆"评价他解题策略的独特。

第三维度:对学生作业态度的评价

良好的作业态度,不仅可以提高作业的质量,巩固对新知的掌握,也有利于培养学生的责任心。小学数学中常见的较差作业态度有:字迹潦草,作业不规范;贪玩,作业拖拉;偷懒,应付了事,少写作业步骤,等等。因此,在作业评价时,还从书写情况、所用的时间以及专心的程度等方面衡量学生作业态度的认真与否。在"正"字的左上角用"↑""↓"来反映学生学习态度、学习兴趣的优劣。"↓"表示作业态度不够认真。"↑"表示作业书写工整,格式符合要求,作业认真。

三、关注作业过程,让评价过程动态化

学生的作业实际上包括过程和结果两部分。因此,教师给予学生的作业评价应该包括学生在作业中的思维过程及最后的收获两部分,我们不仅要关注作业的结果,更要重视学生作业的过程。因此,我们通过一题多评、暂不评判、协商评价等策略,使评价过程始终处于动态发展之中,从多个角度,以公正的、发展的眼光来评价学生的作业。

(一)一题多评

认知是一个循序渐进的过程。许多学生往往难以一次使作业达到较高水平,得到自己满意的等级。为了调动学生进一步改进作业的积极性,我们采取一题多评,逐次提高作业等级的做法。当作业发给学生以后,如果他们能够纠正错误,弥补不足,或者补充更好的解题方法,就视情况给以提高等级。为了增强实效,我们还在前一次评价时,写一些针对性、启发性、鼓励性的评语。例如,有一位学生做 $36×199+36$ 时的计算为:"$36×199+36=7164+36=7200$",我们给她评了中等,并眉批道:"得数正确,但可以简便计算。你再想一想!"学生补了一种算法:"$36×199+36=(36×200-36)+36=7164+36=7200$"。教师为她提高了等级,又批道:"好,你跨出了可喜的一步!"还在题目中 36 下边画了红线,以作暗示。果然,学生又补了一种算法:"$36×199+36=36×(199+1)=36×200=7200$",我们再次为她提高了等级。

(二)暂不评判

学生的知识基础、智力水平和学习态度是不平衡的,即使是优生也可能有失误的时候。当学生的作业错误过多时,为了避免学生作业等级太低,心理压力太

大,以及产生知识上的脱节和恶性循环,我们采取暂不评判等级的评价策略。等学生弄清了错误原因,补充了所欠缺的知识,将作业重做之后,再进行评判。例如,在完成加减法简便计算的作业时,有一个学生在作业中连续出现几道同一类型的错题,将减法 165-97 中的 97 看作 100,因为减 100 就多减了 3,所以要再加上 3,但在完成这道题时,他将 97 看作 100,本来就多减了 3,最后他又再减 3。显然,这不是由于单纯的粗心所致,而是没有弄清算理。这时我们并没有对学生的作业进行等级评价,也没有指责他,而是指导他去复习课本上的同类例题,学生弄清了算理,把错题纠正以后,再进行评价。这样既没有给学生造成心理上太大的压力,也保护了学生的自信心和学习积极性,同时也让学生弄明白了加减法简便算法的算理。

（三）协商评价

作业中,有时会出现令教师疑惑不解的情况。例如,有的学生解题过程很特别、很简略,但结果是正确的。这是一种结果的偶然巧合还是一种新颖别致的解法呢? 为了实事求是地评价作业,不伤害学生的自尊心和学习积极性,禁止抄袭作业的现象发生,我们采取当面了解情况、协商评价的策略。例如,计算 401-(8+7)×25 时,有一位学生这样做:"401-(8+7)×25＝25+1＝26。"我对这种解法有点疑惑,就找来该生询问,学生说:"减数(8+7)×25 是 15 个 25,被减数 401 是 16 个 25 加 1,这样得数便是 25+1＝26。"于是我们对他这种富有创造性的思路给予了肯定和鼓励,给学生一个恰当的等级。同时,指出作业中应该用解题步骤把思路表示出来。这样通过协商评价,发现了学生的独特解法,同时指出不当之处,规范了作业行为。

四、立足学生发展,让评价标准生本化

（一）评价标准因人而异

心理学研究表明,学生在发展上是存在差异的,要求没有差异就意味着不要求发展。

对于优秀生和学困生的作业来说如果按一个绝对的标准与要求去评价,结果往往导致优秀生觉得标准太低,很容易达到,不能满足他们的求知欲望;对于学困生而言,标准和要求太高,难以达到,虽然付出了努力,依然得不到相应的认可,学习积极性受到严重挫伤。因此,我们对学生的评价也因人而异,除了引入统一标准外,还引入个人发展参照标准,强调评价的诊断功能和促进功能,把重点放在学生自身的纵向评价上。我们坚持"多把尺子"的观点,"只要学生尽了自己最大的努力就是最好的作业",并付诸实践,用不同的"尺子"量不同的学生,使每个学生都有机会展示自己的闪光点,得到成功的体验。尤其是对学习能力较差的学生,这样评价的激励作用往往更大。例如,在一位学困生的数学日记中有这样一篇:

新学年的第一次数学作业

今天是开学第 2 天,昨天做的作业本发下来了,我得了 100☆,老师还表扬我字写得很认真,我好高兴。因为以前老师总是说我的字不漂亮,所以作业总跟☆无缘。我真希望下次还能被老师打上 100☆。我知道,要得 100☆就要靠自己的努力,上课认真听,积极回答老师的问题,不懂就问,做作业时字一定要认真写。为了争取 100☆,新学年我一定会加倍努力的。

(二)恰当点评,重在激励

学习兴趣、学习习惯、学习注意力等非智力因素对学生智力等因素的发展起着至关重要的作用。端正的学习态度,高涨的学习热情,良好的学习习惯,积极的学习情感是学生健康发展的基础,也是学生后继学习的内在动力。积极开展这方面的评价,就会调动学生学习的积极性和主动性。小学生天性爱受表扬,老师几句鼓励表扬的评语,会形成一种无形的力量,所以适时地运用评语进行评价激励,让学生感受成功的喜悦,明白缺失的缘由,不仅有利于学生数学成绩的提高,更有利于学生心理的健康发展。我们在实践中主要采用的评语如下。

1.期待式评语。在作业批改中采用期待式评语评价,提出富有层次性、指导性、针对性的改进与提高的目标,让学生树立起再前进一步的信心。例如,对作业拖拉的学生写上"老师相信你,今后能按时完成作业的""你准行!因为你付出了努力"。又如,对书写糊涂的学生写上"能干的你会把字写工整的""字如其人,你这样帅气,相信你的字也会很帅"。再如,对抄袭作业的学生写上"诚实是一种美德,用你聪明的脑袋、灵活的双手去完成作业,肯定能得到优秀的""刀越磨越利,脑子越用越灵,老师相信你,自己能行"。

2.肯定式评语。用这种评语评价,有利于开发学生的潜能,激活学生创新意识,培养学生的上进心。例如,有一次我们在批改应用题时,发现有两位学生用了和老师不同的方法解答,就写上"你真棒,是班上的小博士,祝贺你!""方法太好了,希望你更上一层楼"。也许是表扬的作用,在以后的作业批改时经常发现很多学生喜欢用不同方法解答。当学生的作业书写工整、计算过程合理、正确率高,或解法独特、有进步时,我们都会在本子上适当加句信任的鼓励、关爱的评语,如"你的作业太漂亮了""你的想法独特,有创意,值得大家学习""你善于发现问题,有科学家的眼光""简直不可思议,你居然能解这么难的题""太好了,你也做对了一道题""哇!你的想法跟老师的一样"……当学生看到这些评语时,往往会把作业本子传给其他同学看,从中得到同学的羡慕和好评。

总之,在全面实施新课程的今天,数学课程需要有效的作业评价。小学数学作业的评价要发挥导向、调控、激励等功能,充分关注评价主体的多元化、评价内容的立体化、评价过程的动态化、评价标准的生本化,让评价真正走进学生的"心灵",实现小学数学作业的有效评价,促进小学生全面、持续、和谐地发展。

(作者:天台外国语学校　戴银杏)

课堂观察篇

循学而导　指向高层次思维能力的发展

——"运用平移知识解决问题"一课的观察报告

一、观察主题

高层次思维能力主要指创新能力、问题求解能力、决策力和批判性思维能力。本次观察的内容是人教版四年级下册第七单元"图形的运动"这一课的例4——"运用平移知识解决问题"。本课时的学习既能对平面图形平移特点和性质有进一步认识,又能渗透转化思想,还能为后续图形面积的研究(特别是组合图形)提供支持,教学中力求发展学生运用所学知识解决问题的意识。基于以上的思考,确定观察主题是儿童视域下学生高层次思维能力的发展。

二、观察维度

基于以上的观察主题,结合高层次思维的表现形式:思考问题时能独立思考有所见解、解答问题时能用自己的方式表达见解、讨论问题时能向同伴提出建设性的意见,拟定本节课的五个观察维度:数学思维的关注度、数学思维语言表达的完整性、数学思维的解题方法、数学思维的符号意识、数学思维的准确率,从这五个方面深入观察学生的学习情况,形成一定的数据来评价学生的高层次思维能力的发展。通过观察数据反观教学成效,改善教学行为,真正做到学为中心,追求高效。

三、观察数据的整理

观察维度一:数学思维的关注度

主要学习任务	专注	百分比	一般	百分比	被动	百分比
辨析交流1:你能读懂两位同学的解题方法吗?	32人	96.97%	1人	3.03%	0人	0.00%

主要学习任务	专注	百分比	一般	百分比	被动	百分比
辨析交流2:你还能读懂这位同学的方法吗?	34人	100.00%	0人	0.00%	0人	0.00%
基本练习:求火箭的面积	33人	100.00%	0人	0.00%	0人	0.00%
求草坪的面积1	24人	70.59%	7人	20.59%	3人	8.82%
求草坪的面积2	30人	88.24%	4人	11.76%	0人	0.00%

观察维度二:数学思维语言表达的完整性

主要学习任务	会用数学语言完整地表述（用上分割、平移等词语）	会用自己的语言表述,不够规范	有困难
辨析交流:你能读懂两位同学的解题方法吗?	5人	25人	4人
辨析交流:读懂错误的方法	30人	3人	1人

观察维度三:数学思维的解题方法

主要学习任务	向左平移	向右平移	其他	有困难
求火箭的面积	23人	8人	2人	1人
求草坪的面积	14人	5人	0人	15人

观察维度四:数学思维的符号意识

主要学习任务	规范	不太规范	错误	有困难
求火箭的面积	29人	3人	1人	1人

观察维度五:数学思维的准确率

主要学习任务	准确人数	错误或有困难	准确率
求火箭的面积	33人	1人	97.06%
求草坪的面积	15人	19人	44.12%

四、结果诊断,反观教师导学

　　高层次思维能力的发展不是优等生的权利,本节课教师在教学中循学而导,学生的高层次思维能力得到有效的发展。笔者结合本节课的观察数据,分析教师导学。

(一)从思维经验的起始点,反观教师导学的梯度

学生走进课堂并不是一张白纸,在进行思维活动时会受到过去的生活经验和已有思维方法的影响。前测结果如下:

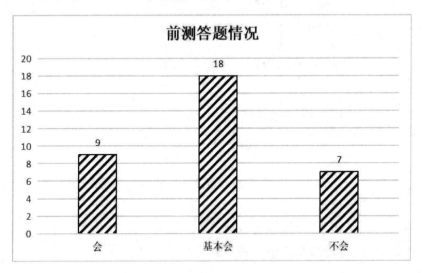

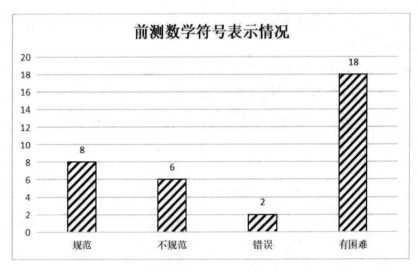

从前测答题的准确率来看,27 位同学已经基本会通过图形的移动来将不规则图形转化为规则图形进行计算,只有 7 位同学不会。从前测的数学思维符号表示思维过程结果看,只有 8 位同学完整地用数学语言描述出来,20 位同学不会或者没有意识用数学语言来描述。看来用规范的数学语言来表述对于学生来说还

是有困难,基于这样的学情,教师的导学如下。

先读懂对的同学:

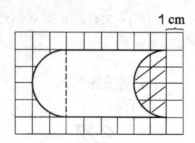

师:你能读懂他们解决问题的方法吗?

生1:他的方法是将左边凸出来的半圆补到右边凹进去的地方,变成一个长方形进行计算。

生2:他的方法是将左边的半圆分割下来,平移到右边转化成长方形进行计算。

师:这个同学用上了数学语言分割和平移,真好!谁还看明白了?

生3:他的方法是将左边的半圆分割下来,向右平移6格转化成长方形进行计算。

师:不但说出来分割和平移还清楚地说出平移的格数,真细心!来,我们来数一数。

从图上哪里还能看出分割和平移6格?(学生指一指)

师:是啊,有时候数学符号能把我们的数学语言清晰地表示出来,用上虚线表示分割,用上箭头表示平移的方向和格数,一目了然,同学也学着用起来,好吗?

再读懂错的同学:

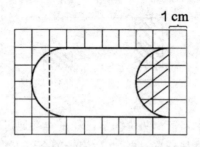

师出示:还有一位同学是这样做的,你能看懂吗?

生:……

在"读懂"的环节,若是仅仅初步感知对或错很简单,所以教师在导学时重在让学生通过交流,用规范的数学语言表述出思维的过程,这也是高阶思维发展的表现形式之一。教师先设计读懂对的同学,在读懂对的基础上又设计了读懂错的同学,这样的梯度导学,培养了学生用数学语言来解释具体情境的能力。学生说着说着就会了,知其然更知其所以然,不但学会了求不规则图形的面积,而且在辩说的过程中用数学语言来描述、解释的能力得到明显的提升,教学效果:从辨析交流 1 环节只有 15% 的同学会用数学语言规范地表述到辨析交流 2 环节提升到88% 的同学已经会用规范的数学语言表达自己的想法。

(二)从学习思维的探究点,反观教师导学的深度

用数学符号表示思维的思考过程是高层次思维能力的表现之一。通过对比导学前后的数据,观察学生用数学思维符号表示思维思考过程的能力的提升情况。将前测的数据和课中的基本练习(求火箭的面积)用数学符号表示思考过程的情况对比如下:

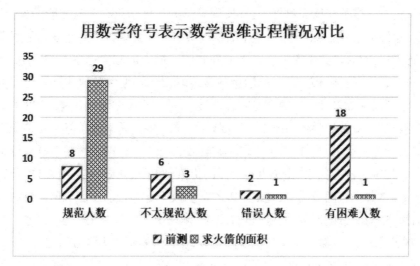

这一组数据充分说明原来的大部分学生用规范数学符号表示有困难,只有 8 人。导学以后在做一做这一环节中,已经有 29 人会用数学符号表示自己思维的思考过程,用数学符号表示的能力在前测的基础上有了很大的提升,为以后学习求组合图形的面积积累了一定的数学活动经验。这样有力的数据得益于辨析环节的教学深度。导学并没有因此结束,紧接着教师设计了如下的导学环节:

三年级的时候做过的一道题,在一张边长是 10 厘米的正方形纸中,剪去一个长 6 厘米、宽 4 厘米的长方形。小明想到了三种方法(如下图)。剩下部分的周长哪个最长?

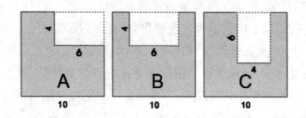

你能用今天学过的知识解释吗？能用数学符号将你的思维过程清晰地表示出来,让大家一看就明白吗？学生用数学符号清晰地表示出了思维思考过程,纷纷发表自己的想法。知识求连更要求联,将新旧知识联系起来学习,用旧知解决新知,用新知解释旧知,学生的反向思维能力得到进一步的提升。学生的思维空间能力就是这样不断地在来来回回的学习中得到发展的。当教师帮助学生将他们的前期知识与新知识联结成线时学习就会变得十分有深度。

（三）从学习思维关注度,反观教师导学的广度

通过对思维关注度的数据分析,反观导学的广度。只有参与才能深刻,数学高层次思维的培养,离不开全体学生的积极参与。有人说数学课是学霸和数学老师秀恩爱;也有人说数学课是一个人的狂欢和一群人的寂寞。在本节课中,是大家的狂欢,学生的学习方式多样:学生独学、师生共学、生生群学、同桌互学、生生互学、个别展示等多种多样的学习方式,充分调动了学生学习的兴趣,激发了学生参与学习的积极性。学生的思维关注度很高,绝大多数同学的学习始终是专注的（具体见统计结果）。除了学习方式的多样,面向全体学的鼓励性导学语言也是多样,如说错了也没有关系、错了也有学习的价值、你说得真好、谁还有质疑、谁还有补充？在教师微笑的鼓励下,越来越多的学生敢于走到台前发表自己的想法。在学习活动中有充分的时间和空间进行交流,体现了教师导学的广度,促进了学生高层次思维的发展,激发了学生的学习兴趣,让学生真正成为学习的主人。

（四）从学习思维的着力点,反观教师导学的力度

学习思维的着力点,直接反映了一堂课的思维训练含量。在求草坪1的面积时,学生一下子遇到了困难,44%的同学有困难。学生真正遇到了困难,怎么办？

44%学生的学习思维的难点在哪里？导学的着力点在哪里？导学的时候教师不急于直接讲解,而是先找出问题的症结后进行导学,问:"遇到什么问题了？哪里觉得困难?"学生说:"不会分割了。""是啊,没有明确的分割点了,怎么办呢？请有想法的同学来说一说,向同伴学习,共同进步。"然后课件演示,让图形动起来,突破学习的难点,让学习真正发生。但是在这一教学环节的处理上,教师有一

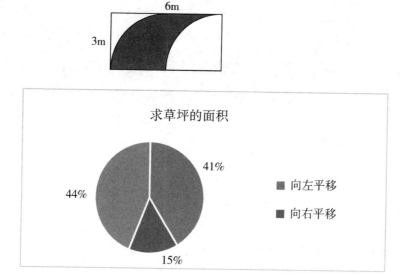

定的遗憾,太过着急了,给学生交流讨论的时间不够,学生的思维关注度有所下降,思维准确率也很低,只有 44.12% 的学生做对。这一数据说明,学生还没有真正地明白,提议当学生真正有困难的时候教学脚步再慢一些,学生讲解方法后可以让原来不会的同学再来讲解,在演示思维方法的时候并不是简单地在图上添一条辅助线,而是引导学生思考怎样才能想到在这里添一条辅助线呢?因为在这里添一条辅助线就可以将不规则图形转化成规则图形,在添辅助线的时候要注意这条辅助线应该是垂直的。再结合课件演示让不规则的图形在脑子里动起来转化成规则的图形,进一步培养学生的看图能力,从而使学生的高层次思维能力得到充分的发展,让学习真正地发生。

（原载《教学月刊》2018. 11,观察报告撰写者:天台县福溪街道中心小学　陈云英；　执教者:天台县始丰街道中心小学　林伟扬）

基于前测　多维表征　深度学习

——"认识几分之一"一课的观察报告

"认识几分之一"一课是节经典课,是学生关于数的学习的新的领域,无论在意义上、读写法上以及计算上,都具有很大的差异,如何更好地开展教学,高老师在执教的时候,基于从学生的前测入手、多维表征,让学生进行卷入式学习。

一、观察对象、内容

天台县始丰小学三(6)班学生,共 39 人,其中男生 18 人,女生 21 人,执教者:仙居县第七小学高牡丹老师,教龄 14 年,执教内容:人教版教材三年级上册"认识几分之一"。

二、观察主题确定

关于分数的初步认识,很多学生在生活中是有接触或有听说的,学生的逻辑起点远高于教材安排的生活起点,有的学生阅读过关于分数的绘本故事《猫咪的一天》。对于分数来说,不是一张白纸。对此,我们确定课堂观察的主题:基于学本课堂的小学数学概念形成的观察。观察提供的素材对于过程性的概念——分数,什么样的素材更有利于学生形成概念。

三、观察工具的设计

基于学本课堂的小学数学概念形成的观察单

内容：分数初步认识		引领教师：仙居高牡丹		观察对象：三1班	人数：39		观察者：方芳等12位老师		观察日期：2020/12/25	

学习环节	时间	学生	参与方式						参与度			
			倾听		表达		质疑补充					
			专注	不专注	规范	一般	有效	无效	活动描述	积极	一般	不积极	活动描述
初步认识 1/2（初步感知）		1											
		2											
		3											
		4											
理解1/2的概念		1											
		2											
		3											
		4											
1/2到1/3的迁移		1											
		2											
		3											
		4											

学习环节	时间	学生	参与方式						讨论			
			操作		表达		质疑补充					
			正确	不正确	规范	一般	有效	无效	活动描述	积极	一般	不积极	活动描述
多维表征几分之一（概念的形成）		1											
		2											
		3											
		4											

学习环节	时间	学生	参与方式						参与度			
			观察		结论		角度					
			专注	不专注	正确	不正确	图	概念	活动描述	积极	一般	不积极	活动描述
分数大小比较		1											
		2											
		3											
		4											

学习环节	时间	学生	参与方式						参与度			
			倾听		表达		质疑补充					
			专注	不专注	规范	一般	有效	无效	活动描述	积极	一般	不积极	活动描述
在不规划图形中深化1/4		1											
		2											
		3											
		4											
数线表征几分之一		1											
		2											
		3											
		4											

高老师将分数认识分为四大教学环节：初步认识 $\frac{1}{2}$、认识几分之一、分数大小比较、分数概念的形成。概念的形成往往要经历三个阶段：抽象、类化、辨别，本次观察的维度主要是学生在各阶段的参与方式及参与度，其参与的方式中，观察学生是否在倾听（操作、观察）、表达与质疑中的表现如何，是否深度地卷入学习。

四、观察数据分析

(一)利用起点，初步抽象的数据分析

学生在学习之前，他们的现实起点在哪儿了？课前，高老师通过对学生提供图形、实物等表征让学生描述他们心目中的 $\frac{1}{2}$。

你知道 $\frac{1}{2}$ 什么意思吗？把你知道的写下来，如果不知道，也可以猜一猜。

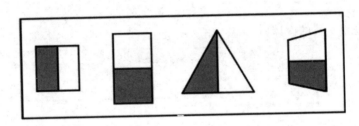

答：$\dfrac{1}{2}$ 的意思是我把一个物体平均分成2份，其中的1份就是这个物体的 $\dfrac{1}{2}$。

约83%的学生对于实物与图形的 $\dfrac{1}{2}$ 能准确表达，还有小部分同学能用语言很好地描述。虽然学生对分数是相对陌生的，但学生对它并非零认知，许多学生会读写分数，甚至有一部分学生能对 $\dfrac{1}{2}$ 的形成做简单的解释。即使对分数一无所知，他们也能凭借较强的迁移和类推能力快速掌握几分之一，应该说学生所具备的"现实起点"已经超过了教材的"逻辑起点"，学生完全有能力凭借自己"认知元"的被激活、整合来实现"目标新知"的建构。高老师利用前测的结果，让学生描述怎么认为这就是一个月饼的 $\dfrac{1}{2}$、一个正方形的 $\dfrac{1}{2}$……

学习环节	时间	学生	倾听		表达		质疑补充		活动描述	积极	一般	不积极	活动描述
			专注	不专注	规范	一般	有效	无效					
初步认识1/2（初步感知）		1	39		10	2			平均分成2份、圆形对折	27	8	4	
		2											
		3											
		4											
理解1/2的概念		1	39		11			2	女生：规范表达没有平均分；因为平均分了3份，其中的1份是1/3	23	6	4	
		2											
		3											
		4											

从课堂观察中，我们发现高老师在概念的初步理解中，抽取了12位学生表达，其中10位学生非常规范地表达了什么是 $\dfrac{1}{2}$，也就是说这10位学生中部分本来就会，有部分马上根据同学的回答，修正自己的观点。所以学生在这一观测环节时，无质疑与补充。那么这是否表示全体学生都懂了呢？还是我们忽略了另外一部分学生。我们看参与度中，有12位学生处于一般或不积极的状态。所以在这一环节，建议在课堂中，高老师可以提供学生前测中不是规范地描述 $\dfrac{1}{2}$ 或者不容易看出是"对折"后得到的 $\dfrac{1}{2}$，如平行四边形的 $\dfrac{1}{2}$，让学生在质疑与辩论中能更深刻地理解单位"1"，理解要得到 $\dfrac{1}{2}$ 必须平均分成2份。因为认识"平均分"是建

立分数观念的关键所在,也是分数的本质属性。本课是"初步认识几分之一"。它是认识几分之几的基础,是本单元教学内容的"核心",也是整个单元的起始课,对以后的学习起着至关重要的作用。为此,把握好这部分的教学,突出对"1"的意义的理解,让学生体会到分数来源于生活,而且是"平均分"产生分数。在这里打好铺垫,对高年级的分数教学会更有帮助。

(二)多维表征,深度理解数据分析

概念的形成,教材从实物表征、图形表征、集合表征、数线表征四个维度来帮助学生理解。

在素材选择上,高老师精心选择学习材料,关注学生思维的挑战性。学习材料选择得正确与否直接影响学生的学习效果。因此,数学课堂教学选择富有挑战性的学习材料,让学生的思维接受挑战,最近发展区得到发展是至关重要的。本节课高老师在学习材料的选择上有独到见解,并且在实践中取得了很好的效果。如在认知几分之一时,让学生通过折一折、说一说认识更多的几分之一。

尤其对于 $\frac{1}{4}$ 的理解,高老师抛给学生一个富有挑战性的问题:□是一个图形的 $\frac{1}{4}$,这个图形可能是什么图形呢?学生在富有挑战性问题的驱使下进行动手实践,这一环节即是对 $\frac{1}{4}$ 的理解,更是突破了1个图形到几个图形"1"的理解。素材选择得非常精妙,如果高老师能采用学生的素材就更好了。

从课堂观察的数据看,又发现了一个非常有趣的现象:对于分数含义的表达,学生又习惯于用"对折再对折"得到几分之一,回到原始状态从图与过程来描述。从11个表达一般的学生中可以看出 $\frac{1}{2}$ 的表达比较关键。

学习环节	时间	学生	参与方式								讨论			
			操作		表达		质疑补充		活动描述		积极	一般	不积极	活动描述
			正确	不正确	规范	一般	有效	无效						
多维表征几分之一(概念的形成)		1	35	4	19	11			图是1/4,说:平均分成8份,是2/8;没有表示出其中的1份;用对折、没有用平均分;圆片平均分成15份;大部分学生只创造了1/2、1/4、1/8		26	7	3	1.有一个同学没有同桌,没人讨论; 2.2个孩子都讲到分子表示1份,分数线表示平均,分母表示分了几份
		2											1	
		3												
		4												

在学习方式上更多的是"放"。在认识几分之一(几)时让学生在动手实践、自主探索、合作交流中完成知识的有效建构,课堂中让接受和探索两种学习方式有机地结合。在观察中也发现,学生在折的过程中,发现了分数各部分的含义,教师的教学方式应该在继承和发展中寻找"平衡点",这样才有利于丰富学生的学习

方式,从而促进学生的和谐发展。

细思数据与观察到的现象:学生在创造几分之一的时候,呈现的数据结果比较少,主要是任务布置时,要求欠明,建议改为:①4 人一小组,每人折出一个不同的几分之一,再交流相互的几分之一表示什么意思? ②如果再不断地折下去,你们有什么发现? 在动手中引发学生发现感悟:平均分的份数越多,得到的几分之一越小,从而在动手操作中积累丰富的活动经验。

学习环节	时间	学生	参与方式						活动描述	参与度			活动描述
			观察		结论		角度			积极	一般	不积极	
			专注	不专注	正确	不正确	图	概念					
分数大小比较（对概念的进一步理解）		1	37	2	8		1	1		20	14	2	
		2											
		3											
		4											

在大小比较中,学生参与观察的专注度还是很棒的,39 人中只有 2 人没有很投入。在这个过程中,有 20 人非常积极地想回答,高老师抽取了 8 人回答,但是从分析大小比较的角度看,高老师只有抽取了两位学生回答,一人是从图的角度,一人从概念的角度,因为抽取的学生比较少,无法获取学生真正的理解。对于大小比较,低层次的学生会直接从图中获取结果,而高层次的学生会结合图与概念两个维度去思考,而且会发现对折的次数越多,平均分成的份数越多,每一份越小。所以本环节的教学建议是让学生在前一环节的操作时,就提出讨论:再继续对折你会发现什么?

(三)扩展数系,经历形成过程

本课中,对于数线结合这一表征,高老师也运用得非常巧妙,让学生估一估可以用哪个分数来表示,它如果跑到数轴上,该是在哪儿呢? 既有利于学生对分数意义的理解,又促进学生数感的培养。

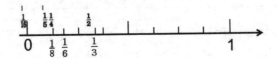

3.估一估,涂色部分分别是这个长方形的几分之一。

分数的知识从教材体系看是学生第一次接触,是在整数认识的基础上进行的,是数的概念的一次扩展。本节课,高老师充分利用"分蛋糕、分图形"这一情境以及精心设计的一组图形素材,不断激发学生学习求知欲,实现整数到分数的逐步扩展。首先,通过一个蛋糕、一个正方形、一个三角形认识 $\frac{1}{2}$,在认识 $\frac{1}{2}$ 的基础上,教师出示了精心设计的一组图形,让学生判断哪些图形的阴影部分表示的是 $\frac{1}{2}$,哪些不能用 $\frac{1}{2}$ 表示。紧接着再用剩余的那些不能用 $\frac{1}{2}$ 表示的图形让学生思考,能用几分之一来表示,并让学生自己选择材料研究。在反馈交流 $\frac{1}{3}$ 时,还通过课件让学生自然而然地认识了有 3 个三分之一,为后续的分数大小比较以及分数的简单加减法做了很好的铺垫。

在数轴 0—1 中,你认为 $\frac{1}{2}$、$\frac{1}{3}$……应该在哪儿? 通过一连串的寻找发现分子是 1 时,分母越大,越接近于 0。

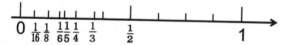

这些有效的数学活动,既让学生经历分数概念形成的过程,又使学生感受到数是在不断扩展的数学思想。

学习环节	时间	学生	参与方式						活动描述	参与度			活动描述
			倾听		表达		质疑补充			积极	一般	不积极	
			专注	不专注	规范	一般	有效	无效					
数线表征几分之一		1	39		11	1				29	7	0	
		2											
		3											
		4											

在观察中,我们发现学生对于分数在数轴上的位置,表现得非常棒,基本上表达是正确的,说明学生对于分数的概念与大小比较都掌握得比较好,高老师也设计得比较精心。但高老师采用的表达方式是一问一答式的,从课后的访谈中,学生更趋向于自己来展示。

对于小学生来说,数学学习往往是他们自己生活经验中对数学现象的一种"解读"。在教学中,高老师密切联系学生的生活实际,利用他们熟悉的素材唤起其原有的经验,使教学有趣,学生学起来亲切、有趣、易懂。教学中不仅让学生用脑子去想,而且要用眼睛看,用耳朵听,用嘴说话,用手操作,用身体去经历,用心灵去感悟、体验,其中一个重要理念就为学生提供"做"数学的机会,在具体的操作、整理、分析和探索交流活动中,获得广泛的数学活动经验,使学生的智慧受到挑战,从而实现高效学习。

(观察报告撰写者:仙居县第七小学 方芳; 执教者:仙居县第七小学 高牡丹)

基于学生立场　循序建构数感
——"1000 以内数的认识"一课的观察报告

数感是指对数的含义、计算技能、数的顺序大小、数的多种表达方法、模式、数运算及结果的准确感知和理解等。它作为新课程六个核心概念的首要概念,明确规定为必须的学习内容。由此可见,让学生学习和建立数的概念,是十分重要的。数学课堂是培养学生良好数感的重要平台与载体,而低年级的孩子的思维在认知活动中正从具体形象思维向抽象逻辑思维发展,更需要教师的准确引导。现以二年级下册"1000 以内数的认识"为例,进行了观察实践探索。

一、观察主题的思考

数感的培养,并非一蹴而就,需要长时间积累,这就需要教师平时在课堂中引导学生亲历数学建模过程,通过观察、操作、解决问题等丰富活动,循序地构建数感。那么怎样的引领才会更加有效呢? 为此,我们本次主要选择了"学习能力"这个观察视角来展开,尝试运用"课堂观察"的微观分析方法,借助对课堂观察点的定量反馈,通过显性化的观察量表,综合分析学生数感的发展情况,从而评价不同层次学生的学习效果与教学过程的有效性。

二、观察目的的确定

我们围绕"以学为本"这个教学理念,利用课堂观察从学生的角度来研究我们的课堂教学。"1000 以内数的认识"是"万以内数的认识"的起始部分,是以学生原有认知 100 以内数的认识为基础的数的概念的教学,主要是让学生经历数数的过程,会正确数 1000 以内的数,能理解每两个相邻计数单位之间都是十进制的关系,能借助计数器认、读、写 1000 以内的数,了解数的组成等。因此,本次观察立足学生的学习维度,借助课堂观察的及时反馈,通过教师的智慧导学,在数概念的教学中能引领学生深入理解数的意义,充分感受和体验数概念的形成,让学生循序建构数感。

三、观察工具的设计

数的概念形成一般包括计数、数的序列、数的组成和数的守恒四个阶段。在本节课中,数的序列和计数紧密相连,因此针对本次活动王雪飞"1000以内数的认识"这节课,我们主要选择了"计数""数的组成""数的守恒"三个视角来展开观察,形成一定的数据,进而反思我们的课堂。

为此我们精心设计了"课堂观察表"(下图),让课堂观察员带着"蚂蚁之眼"走进同学们的学习世界,深入课堂了解孩子们真正的学习情况,由学生的学来反思我们的课堂教。

儿童视域下学生数的概念形成观察量表

课时内容:1000以内数的认识　引领教师:王雪飞　班级:二(4)班　观察教师:_____　观察人数:_____　观察日期:2018

环节	学生	计数					数的组成			数的守恒			
		数数运用状态			数数的方法		亮点或错例描述	会	不会	亮点或错例描述	估数			亮点或错例描述
		熟练	一般	不会	一个一个	十个十个	一百一百					接近	较接近	不接近	
回顾旧知 数100个小正方体	1													
	2													
	3													
	4													
自主 同桌合作数小正方体	1													
	2													
	3													
	4													
估1000根小棒的大小(第1次)	1													
	2													
	3													
	4													
探究 估1000根小棒的大小(第2次)	1													
	2													
	3													
	4													
估1000颗黄豆的多少	1													
	2													
	3													
	4													

环节		学生	计数							数的组成			数的守恒			
			数数运用状态			是否借助计数器			亮点或错例描述	会	不会	亮点或错例描述	估数			亮点或错例描述
			熟练	一般	不会	是	否	其他					接近	较接近	不接近	
	306的教学	1														
		2														
		3														
		4														
	306后面的5个数	1														
		2														
自		3														
		4														
			≥4	1~3												
	3□9的后面一个数	1														
主		2														
		3														
		4														
探			≥4	1~3												
	□99的后面一个数	1														
		2														
究		3														
		4														
	从800开始十个十个地数（同桌）	1														
		2														
		3														
		4														

四、观察数据的整理与分析

我们试图通过课堂观察的学习效果，反思实践的方式，呈现教学过程中学生真实的思维过程和学习状况，进行定量和定性的分析，对人教版小学数学《1000以内数的认识》一课深度剖析，并以此作为改进教学的主要依据，反思教学设计的起点、过程以及落脚点该归何处。课堂观察数据汇总如下：

儿童视域下学生数的概念形成观察量表（数据统计）

课时内容：1000以内数的认识　引领教师：王雪飞　班级：二（4）班　观察教师：________　观察人数：______　观察日期：2018

环节		学生	计数							数的组成			数的守恒			
			数数运用状态			数数的方法			亮点或错例描述	会	不会	亮点或错例描述	估数			亮点或错例描述
			熟练	一般	不会	一个一个	十个十个	一百一百					接近	较接近	不接近	
回顾旧知	数100个小正方体		4	11	12	4	11	12								
自	同桌合作数小正方体		18	1	1	2	0	25								
主	估1000根小棒的大小（第1次）												2	14	11	
探	估1000根小棒的大小（第2次）												11	11	5	
究	估1000颗黄豆的多少															

环节	学生	计数							数的组成			数的守恒				
		数数运用状态			是否借助计数器			亮点或错例描述	会	不会	亮点或错例描述	估数			亮点或错例描述
		熟练	一般	不会	是	否	其他					接近	较接近	不接近	
306的教学					27				27						
自主探究	306后面的5个数	23	4												
		≥4	1~3												
	3□9的后面一个数	16	10	1											
		≥4	1~3												
	□99的后面一个数														
	从800开始十个十个地数（同桌）	23	4												

　　为了更直观地进行对比,在本课中我们还设计了前测与后测,现结合前后测的数据以及课堂观察的数据做如下分析。

　　1.物数对应,数出数感

　　通过对学生学习起点的观察分析,关注学习内容是否适合大部分学生的思维起点,从而反观课堂教学设计的适度性与有效性。

　　A.数据反馈

1.10个一是（　　），10个（　　）是一百,10个一百是（　　）。。　　　　**正确率:100%**

2.1000 里面有（　　）个百;100 里面有（　　）个十。　　　　**正确率:92.9%**　　　**正确率:96.4%**

3. 写出下面数的组成。

（1）

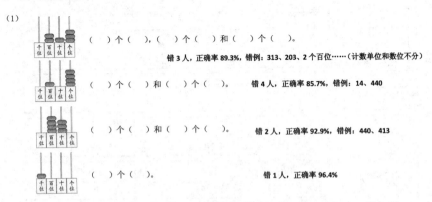

（　　）个（　　）,（　　）个（　　）和（　　）个（　　）。

错 3 人,正确率 89.3%,错例:313、203、2 个百位……（计数单位和数位不分）

（　　）个（　　）和（　　）个（　　）。　　　错 4 人,正确率 85.7%,错例:14、440

（　　）个（　　）和（　　）个（　　）。　　　错 2 人,正确率 92.9%,错例:440、413

（　　）个（　　）。　　　　　　　　　　　　错 1 人,正确率 96.4%

图 1　前测情况统计

由此可见,二年级的学生在学习了100以内数的认识后,已经积累了一些1000以内数的知识经验,但是不系统、不全面。

基于学生这样的起点,课的开始创设数1000个小正方体的环节,学生在数数过程中经历一而十,十而百,百而千,感受"条(十)""片(百)","体(千)"的过程,直观感受计数单位的形状变化,帮助学生建立一、十、百、千的几何模型,为学生系统认识计数单位,以及相邻两个计数单位的十进关系积累了经验。

这是课堂中学生在数100个小正方体时数数方法的统计:

数数的方法	人数
一直一个一个地数	4
先一个一个地数,再十个十个地数	11
直接十个十个地数,十个十	12

利用计数器一个一个地拨,十个十个地拨,一百一百地拨,运用数形结合的方法,从直观到抽象,使学生自然形成数感。

B.结果分析

数(Shù)源于数(Shǔ),孩子们认数始终离不开数数的过程。从这一环节的学习成效来看,通过数据分析可知,该环节的设计教师基于学生的起点,利用结构化的小正方体模型引出新知,自己动手操作明白数的形成过程,进而突破难点,同时让学生发现并掌握数数的方法。通过数数的过程,物数对应,将抽象变为具体,学生就能在具体的活动中落实数感的培养,加深对"1000以内数的认识"的理解。正如心理学家皮亚杰说的:"儿童思维是从动作开始的,切断动作与思维的联系,思维就得不到发展,智慧的鲜花是开在手上的。"

2.凸显核心,深化数感

(1)从学习的难点处,反观教学的着力点。

学生学习的难点处,往往是教学中需要教师着力加以关注的地方。通过对学习难点的分析,可以有效反观教师在课堂教学的着力点上采取的措施是否合理有效。

通过以上数据分析,我们发现对于学生而言,本课的学习中易混点有两个:首先是"正确地数出接近整十、整百、整千时拐弯处的数",其次是关于十个十个地数的拐弯数。

因此,王老师便设计了以下几个教学环节,数数的教学以309的后一个数是310为突破口,推想3□9的后一个数是多少,继而推想出□99的后一个数是多少,并将思考与操作相结合,同桌十个十个地从800数到1000,借此突破数拐弯数的

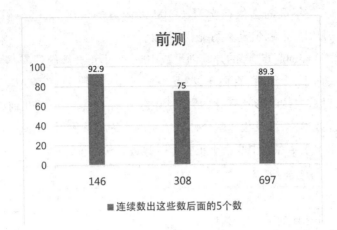

难点。

A.数据反馈

这分别是我们的课堂前测、实测以及后测数据对比：

	成功	不成功	成功率
860 起，一十一十地数到 1000	18	9	67.9%
800 起，一十一十地数到 1000	23	4	85.2%
820 起，一十一十地数到 1000	25	2	92.6%

B.结果分析

显然，从以上数据对比看出孩子对拐弯数的理解度明显提升，这和王老师的细节处理密不可分。再如，在数□09 的后面是（　），□99 的后面是（　）时，王老师没有直接告知，也没有一带而过，而是让学生先以自己的理解说说，再拿出计数器拨出 199，然后问学生："199 后面一个数是几？表示要几个几个地数？""那要在什么位上加一颗珠子？""9+1 满十怎么办？""再满十怎么办？"这样在计数器上一步步形象直观，演示图上，学生也明白了 199 的后面为什么是 200 的道理。

这样通过课件，再借助计数器，对多个相邻计数单位之间以及多个数组的整体结构进行重点认识再梳理，让学生对"拐弯数"进位成竹在胸，很好地化解了教学的难点，并有意识地培养了学生的思维，提高了课堂效率。

（2）从学习的易错处，反观教学的薄弱点。

课堂中学生学习的易错处往往是教学应该重点关注的地方。通过对易错点的分析，可以反观课堂教学中的薄弱环节，有针对性地改进课堂教学的措施。

A.数据反馈

这分别是我们的课堂前测、实测以及后测数据对比：

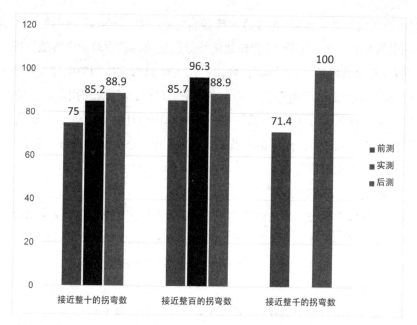

B.结果分析

这里有一个很奇妙的现象,"接近整百数的拐弯数"课中成功率高达 96.3%,课后却有所回落是 88.9%,这是为什么呢?

786、 787 、 788 、 789 、 800 、 801

786、 787 、 788 、 789 、 890 、 891

这可能与我们预想的成功率稍有欠缺,究其原因,是不是在这里的脚步再慢一些? 王老师给孩子搭了这样的支架:

299 ⟶ 300
399 ⟶ 400
⋮ ⋮
799 ⟶ 800
899 ⟶ 900
999 ⟶ 1000

学生虽然动手操作过,但大部分学生没有完成,只停留在说一说的层次,课内的时候还留有印象,课后由于小学生处于由"象形思维"向"逻辑思维"的过渡阶段,没有及时内化或顿悟,所以不能深度理解。因此,建议教师在该环节的教学时,多一点时间让学生体验,先借助计数器独立数一数,再同桌合作数一数,需要给予一定的时间与空间消化,才能使数感培养真正地在课堂教学中落地生根。

再如,教学最后环节,让学生在数轴上找一找 188,275,1010,学生在数轴上寻找的过程,必然需要分析等各数的大小关系。建议,是否先采用彩点数轴图,这样可以多角度对数进行再认识,数形结合,将 1000 和计数单位进一步抽象出来,再指一指 799、899、999 这些特别的数的位置,多方位感受数的顺序,这样也能很好地突破数数遇九拐弯的难点。

3.多感官参与,提升数感

数感主要体现在现实生活情境中,对于 1000 的大小,学生对具体数量的感悟还是比较混沌的,我们试图借助 1000 个小立方体、1000 颗黄豆、1000 个人、1000 个座位,帮助学生建立数的实际大小观念,把握数的相对大小。

A.数据反馈

根据课堂观察表的数据反馈,第一次与第二次形成以下对比:

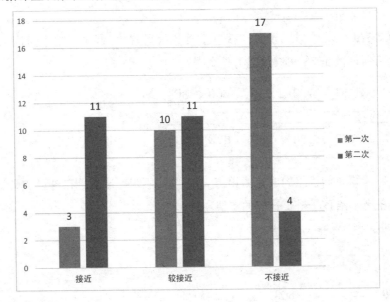

B.结果分析

"一千"到底是多少? 如何将抽象之"千"与生活对接,让"千"植根到孩子的生命本体中, 这是我们无法绕过的教学难点。沟通数与现实生活中数量的联系,表达具体情境中的数量关系,王老师先是引导学生在现实情境中去看一看 100 颗黄豆的数量,想一想 1000 颗黄豆到底有多少,在估计推断中,感悟数量之间的关系,再用形象的会场座位人数之多来感悟"千"的实际意义数据,再借用想象的翅膀,从"一张复印纸之薄"绵延至"1000 张复印纸之厚",让孩子借助自己的生活经验表达概念的创造活动,从而对"1000 到底有多少"有了一定感性的认识,以此逐步积累,进而提升学生的数感。

　　纵观整节课,学生数感的培养贯穿全课的始终,点点滴滴无一不是对学生数感的培养与数感渗透。数感是对数的一种感悟,它不像知识、技能的习得那样立竿见影,可以看得见摸得着。因此,本次课堂观察对于学生数的概念形成各个部分都是相辅相成的,数据多又凌乱,我选择了以上几个稍具显性、量性的几个点和数据,进行以上的阐述。

　　(观察报告撰写者:三门县心湖小学　陈巧珍;执教者:天台县外国语学校王雪飞)

让课堂中的学习真实发生
——"平行四边形的面积"一课的观察报告

学习将伴随每个人的一生。尤其是在校的学生,大多数时间都在课堂学习中度过。很多时候,我们将完成教学任务当作判断学习发生的标准,这种判断往往让人产生"学生在学习"的假象。事实上,教学任务的完成并不代表着学习的发生,同时有价值的教学任务本身并不能保证学生的学习,真正的课堂学习需要放大到个体以及个体与群体的学习状态中。让课堂中的学习真实发生,"平行四边形面积计算"一课,探索在学生知晓面积计算公式的学情下,教师利用导学单,了解学情,利用学情,摸准知识的疑难处,从关注结果倒逼关注过程,面积计算公式的推导过程,学生知识的获得过程。

一、观察主题

基于学本理论下的课堂教学,是以学生本体、学习本位、学科本色,促进师生共同成长的课堂。在教学中基于学生的学习活动,进行智慧导学,使学生理解知识,掌握方法,感悟思想,主动能学,让课堂中的学习真实发生。本次观察内容是人教版五年级上册第六单元多边形的面积第一课时 P87、P88 和练习十九的相关练习,观察主题是:学生在课堂中的学习表现和效果。通过三个观察维度和一个动手操作,对学生的主要学习任务进行观察,分析收集到的数据进行结构诊断,反观教师的教和学生的学。

二、观察目的

基于以上的观察主题,依据学本理论,依托学本课堂的教学模式,借助基于学情的导学单、发挥教师的智慧导学,在研究学、基于学、促进学的"三学"中,让教与学有效地融合。学生在学习任务的驱动下,在自主独学、师生共学的氛围中,正确理解平行四边形面积计算公式的推导方法与内在联系,积累有意义的数学活动经验,感悟转化这一重要的数学思想方法。通过反思评价,提炼学法,使学生会学。

学生在亲历学习过程中,获得知识的来龙去脉,不仅知其然,而且知其所以然,让课堂中的学习真实发生。

三、观察工具

面对"平行四边形的面积"一课,学情已经摆在那里,课堂上的学习又从哪里切入呢? 学生在课堂中学生的学习表现和效果是真实的? 还是"因为情节需要"? 执教老师基于学情,找准切入口,抓住关键点,直面学生的现实起点,以问题为导向,利用动手操作突破难点,使学生真实理解平行四边形面积计算公式的由来。

基于这样的设计,立足观察学生课堂的学习表现和效果,本观察表拟从三个维度和一个动手操作两个类别,对部分环节的全体学生进行课堂观察。三个维度分别是:关注度、兴趣度和参与度,考量学生在课堂中的学习表现、动手操作及参与度的成效衡量学生的学习效果。具体如下:

儿童视域下面积计算课的课堂观察汇总单

课题: 平行四边形的面积　　引领教师: 章亚萍　　研究内容: 学生在课堂的学习表现和效果如何

观察对象: _____　　人数: _____　　观察者: _____　　观察日期: _____

学习方式	环节	观察点	关注度	兴趣度	动手操作			参与度				
					方式		效率	效果	参与方式				发言质量
			主动积极	优	模仿	创新	快	成功与否	举手	回答	提问	倾听	优
操作学	沿高剪	人数											
		占全班人数百分比											
操作学	沿任意高剪	人数											
		占全班人数百分比											
探究学	解决邻边相乘	人数											
		占全班人数百分比											
练习	第1题	人数											
		占全班人数百分比											
练习	第2题	人数											
		占全班人数百分比											

四、观察单分析

通过对学生的课堂学习观察与记录,经过数据的统计与分析,具体如下:

儿童视域下面积计算课的课堂观察汇总单

课题：平行四边形的面积　引领教师：章亚萍　研究内容：学生在课堂的学习表现和效果如何

观察对象：＿＿＿　人数：＿＿＿　观察者：＿＿＿　观察日期：＿＿＿

学习方式	环节	观察点	关注度	兴趣度	动手操作				
					方式		效率	效果	
			主动积极	优	模仿	创新	快	成功与否	
操作学	沿高剪	人数							
		占全班人数百分比	91.4	80	88.8	11.1	81.8	91.3	
探究学	解决邻边相乘	人数							
		占全班人数百分比	88.9	89.7					
练习	第1题	人数							
		占全班人数百分比	94.9	82.9			80	91.4	
练习	第2题	人数							
		占全班人数百分比	86.1	87.5		77.8	71	90.3	

五、学习结果分析

结合课前导学单的自主独学的统计与分析，本次的课堂观察定量分析如下。

1.学，知所困

平行四边形的面积（导学单）P87-88

姓名＿＿＿＿＿＿班级＿＿＿＿＿

1.平行四边形的面积计算公式是怎样的？用字母怎么表示？

2.平行四边形的面积公式是怎样推导的？（提示：可以用文字描述，也可以画图表示，还可以剪几个平行四边形进行操作演示，并将操作过程留存在导学单上）

3.计算平行四边形的面积，为什么不能用相邻的两条边相乘呢？

4.关于"平行四边形的面积"，我的疑问：

在导学单的设计上，第一个问题就是指向了对计算公式的了解。第二个问题则指向对计算公式的推导，是本节课的重点。第三个问题是解决邻边相乘的问题，突破教学难点。借助问题来摸清学生的现实知识，同时也是课堂教学有效展开的基础。

课堂观察后统计的数据呈现：

"平行四边形的面积计算"预学情况统计图

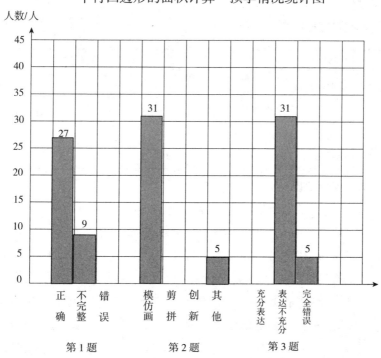

上面的数据反映出：

教师基于解材解读，立足学生立场，设计了这样的导学单，目的是充分了解学生的学情，来确定本课内容教学的知识起点。从学生回答情况的数据来看，学生根据导学单自学平行四边形的面积内容是有收获的，教师的设计是有针对性的，学生的自学能力是值得肯定的。但同时也暴露了他们在解决问题中方法与策略的缺乏，应该说这种缺乏不是一蹴而就的，而是一种长期训练的结果。

观察第一、二个问题，学生从书本中是可以直接获取的，也可以模仿着来学的，这样的学也是学生学习的方式之一，但是这样的学只是浅层次的学，需要内化，更需要悟。正因为这是浅层次的学，没有内化，所以从第三题的数据来看，效果不佳，学生是无法通过自学来突破重难点的。因此，本节课的教学目标更加明确，课堂中导学点、突破口油然而生。借助导学单，是一个有目的、有计划、有针对性的学习方式，自学中，学生自己摸索、自己动脑的过程，也是学生自己学的过程，这样，学生的学习能力就得到了锻炼。

2.做，知其然

在教学第二大环节中的公式推导中，学生进行了大量的动手操作，探索把平行四边形转化成长方形,让学生在做的过程中,悟其联系,内化知识,做到知其然,知其所以然。

课堂观察后统计的数据呈现:

学习方式	观察点	关注度	兴趣度	动手操作		
		主动积极	优	方式	效率	效果
				模仿	创新	快	成功与否
操作学	占全班人数百分比	91.4	80	88.8	11.1	81.8	91.3

上面的数据反映出:

(1)动手操作中的操作学,学生的关注度、兴趣度还是很高的,表明学生对于动手操作这一学习方式是积极主动的,是喜欢去做,是想去研究,是想去搞明白的。具备这种学习态度和情感的学生,他们的学习品质也是优质的。学生能自主参与到公式的推导过程中,真实经历自主体验式学习,这是课堂教学中的真学习。

(2)从动手操作的各项数据来看,学生的操作方式还是比较集中的,模仿占了近九成,但也不乏一些有创意的学生作品。但学生动手操作的效果和效率都很高,表现了操作学这一环节中学生的学是成功的。同时,也反映出学生的动手能力较强。

(3)在操作学中,学生在组内交流时,能完整地展示出成功的剪接过程,学生也表现出饱满的学习情绪。基于导学单的自学,大部分学生在操作中学得轻松,有深度,自主性高。

3.研,破难点

面对学生的困惑,否定邻边相乘的问题,突破难点。

课堂观察后统计的数据呈现:

学习方式	观察点	关注度	兴趣度
		主动积极	优
探究学	占全班人数百分比	88.9	89.7

从上面的数据反映出:

学生对解决邻边相乘的问题的需求是高的,近九成的学生是主动积极的,他们对解决问题的关注度是高的。而且学生的学习情绪也很高,表明他们对解决这个问题是很有兴趣的,这是一种想学习的情感态度,展示出浓厚的探究氛围。在小组交流学中,学生做到认真倾听,并对同伴的回答有问题的及时补充,回答的问题更加有针对性。

在解决"7乘5是算哪个图形的面积"时,教师应引导学生动手拉平行四边形变化后,借助动手操作,再一次直观形象地体验到邻边相乘时,不同形态的平行四边形的面积是一样的,造成认知上的一种直观冲突,进而反思去想象算的是哪个图形的面积。

4.练,促成长

课堂观察后统计的数据呈现:

学习方式	观察点	关注度	兴趣度	动手操作	
				效率	效果
		主动积极	优	快	成功与否
练习	占全班人数百分比	94.9	82.9	80	91.4
练习	占全班人数百分比	86.1	87.5	71	90.3

(1)从学生完成练习时所呈现出的数据来看,学生在练习时的情感、态度是优秀的,虽然是课堂的后半部分,但学生对学习还是有需求的。而且,老师的练习设计针对性强,具有开放性的特点,很大程度上调动了学生想练习、求巩固的心理,这也是学生在练习时表现出主动积极的关注度高、兴趣度优秀的原因之一。

(2)从动手操作层面的数据来看,学生完成练习的效率快的占比很高,正确率也很高,反映出学生对新知的学习是成功的。而且,在反馈时,学生还能根据自己刚才的动手操作,再次述说将平行四边形转化成长方形的过程。说明前面环节的动手操作学,学生是在理解的基础上做的,留给学生很深的印象。

综上所述,平行四边形面积计算的教学,教师站在学生真实的起点,以学生的难点、困点为抓手,充分调动学生学习的积极性。整节课学生的学习关注度高,学习兴趣优秀,学生学习的主动性得到较好的展现。同时,也透露出这样的教学设计很好,教学很有针对性。不过也看出,有部分学生的参与度不高。这种学习方式的改变,不是一蹴而就的,需要我们更加深入地走下去。

通过这一次的观察,我们发现每个学生,除有特殊原因外,都有相当强的潜在的独立学习能力,而且教师的导学,以及学习方式运用适当。不仅如此,每个学生同时都有一种独立的要求,都有一种表现自己独立学习能力的欲望,他们在整个学习过程中也就是一个争取独立和日益独立的过程。作为教师,我们要在教学的设计过程中去保护、激发学生的这一种欲望,使他们积极参与到活动中。所以,从教与学的关系来说,整个教学过程就是一个"从教到学"的转化过程,也是从依赖到独立的过程。

（观察报告撰写者:黄岩区北洋镇中心小学　陈慧敏;执教者:天台县赤城街道第二小学　章亚萍）

亲历探究过程　发展空间观念
——"平行四边形的面积"一课的观察报告

一、观察主题

　　"平行四边形的面积"这一课是小学数学"图形与几何"领域重要的内容范畴，它是在学生已经掌握并能灵活运用长方形、正方形的面积计算公式，理解平行四边形特征的基础上进行教学的，也为后续学习三角形、梯形及组合图形的面积奠定基础，具有承上启下的作用。进一步而言，它也是渗透数学思想、发展学生空间观念、推理能力的生长点。因此，教材在编排上非常重视让学生经历知识的探索过程，使学生不仅掌握面积计算的方法，更要参与面积计算公式的推导过程。在操作中，积累基本的数学思想方法和基本的活动经验，完成对新知的建构。

　　再来对比一下人教版、苏教版、北师大版三个版本的教材。三个版本都将"平行四边形的面积"的学习安排在五年级上册。人教版教材采用情境导入，创设了一个比较"长方形花坛与平行四边形花坛大小"的情境。苏教版教材采用转化导入，设计了一个"让学生比较方格纸上的两个图形面积是否相等"的活动，旨在引导学生体会复杂图形可以通过分割、平移后转化成简单图形，转化前后图形的形状虽然发生改变，但面积大小不变。在学生积累了一定的转化经验的基础上，要求学生将画在方格纸上的平行四边形转化成长方形。北师大版教材同时采用了转化导入与情境导入两种方式。纵观三个版本，大体设计流程都是按照"学习导入——公式推导——练习巩固"环节展开；在探究程序上，都让学生经历了"做出猜想——验证结论"的学习过程，充分感受数学的严谨性；在探究方法上，突出了转化思想和割补方法在面积探索活动中的应用，注重学习方法的多元化；在面积公式的推导过程中，三个版本的教材都非常重视让学生经历平行四边形面积公式的推导过程，强调演绎推理，培养学生的推理能力。

　　基于以上思考，确定本节课的观察主题为：亲历探究过程，发展空间观念。

二、观察维度

基于以上课堂观察主题,特拟定五个观察维度:操作探究能力、数学语言表达能力、学生参与方式、解题规范性、解题正确率。力求通过这五个维度,全方位地观察学生的学习情况,形成一定的数据,定量地评价学生,评价我们的教学成效,从而真正改善我们的教学行为,真正做到以生为本,以学为本,追求高效。

三、观察数据的整理

观察维度一:操作探究能力

主要学习任务	操作方法			操作效率		操作效果	
	数格子	转化法	其他方法	快	慢	成功	失败
探究长方形花坛和平行四边形花坛的面积	20人	17人	1人	30人	8人	37人	1人

主要学习任务	操作方法			操作效率		操作效果	
	沿顶点的高剪	沿中间任意一条高剪	其他方法	快	慢	成功	失败
探究平行四边形的面积的计算方法	34人	2人	2人	30人	8人	36人	2人

观察维度二:数学语言表达能力

主要学习任务	会用数学语言完整地表述(用上沿高剪、平移、转化等词语)	会用自己的语言表述,不够规范	表述有困难
探究平行四边形的面积的计算方法	6人	26人	6人

主要学习任务	会准确描述平行四边形与长方形的关系	会用自己的语言表述,不够规范	表述有困难
推理得出平行四边形的面积计算公式	14人	21人	3人

观察维度三:学生参与方式(可多选)

主要学习任务	举手	讨论	倾听	操作
探究长方形花坛和平行四边形花坛的面积	26	0	12	38
探究平行四边形的面积的计算方法	28	38	10	38
推理得出平行四边形的面积计算公式	28	38	10	0

观察维度四:解题规范性

主要学习任务	能用字母公式规范书写	没有用字母公式规范书写
练习:我会算	10人	28人

观察维度五:解题正确率

主要学习任务	正确人数	错误或有困难	正确率
我会算:第1小题	38人	0人	100%
我会算:第2小题	38人	0人	100%
我会算:第3小题	26人	12人	68.4%

四、结果分析与建议

以上数据反映,教师在教学中非常重视让学生经历知识的探索过程,不仅让学生掌握面积计算的方法,更注重引导学生参与面积计算公式的推导过程。在操作中,积累基本的数学思想方法和基本的活动经验,完成对新知的建构,进而发展学生的空间观念。

1.亲历过程,在直观操作中发展空间观念

皮亚杰曾说:"一切真理都要由学生自己获得或者由他重新发明,至少由他重建,而不是简单地传递给他。"学习数学,不仅要注重知识的结果,更要鼓励学生亲身经历数学知识的生成和发展过程,体验数学的情感与价值。

对于学生而言,空间观念的形成,只靠观察是远远不够的,教师必须引导学生进行操作实践,通过画一画、剪一剪、移一移、拼一拼等直观的实践活动,有效地发展学生的思维,提升学生的空间观念。

课堂上,汤老师引领孩子们经历了两次操作。第一次操作是数格子,探究长方形花坛和平行四边形坛的面积;第二次操作是探究平行四边形面积计算的方法。在数格子的操作活动中,我们也看到了孩子的方法有两种,一种是数;另一种是利用转化法,得出平行四边形的面积。我们来看一下,在课堂上收集到的数据:

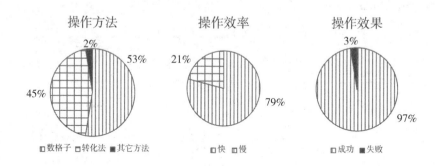

全班共 38 人,利用数格子方法的占 52.6%,利用转化法的 44.7%,还有 1 位同学是无从下手,用尺子在量,属于操作失败。从数据中我们可以看出,不论是从操作效率的层面还是从操作效果的层面而言,这一环节的操作都是非常成功的。在教学过程中,教师呈现给孩子们的虽然是一幅静态的图,但我们的孩子们已经在头脑中初步建立了动态的表象。课堂上,孩子们借助格子图,在头脑中进行剪、移、拼,这种剪拼的方法显然已经初步构建,这就是孩子们空间观念发展的一个层次体现。

第二次操作,汤老师为孩子们提供了两个平行四边形,让孩子们真正经历操作的全过程。

通过画、剪、移、拼等动手操作活动,孩子们自主探究平行四边形的面积计算公式。我们来看一下课堂上收集到的数据:

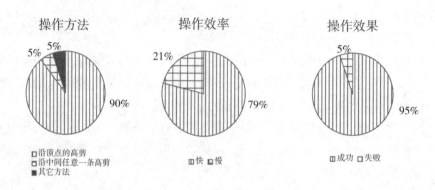

从数据统计来看我们的课堂教学,学生对于平行四边形面积探究方法的操作是很成功的。操作之所以很成功离不开汤老师独具匠心的教学设计。汤老师在整个操作过程中层次分明,通过画、剪、移、拼,学生积极动手、动脑、动口,多维参与探究活动。从不同的角度思考,将平行四边形转化成一个长方形。在这个活动中,孩子们充分地理解知识,懂得应用割补法直观、形象地推导出平行四边形的面积计算公式,有效地培养了学生的观察能力、操作能力和探究能力,也为概括平行四边形面积计算公式提供了丰富的感性活动。这样一个剪拼活动,使课堂充满了实效性,更让学生"不仅知其然,而且知其所以然"。

2.着眼转化,在图形变换中发展空间观念

新课标提出:"数学教学应设计有效的数学探究活动,使学生经历数学的发生发展过程,让学生在学习活动中掌握一些数学思想和方法,积累数学活动经验。"平行四边形的面积公式当然是这节课的组成部分,但不是核心部分,转化思想才是它的本质所在。教师在教学过程中要让学生充分体会转化思想的精髓,包括转化思想的萌生、转化的目的以及转化的本质。

基于这样的思考,汤老师通过以下三个步骤渗透转化思想。

第一步,数方格,感知转化。转化思想其实正是源于数平行四边形的面积时,出现了"不满一格"的情况,于是学生要想办法将不完整的方格拼成完整的方格,即将"不可数"转化为"可数",这是初始形态的转化。

第二步,剪、拼操作,运用转化。剪、拼、移等都是变换图形的常用手段。学生通过剪、拼操作,把平行四边形转化成面积相等的长方形。汤老师巧妙地为学生呈现了多种不同的剪法,从而引导学生在多种剪法的对比交流中,感悟剪拼过程中的变与不变。殊途同归,它们都是把平行四边形转化成了长方形,使学生体会到转化就是化未知为已知,这就是学习数学的一种好方法。

第三步,公式推导,还原转化。如果学生的探究操作到此为止,那么他们的认知就仅停留在直观层面。平行四边形转化成长方形后,面积不变,而公式的推导还意味着要把长方形还原成平行四边形,找出两者之间的共同点,从而真正理解长方形面积公式与平行四边形面积公式之间的内在联系。在教学中,汤老师为我们呈现的还原转化,真正让公式推导水到渠成,瓜熟蒂落!

三个步骤,汤老师并没有刻意教太多转化,但学生的每个活动都浸润着转化思想的光辉,犹如丝丝春雨,可谓是随风潜入夜,润物细无声。

3.注重交流,在语言内化中发展空间观念

儿童的几何语言是在他们探索和体验空间与图形的过程中逐步发展起来的。能正确运用几何语言是几何概念形成的重要标志,也是进行空间思维的基础。课堂上,应注重孩子的数学语言表达能力。因为"空间观念"并非保留在头脑中的具体实物,而是以反映"特征"为主的概括化、抽象化的"图",这些特征只有通过数学语言的描述才能实现抽象的过程。

课堂上汤老师重点设计了两个层次的交流活动。第一层次是基于直观操作的交流。此时学生的表达完全是借助直观的操作,把直观的操作过程抽象成语言文字,这是孩子空间能力的一次提升;第二层次是基于公式推导的交流。在第一层次的基础上,引发学生发现平行四边形和长方形之间的等量关系,通过语言的描述将长方形还原成平行四边形,从而沟通两个平面图形之间的内在联系,真正用数学语言的描述实现抽象的过程。借助语言的表达,孩子们真正经历了一个数学推理的过程,从而有效地培养了学生规范的数学语言表达能力、推理能力,发展了学生的空间观念,达到一举多得的效果。

课堂上,我们观察小组对这两个层次的数学语言表达能力也做了一个观察,我们一起来看一下收集到的数据:

探究平行四边形的面积的计算方法

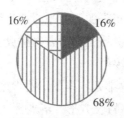

■ 会用数学语文规范地表述
▥ 会用自己的语言表述、不规范
☐ 表述有困难、不会

推理得出平行四边形的面积公式

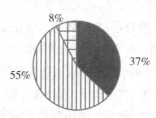

■ 会用数学语文规范地表述
▥ 会用自己的语言表述、不规范
☐ 表述有困难、不会

通过统计数据再一次来反观我们的课堂教学。孩子的数学语言能力从第一层次到第二层次的交流中虽然有明显地提高,但学生规范数学语言的表述能力还是有待提升。反观我们的课堂教学,难道真的是学生的数学语言表达能力薄弱吗? 真的是我们的学生不会说,不会表达吗? 我觉得并不是。学生规范数学语言的表述能力关键还是取决于教师的引导。教师应该为学生提供交流的时间,让学生有机会去交流,有机会去表达。通过个别交流、同桌交流、集体交流等多维的表达方式,让学生经历面积公式的推导过程,提高学生的数学语言表达能力,发展学生的推理能力。

4.拓展提升,在动态想象中发展空间观念

空间观念的形成不是一蹴而就的,而是一个由浅入深、从形象到抽象的过程。

教学中,我们可以借助多媒体的动态演示,为学生提供一个脚手架,从而引导学生进行动态想象。

汤老师的最后一个练习让我印象特别深刻。在选择题第 3 小题完成后,汤老师对这一素材进行了充分的挖掘。她将底为 2cm、高为 3cm 的平行四边形又进行了变形。通过对比,引导学生发现等底等高的平行四边形的面积是相等的。再借助多媒体动态演示,将三个不同的平行四边形放在一组平行线之间,并进行移动重合,学生很快就发现同底等高的平行四边形的面积相等。这样的设计是一环扣一环。此时,汤老师并没有就此结束,而是引导学生闭上眼睛展开想象:"像这样面积相等的平行四边形还有吗?请你想象一下,有几个?它们的形状又会怎样?"此时此刻,孩子们在头脑中就建立了一个动态想象的过程,对平行四边形进行不断的变形、变换,通过想象、比画,体会同底等高的平行四边形有无数个。在动态变化中,孩子们深切地感悟到其中的变与不变,真正发展了学生的空间观念,将本节课推向了高潮。

在巩固练习这一环节,我们从解题规范性这一维度对学生进行了课堂观察,数据如下:

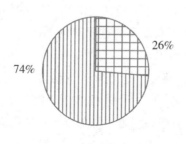

□ 会用字母公式规范解答
▥ 不会用字母公式规范解答

从上图,我们明显看到学生会用字母公式规范解答的仅有 26%。这就要对我们的课堂教学进行思考。平行四边形的面积可谓是一节种子课,三角形的面积、梯形的面积都是在此基础上进行学习的,而且这也是学生第一次接触用字母公式表示图形的面积。因此,在这样的起始课教学中,学生规范解题的能力是相当重要的,在课堂上教师一定要落实到位,切忌走过场。

(观察报告撰写者:天台县赤城小学　王阳丽;执教者:天台县南屏学校　汤超敏)

学为中心　共学悟法
——"梯形的面积"一课的观察报告

　　学本课堂以学生的学习为中心,倡导在学生自主先学的情况下,开展"共学悟法"活动,让学生在经历交流学、展示学、质疑学的过程中,掌握基础知识、感悟思想方法、积累活动经验,使学生主动能学。因此,我们以课堂观察为技术手段,把研究的视角聚焦在学生的课堂学习,力求通过学生在课堂中的"学",反观老师的"教",促进"学为中心"的课堂转型。

一、观察主题
　　梯形的面积是在学生学习了平行四边形和三角形面积的基础之上进行教学,学生已经经历过面积公式探究推导的过程,初步掌握了"转化"的数学思想方法,也积累了丰富的数学活动经验。

　　前测数据分析显示,本班学生已经掌握了梯形的特征和长方形、平行四边形以及三角形的面积推导过程,知道了拼摆、割补、平移的基本操作方法,也理解了数学的"转化"思想,学生能够呈现出多样的梯形面积公式的推导方法,但是对找转化后的图形与原梯形间的等量关系有一定的困难,无法推导出梯形的面积公式。

　　基于上述情况,邢袁玫老师设计的"梯形的面积"一课,以"学"为中心,围绕"自主学——交流学——展示学——质疑学"的学习路径,开展多样化的学习活动,呈现了课堂学习的新样态。为此,我们把观察的视角聚焦在课堂上学生"共学悟法"的状态和结果,力求通过观察分析学生的学习效果,同时为教师改进教学提供实证依据。

二、观察设计
1.观察思路
通过对学生课堂学习的观察,了解学生的课堂学习结果和学习状态,观察学生是否在知识与技能、空间观念、思想方法、高阶思维能力等方面得到了发展,从而对本堂课的教学起点、教学设计的合理性做出判断。我们结合教学设计流程,制定了"一个视角·三个维度·四个观察点"的观察思路。

观察视角	观察维度	观察点
"共学悟法"有效性	1.参与程度 2.互动状态 3.学习结果	1.组内交流学:转化推导,方法多样 2.组际展示学:方法展示,交流提升 3.全班质疑学:沟通联系,学法提炼 4.全班巩固学:生活应用,加深理解

课堂观察聚焦学生的共学悟法,我们主要从以下三个维度观察学生在课堂中的表现。

一是参与状态:学生课堂学习的参与状态既有外显行为表现出来的参与,又有内隐思维表现出来的参与,更有情感投入表现出来的参与。本次观察主要聚焦了学生外显行为表现出来的参与,同时兼顾观察学生在课堂中表现出来的思维活跃度和积极性。

二是互动方式:主要观察学生在课堂学习各个环节的学习互动情况,如是否有饱满的热情、是否进行结构化思考、是否有发散性提问质疑等,从而判断学生是否学得积极、主动、深刻。

三是学习结果:一方面,通过对学生小组交流学的观察,了解学生在先学过程中掌握的知识技能情况,从而对本堂课的教学起点、教学设计的合理性做出判断。另一方面,通过对学生练习巩固学的观察,反观学生课堂学习效果,分析课堂转型的成效及存在的问题。

2.量表设计

"梯形的面积"是学生在掌握了长方形、正方形,尤其是平行四边形和三角形的面积计算与梯形的认识的基础上进行学习的,学生完全具备了自主探究梯形面积的能力基础。因此,教师充分尊重学生的认知基础,在学生课前自主先学的基础上,设计了交流学、展示学、质疑学、巩固学等环节,我们在各环节设置了公式转化推导、方法交流、提炼学法、生活应用等观察点,了解学生自主先学的真实学情和共学悟法的学习效果,设计了下面三张观察量表。

学本视域下"共学悟法"有效性的观察表（1）

课题	引领 ___
观察对象 ___	人数 ___
观察者 ___	观察日期 ___

| 环节1 | 交流学（公式探究） | 关注问题 | 通过对学生课堂交流的观察，了解学生的先学结果和课堂学习状态，从而对本堂课的教学起点、教学设计的合理性做出判断 | 观察维度 | 1.交流的互动方式 2.交流的参与程度 3.交流的思维状况 | 观察点1：转化方法的多样性 观察点2：推导过程描述的完整性 |

课堂观察记录

观察点

观察对象	梯形的转化方法			公式推导过程描述	课堂学习状态						
	方法举例	结果	不足	亮点	学习的参与度			主要互动方式			
					积极	一般	消极	操作	发言	质疑	补充
生1											
生2											
生3											
生4											
总体评析											

学本视域下"共学悟法"有效性的观察表（2）

课题_____ 引领_____ 观察对象_____ 人数_____ 观察者_____ 观察日期_____

环节2	展示学（汇报讨论）	研究问题	通过对学生课堂学习成果的展示观察，关注学生在课堂上的学习状态，评判学生是否在知识与技能，空间观念，思想方法，高阶思维能力等方面有发展	观察点1：公式推导，掌握方法 观察点2：方法沟通，提炼学法 观察点3：生活应用，加深理解

课堂观察记录

观察点		对象	参与度			互动方式					观察维度	评价	参与状态 互动方式 学习结果	是否掌握	学习效果	主要问题
			积极	一般	消极	发言	操作	举手	回答	提问						
展示交流	方法1	生1														
		生2														
		生3														
		生4														
	方法2	生1														
		生2														
		生3														
		生4														
	方法3	生1														
		生2														
		生3														
		生4														
	方法4	生1														
		生2														
		生3														
		生4														
	方法5	生1														
		生2														
		生3														
		生4														

学本视域下"共学悟法"有效性的观察表（3）

课题		观察对象 _____ 人数 _____ 观察日期 _____
		观察者 _____

研究问题	通过对学生课堂练习过程的观察，评判学生的课堂学习效果，分析课堂转型的成效及存在的问题

环节3	引领	展示学（汇报讨论）	观察点1：练习结果 观察点2：练习反馈交流

课 堂 观 察 记 录

观察点		对象	参与度			互动方式					评价	解题对错	学习效果	主要错因
			积极	一般	消极	发言	操作	举手	回答	提问				
巩固学	练习1	生1												
		生2												
		生3												
		生4												
	练习2-1 计算	生1												
		生2												
		生3												
		生4												
	练习2-2 画图	生1												
		生2												
		生3												
		生4												
	练习2-3 求联	生1												
		生2												
		生3												
		生4												
总体评析														

观察维度：参与状态　互动方式　学习结果　学习效果

三、数据分析

1.总体情况

环节	参与状态			互动状态					学习结果			
	积极	一般	消极	发言	操作	举手	质疑	补充	题号	对	错	准确率
交流学	34	8	3	41	5	/	6	14	详见下表6			
展示学	40	5	0	14	17	25	3	6	/	/	/	/
质疑学	25	18	2						/	/	/	/
巩固学	/	/	/	/	/	/	/	/	1	38	7	84%
	/	/	/	/	/	/	/	/	2-1	33	12	73%
	/	/	/	/	/	/	/	/	2-2	32	13	71%

在"共学悟法"学习环节,学生的参与度如下:

积极	一般	消极
73%	23%	4%

在"共学悟法"环节,学生参与的积极性比较高,4%的同学消极参与,主要原因是部分学生对于等积转化的方法不能很好地理解,导致参与的积极性不高,甚至出现消极现象。

学生的互动方式占比如下:

发言	操作	举手	质疑	补充
42%	17%	19%	7%	15%

在互动过程中,语言交流仍是学生互动的主要方式,其他各种互动方式的占比,说明学生在"共学悟法"环节学得积极、学得主动。特别是质疑占7%、补充占15%,充分说明本堂课的"共学悟法"是一种基于高阶思维能力的学习活动。

2.学生小组交流梯形面积转化的方法统计

转化方法	方法1	方法2	方法3	方法4	方法5	方法6	方法7
人数	38	2	2	2	2	2	2
占比	76%	24%					

在梯形转化方法的交流过程中,38人次运用了方法1,把两个完全相同的梯形拼组转化成一个平行四边形的"倍积转化",另有12人次分别运用了折叠、割补

等方法进行"等积转化"。从数据看,方法1是学生转化推导梯形面积的主要方法,其余方法均属于个别学生使用的方法。

四、观察结果

1.教学起点精准,使学生能学

教师立足前测,基于学生的现实学起点,课前引导学生开展自主先学。从交流学的观察结果看,学生探究的成功率较高,已经完全具备了依据个人的学习经验进行有效探索的能力。

正是教师精准地把握学情,学生高质量地先学,才使"共学悟法"呈现了多姿多彩的学习形态。在小组交流学中,学生勇于发言、大胆质疑、相互补充;在组际展示学中,学生积极交流、认真聆听、互动展示;在全班质疑学中,学生敢于质疑、比较异同、提炼学法,促进学生高阶思维能力的发展。

2.学习方式多元,使学生会学

学习需要有独立思考的过程,但更需要有合作交流的成分。多样化的学习方式为学生展示个性化思考提供了舞台。质疑、提问、补充等学习方式在本堂课中大放异彩,把"共学悟法"推向深入。

在"共学悟法"过程中,学生9次质疑提问、20次补充发言,充分证明了学生学得积极、学得主动、学得深刻,学生真正成了学习的主人。在质疑学中,通过多种推导方法的展示交流,学生在多种方法的同异对比中,总结出了倍积转化和等积转化的思想方法,在共学悟法中促进学生空间观念的发展。

3.探究方法多样,使学生乐学

在梯形面积的推导过程中,教材安排了利用两个完全相同的梯形拼组转化成平行四边形,进行计算方法的推导。课堂上,学生展示了7种转化方法,突破了教材推导方法的局限。部分学生还运用了多种方法进行转化推导,思维非常活跃。

多种探究方法的呈现,说明学生已经充分调动了已有的学习经验,在探究过程中实现了方法的升华和能力的提升,学生在积极互动中享受到了成功的乐趣。

同时,通过观察数据分析,以下几个现象引起了我们的关注。

一是通过交流学的观察发现,45位学生尝试用转化的数学思想方法把梯形进行转化,38人用两个完全相同的梯形拼成一个平行四边形进行转化,12人掌握了用其他6种方法进行转化,每种方法2人。从这组数据可以看出,等积转化的方法还是少众方法,这些方法超出了大多数学生的认知水平,倍积转化法还是学生最适切的方法。

二是从课堂学习时间的统计,展示学共用时20分,其中10分钟交流倍积转化方法,说明重点把握精准。而另一组数据显示,其他 5 种等积转化方法学习共用时 12 分,大约每种方法用时 2 分。从时间上分析,此环节的学习内容的难度增加了,但学习时间却压缩了,且整个学习过程学生以被动倾听为主,势必造成学习的低效。

三是从学生学习的参与度数据看,"共学悟法"环节学生积极参与人数由 89% 下降为 56%,参与的积极性下降。一方面,说明学习内容的难度在增加;另一方面,说明教学活动的设计针对性不够,导致学生学习效率的下降。

综合以上三个方面的分析,我们对展示学环节提出下列建议。

在多种转化方法的学习展示交流中,适度减少"等积转化"方法的展示交流,有重点地选择其中 1~2 种方法进行交流,确保学生有充足的时间经历操作、想象、体验、感悟等学习活动,沟通转化前后图形间的联系,让学生对所展示的转化方法真正学懂、学透,然后通过学法提炼,让学生在举一反三、触类旁通的过程中发展空间观念。

总之,整堂课以学为中心,围绕学生学情设计"共学悟法"活动,可谓起点精准、方式多元、方法多样,有效促进了学生的能学、会学与乐学,构建了真正意义上的课堂学习共同体,实现了"学为中心"的课堂转型。

(观察报告撰写者:天台县外国语学校　王小权;执教者:天台县始丰街道中心小学　邢袁枚)

精准拿捏素材　凸显概念本质
——"认识周长"一课的观察报告

一、观察主题

教师作为课堂教学的设计者和组织者,不仅体现在教学活动过程本身,还体现在如何取舍和挑选符合学生认知基础并有利于概念建构的教学素材。"素材"即未经提炼和加工的实际生活现象,指在教学活动中,为达成教学目的所选取的服务于课堂教学的一切材料。本次课堂观察的内容是人教版三年级下册第七单元"认识周长"P83例3及相应练习内容。这是一节概念课,执教者也精心准备了各种素材,这些素材对学生建构概念会产生什么样的效果呢? 因此,我确定本节课的观察主题为"概念教学中学习素材的使用及效果"。

二、观察量表的设计

根据"认识周长"这节课所使用到的各种素材,拟定本节课的四个观察维度,即学习活动形式、关注度、动手操作能力、数学语言能力。试图通过这四个维度来观察,不同的素材选择和运用对学生概念建构不同阶段的具体影响。

概念教学中学习素材的使用及效果观察量表

课时内容：认识周长　　班级：　　引领教师：　　观察老师：　　观察人数：　　观察时间：

观察维度	学习活动形式	关注度	动手操作能力	数学语言能力	效果：A.好 B.不好
评价标准	A.自主探究 B.小组合作 C.操作实验 D.思考讨论	A.认真 B.随意 C.被动	A.规范 B.不太规范 C.错误 D.不会	A.会用数学语言描述（关键词"起点""边线"） B.对同伴的回答有补充 C.对同伴的回答有质疑 D.倾听	
描述各种素材的一周 学生　1					
2					
3					
4					

观察维度	学习活动形式	动手操作能力	数学语言能力	效果：A.好 B.不好
评价标准	A.自主探究 B.小组合作 C.操作实验 D.思考讨论	A.规范 B.不太规范 C.错误 D.不会	A.会用周长概念描述（关键词"一周"） B.对同伴的回答有补充 C.对同伴的回答有质疑 D.倾听	
四选一量一量、算一算 二选一量一量 学生　1				
2				
3				
4				

续表

观察维度	学习活动形式	动手操作能力	数学语言能力	化曲为直能力	
评价标准	A.自主探究 B.小组合作 C.操作实验 D.思考讨论	A.封闭图形 B.不是封闭图形 C.没有围	A.会用周长概念判断哪些围起来有周长,哪些没有 B.对同伴的回答有补充 C.对同伴的回答有质疑 D.倾听	A.能用"化曲为直"解释周长一样 B.周长不一样	效果: A.好 B.不好
1					
2					
3					
4					

1.用20厘米的铁丝围图形 2.量腰围

学生

190

三、观察数据整理

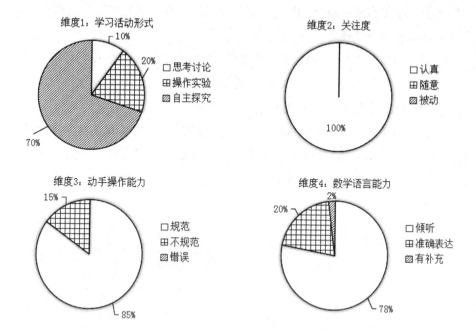

维度1：学习活动形式
- □ 思考讨论
- ⊞ 操作实验
- ▨ 自主探究

10% 20% 70%

维度2：关注度
- □ 认真
- ⊞ 随意
- ▨ 被动

100%

维度3：动手操作能力
- □ 规范
- ⊞ 不规范
- ▨ 错误

15% 85%

维度4：数学语言能力
- □ 倾听
- ⊞ 准确表达
- ▨ 有补充

2% 20% 78%

四、结果分析

1."生活型"素材最能引起认知驱力

因为这些类型的素材紧密联系生活实际，同时又和学生认知结构之间有适当的距离。对于教师来说，一个重要前提就是合理安排教学素材促进认知驱力。例如，课程一开始，王老师出示的素材是不规则的树叶、数学书，既遵循了教材原先的编写意图，也非常符合学生的基本学情。三年级的学生由于其年龄的特点，比较活泼好动，创设有趣的情境能有效地激发他们的认知驱力，而且树叶是学生生活中随处可见、唾手可得的一样素材。在这一环节，学生的关注度数据统计是100%。

（关注度：100%）

2."探究型""对照型"素材更有利于概念的形成与建立

素材必须能帮助学生正确认识某事物的关键本质，要通过对该关键本质的不同素材进行探究、对照，达到对关键本质的辨析，抽象归纳出相应的概念。实现"探究——对照"的素材功能。比如王老师的第二份素材：测量周长环节。

（学生动手操作能力：规范 85%、不规范 15%、错误 0%）

（学习活动方式：自主探究 70%、操作实验 20%、思考讨论 10%）

重点选取了直角三角形、正方形、平行四边形、凹四边形；实物素材重点选取了不规则树叶和一元硬币。

这几个素材各有特点，却能让学生明白：虽然形状不同，但是我们都在做同一件事情，那就是测量它们一周的长度，也就是周长。

3."开放型"素材更有利于概念的理解与变式

如果只是采用一些简单的选择或填空题做评价，则不容易真正暴露学生对概念的理解层次。本节课王老师就选取好几个"开放型"素材，如全班同学动手操作，用一根细铁丝围成自己喜欢的图形。又如：

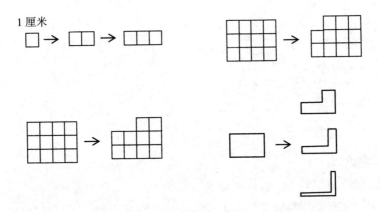

（数学语言能力：倾听 78%、准确表达 20%、有补充 2%、有质疑 0%）

从小正方形出发，对这个素材进行拓展提升，做到一题多练，让学生对比辨析周长的变化情况，由易到难，逐步加深对周长含义的理解，体会图形平移转化的方法，增强对数学学习的兴趣。满足了量的需求，同时也实现了质的提升，促进了学生数学思维的有效提升。

4."应用型"素材更有利于概念的迁移

当概念被各种丰富的、有代表性的事实细节展现出来，又或者放在一定的应用情境下才会显得生动而有意义。例如，生活中"做衣服量腰围"，这样的"应用型"素材，能拓展学生的思维空间，把学生从一维迁移到三维。

通过对本节课的观察我发现概念课的教学，要丰富教学素材，充分理解并挖掘每一个素材的认知功能，素材的关键属性必须与概念本质高度契合。只有精心选择和运用最合适的教学素材,使每一个学生都有自己的概念建构过程,才能真正体验到学习数学的乐趣和数学的无穷魅力。

（观察报告撰写者:天台县三合镇中心小学　王瑞;执教者:天台县石梁学校王秀丹）

从教材文本出发，助力学生空间观念发展

——"轴对称"一课的观察报告

一、观察主题

小学生空间观念的表现主要就是在所学几何形体的现实原型、几何图形与它们的名称特征之间建立起可逆的"刺激—反应（联想）"。发展空间观念的主要途径、手段是观察与操作，同时要重视语言与形象结合。本次观察的内容是人教版四年级下册第七单元"图形的运动"例1、例2——"轴对称"。本课时的学习主要体会轴对称图形不仅仅把一个图形平均分成两半，还能概括出轴对称图形的性质并进行简单的应用。既是对轴对称图形的进一步认识，又为后续图形的平移和旋转的研究做好铺垫。基于以上的思考确定本节课的观察主题是：学本课堂下学生空间观念的发展。

二、观察目的

基于以上的观察主题，结合小学生空间观念表现形式：根据物体特征抽象出几何图形；根据几何图形想象出所描述的实际物体；想象出物体方位和相互之间的位置关系；依据语言的描述画出图形，拟定本节课的三个观察维度：图形观察的关注度、数学语言表达能力、作图能力，从这三个方面全方位深入观察学生的学习情况，形成一定的数据评价学生的空间观念的发展。通过观察数据反观教学成效，改善教学行为，真正做到学为中心，追求高效。

三、观察单数据整理

观察维度一：图形观察的专注度

关键学习任务	积极	一般	没有关注
学习单反馈	38人	4人	0人
认识对称点的连线与对称轴的关系	38人	4人	0人
探索补全轴对称图形另一半的方法	38人	4人	0人

观察维度二:数学语言表达能力

关键学习任务	会用数学的语言描述 (重合、垂直、距离)	会用自己的 语言描述	倾听
学习单反馈	3人		39人
认识对称点的连线与对称轴的关系	4人		38人
探索补全轴对称图形另一半的方法	4人		38人

观察维度三:作图能力

关键学习任务	规范且正确 (找关键点)	不太规范但正确 (直观)	错误
探索补全轴对称图形另一半的方法	3人	36人	3人
画对称轴是竖着的图形的另一半	17人	18人	7人
画轴对称图形的另一边 (对称轴是横着的、斜着的)	14人	13人	15人

四、学习结果的分析与诊断

《课程》强调:"从学生已有的生活经验出发,让学生亲身经历将实际问题抽象成数学模型并进行解释与应用的过程","有效的数学学习活动不能单纯地依赖模仿与记忆,动手实践、自主探索与合作是学生学习数学的重要方式"。本堂课一共设计了三个学习任务:①前测单反馈;②对称点特征的认识;③补全轴对称图形。其中,理解并掌握轴对称图形的特征,能在方格纸上补全轴对称图形的另一半是本节课的重点;难点是理解并掌握轴对称图形的特征。本节课的主要目标是培养学生的空间观念。

(1)从学习起点出发,丰富空间感知。

建构主义认为:学生的学习不是一个被动吸取知识、记忆、反复练习、强化储存的过程。一个有意义的学习过程是学生以一种积极的心态,调动原有的知识和经验尝试解决新问题、同化新知识,并构建他们自己的意义的过程。我们来看教材首先呈现了显示生活中常见的一些轴对称图形,通过小精灵的提问"你还见过哪些轴对称图形,画出它们的对称轴"唤起学生已有的关于轴对称图形、对称轴的生活经验,进而复习关于轴对称图形的知识。

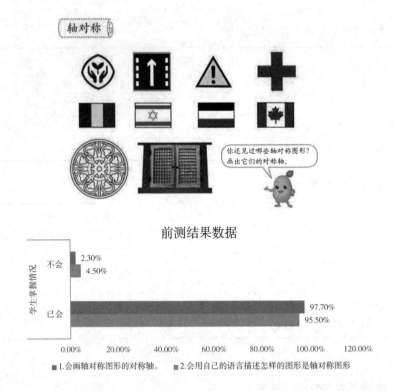

前测结果数据

1.会画轴对称图形的对称轴。　　2.会用自己的语言描述怎样的图形是轴对称图形

引领老师将这一部分内容作为前测单的内容,基于前测把握学生的学习起点。从学生前测得出的数据分析来看,他们基本上能用自己的语言描述怎样的图形是轴对称图形,也能画出轴对称图形的对称轴。但是不能用规范的语言描述表达出,也没有画出轴对称图形的所有对称轴。在前测单反馈这一环节,学生能够比较规范地描述出例子中的错误点。学生通过观察思考能发现错误的原因,并能够用自己的语言表述出来。这就帮助学生从语言表达和听觉上感知空间观念,不断地丰富他们的空间经验,帮助空间观念的形成。

(2)从学习探究点出发,积累空间经验。

	对图形的观察	数学语言能力
关键学习任务	A.积极 B.一般 C.没有关注	A.会用数学的语言描述 (重合、垂直、距离) B.会用自己的语言描述 C.倾听
认识对称点的连线与对称轴的关系	A.38 人 B.4 人	A.8 人 C.34 人

　　从图形的认识来看,小学生空间观念的年龄特征,决定了他们正处在由以依据表象为主的直观辨认水平逐步向以依据特征为主的初级概念判断水平发展。这个发展的中介就是用语言概括、描述形体特征。本堂课中的第一次探究内容是对对称点的认识。这一环节的重点要落在学生规范的数学语言能力的培养上。在教师的引领下,学生能够独立找到对称点,并发现一个轴对称图形中有无数个对称点这一特点。但是在对对称点特征进行探究时,许多学生遇到了困难。从表格中我们发现在这一环节总能够主动运用数学语言来表述的同学仅8人,大多数同学处于倾听的状态。说明学生的语言表达不够,有效的语言表达可以帮助学生在头脑中丰富图形的表象。建议在这一阶段教师可以放慢脚步让学生多说一说,加强学生规范的数学语言的表达,从直观辨认图形到语言描述特征,从使用日常用语到使用几何语言来帮助学生进一步发展空间观念。学生在小组合作"认识对称点与对称轴的关系"时,对于要求连一连你喜欢的几组对称点。许多学生存在这样的疑问:这个对称点是怎么连的? 在我们老师看来这个是最简单不过的问题,却让学生停住了脚步。其实这反映出学生有整个图形观,但是对于图形中点、线的对称还是在模糊的状态。在这时老师可以示范连线,或者请学生来说一说,这样又降低了一点难度,使得学生的探究更具有针对性。

　　(3)从学习落脚点出发,应用空间想象。

　　学习知识就是为了更好地应用。而动手操作就是一种很好的应用手段,在课堂上,有着激发学生兴趣,提高课堂效率,促进学生主动探索、加深记忆,深刻理解和培养学生综合素质的作用;在实践生活中,有着把数学问题生活化,培养解决实际问题能力的效果;对未来数学学习,起着培养数学思维、激发数学兴趣,增强自信心的重要作用。

　　教材中的例2出示了五角星其中的一半和它的对称轴,让学生根据对称轴探索补全它的另一半。这是利用例1的知识来解决问题,同时通过小精灵的提问"怎样画得又好又快?"帮助学生梳理补全绘制过程,总结补全轴对称图形的步骤和方法。

关键学习任务	A.规范且正确 (找关键点)	B.不太规范但正确 (直观)	C.错误
探索补全轴对称图形 另一半的方法	3人	36人	3人
画对称轴是竖着的 图形的另一半	17人	18人	7人

　　有了例1的支撑,在这一环节教师设计学生独立完成补全轴对称图形同时组内交流补全图形的方法和过程。从图中我们可以发现在"探索补全轴对称图形另一半的方法"时,能够规范且正确作答的有3人占观察总人数的7%;不规范且准确的有36人占观察总人数的86%;错误的有3人;占观察总人数的7%。看来只有少部分学生能够利用数学的方法进行绘制,大部分学生都是通过对图形的直观感受进行绘图的。教师请学生上台演示讲解并一起总结画法(一"找"二"定"三"连")之后,学生再次进行动手操作。在这一次画"对称轴是竖着的图形的另一半"中,画得规范且准确学生人数有了明显的提升,达到了17人,占40%;不规范且准确的(18人)占43%。这说明适时地抽象概括,并采用适当的语言,把图形及其位置关系的本质特征表达出来,有助于学生空间观念的形成。

　　以教材文本为依托,以学生起点为出发点,以学习应用为落脚点,在这一过程中,不断挖掘文本素材,加强学生视觉直观与动作直观的结合,加强语言与形象的结合,根据图形特征抽象出数学模型,逐步建立起空间表象。同时,在教学过程中不断渗透、反复强化,来帮助学生有效建立起空间观念。

　　(观察报告撰写者:天台县赤城街道第四小学　戴子;执教者:天台县福溪街道中心小学　许玲平)

突出教学关键点　提高目标达成度
——"工程问题"一课的观察报告

"工程问题"是人教版教材六年级上册"分数除法"这单元的最后一个解决问题。在之前的小学数学学习过程中,学生已经广泛接触了具体数量的工程解决,并且比较清楚工作效率、工作时间与工作总量三者之间的关系。本课的"工程问题"是在此基础上的一个延伸,用抽象的分率来表示工作总量和工作效率,是用分数解决问题的引申与补充,是培养学生抽象逻辑思维能力的重要学习载体。但是,学生真正理解工程问题的结构特征与本质,即当工作时间不变时,工作总量发生变化,工作效率也随之发生变化,工作效率却保持是工作总量的 $\frac{1}{(\ \ )}$,所以两方合作的工作时间是 $1 \div \left[\frac{1}{(\ \ )} + \frac{1}{(\ \ )} \right]$,这是一件很难的事情。本课执教老师设想"借助直观、理清结构、沟通联系掌握本质",试图将本课时的工程问题融入学生已有的知识结构,沟通好整数解决问题、分数解决问题与工程实际问题之间的联系,使得学生真正掌握工程问题的结构特征。

一、观察主题

执教者认为本节"工程问题"的核心课堂教学目标是学生真正理解工程问题的结构特征。结合教学设计,确定本次课堂观察主题为:关键学习任务对核心目标达成的影响。

二、观察目的

我们分析了本课的"工程问题"的教学设计,设想通过对四个关键学习任务进行重点观察记录,试图探寻出关键学习任务教学对核心目标达成的影响。分析教学目标达成情况是反思课堂教学关键点与目标达成度的联系。

三、研制观察量表

课堂观察的主要好处是及时、全面、准确地记录每一位观察对象的所写、所说、所做,但是也很难将观察对象在一堂课中的所有表现记录下来。因此,在研制观察量表时选择四个关键学习任务,记录观察对象在完成这四项学习任务时的表现。同时,也充分考虑观察者的可观察性与易记录性,研制出以下观察表。

《工程问题》观察表

观察主题:关键学习任务对核心目标达成的影响　　　　班　级:黄岩区头陀小学六(　　)班

引领教师:朱希萍　　　观察教师:　　　　　　　观察日期:2017 年 10 月 12 日

环节	关键学习任务	观察记录		记录要求
复习旧知促迁移	1.口答填空2.说出数量关系式	学生 1	学生 4	1.答对 2 题及以上打√,其他打×;2.能说对数量关系式打√,其他打×。
		学生 2	学生 5	
		学生 3	学生 6	
自主探究促建构	自主探究独立尝试	学生 1	学生 4	记录每一位学生的具体算式和方法(如画图等)。
		学生 2	学生 5	
		学生 3	学生 6	
	理清问题结构把握本质	学生 1	学生 4	记录学生的回答、表现、理解。
		学生 2	学生 5	
		学生 3	学生 6	

环节	关键学习任务	观察记录		记录要求
应用巩固促建模	1.基础练习 2.选择题	学生1	学生4	1.记录选择的方法（具体量记 A，单位"1"记 B）； 2.记录选项。
		学生2	学生5	
		学生3	学生6	

四、观察数据整理

（一）复习旧知促迁移

1.观察任务

我口答：

1.一条路长 100 米,甲单独修,每天修 10 米,（　　）天完成。

2.一条路长 200 米,甲单独修,每天修 20 米,（　　）天完成。

3.一条路长 250 米,甲单独修,每天修 25 米,（　　）天完成。

4.一条路,甲单独修,每天修 $\frac{1}{10}$,（　　）天完工。

通过聆听观察对象的回答,观察者记录答题情况。

2.观察数据整理

关键学习环节			人数	比例
复习旧知促迁移	1.口答填空	答对 2 题及以上	41 人	97.6%
		答对 2 题以下	1 人	2.4%
	2.说出数量关系式	能	39 人	92.9%
		否	3 人	7.1%

（二）自主探究独立尝试

1.观察任务

修一条路,甲队单独完成,10 天完工。乙队单独完成,15 天完工,两队合作几天完成?

学习要求:

1.独立思考,你能用几种方法来解决这个问题?

2.把你的想法写在本子上。

3.同桌之间互相交流各自的想法。

观察者通过观察学生的书面答题,判断学生的答题的正误、具体的方法、有无线段图。

2.观察数据整理

关键学习环节			人数	比例
自主探究促建构 ——自主探究 独立尝试	正误情况	解答正确	20 人	47.6%
		解答错误	22 人	52.4%
	总量假设 情况	仅"单位"1	14 人	33.3%
		仅具体量	2 人	4.8%
		两种方法	4 人	9.5%
		无从下手	22 人	52.4%
	有无借助 线段图	有	9 人	21.4%
		无	33 人	78.6%

(三)理清问题结构把握本质

1.观察任务

我说理:

修一条路,甲队单独完成,10 天完工,乙队单独完成,15 天完工,两队合作要几天完工?

观察者通过观察学生的语言表达,判断学生能够用准确清晰的语言表达"为什么工作效率总是占工作总量的几分之一?"

2.观察数据整理

关键学习环节			人数	比例
自主探究促建构 ——理清问题结构 把握本质	为什么假设的工作 总量不一样,而求得 天数都一样呢	表达准确清晰	7	17%
		表达模糊	37	83%

（四）应用巩固促建模

1.观察任务

甲车从 A 城到 B 城,要行驶 10 小时,乙车从 B 城到 A 城,要行驶 15 小时。两车同时分别从 A 城和 B 城出发,几小时后相遇?

一个水池有甲乙两个水管,单开甲管,需 10 小时把空池注满,单开乙管,需 15 小时把空池注满。若两管齐开,需几小时注满水池?

根据算式编题。

观察者通过学生的答题情况,判断学生答题的正误;通过对学生的表述,判断编题是否合理。

观察者记录

2.观察数据整理

关键学习环节			人数	比例
应用巩固促建模	答题情况	2 题都对	32 人	76. 2%
		有错误	10 人	23. 8%
	编题	点名的 3 名学生均能编题正确		

五、数据分析与思考

（一）把握学习起始点,储备学习必备的基础

“工程问题”教学过程的第一环节设计了一组口答练习,从观察的结果看,答对 2 题及以上的学生达到 97.6%,说明通过练习充分调动了学生原有的知识、技能、经验,为下一步的学习做充分的准备。同时,准确地描述出“工作总量÷工作效率=工作时间”,初步感悟了解决整数与分数应用题的一致性,也为学生利用数学化的语言进行规范的表达提供了帮助。“学习”不是简单的信息积累,而是新旧知识、经验的相互作用引发的认识结构的重组。学习是学生的经验体系在一定环境中自内而外的“生长”,必须以学习者原有的知识经验为基础来实现的建构。数学课堂上的学习起点,主要考虑两方面因素:一是知识发生、发展的逻辑次序(逻辑起点);二是学生已有的知识、经验(现实起点)。显然,执教老师准确地把握了学生的学习起点。

（二）找准自主探究点，积累思维活动的经验

在做好学习基础准备之后，"工程问题"安排了学生自主探究解决问题。从观察的结果看，47.6%的学生能够正确解答，表明这些学生能够独立完成。但是还有52.4%的学生无法解决。17位学生把工作总量假设成单位"1"，只有6位学生假设成具体量，表明在口答练习的第4小题，把总量看作单位"1"的复习起到了积极的作用；9位学生想到了画线段图，表明部分学生具备了利用图形结合解决问题的意识，但是从学生的线段图看，存在两个问题：①全部画成2条（甲乙各一条）；②7位学生的画的线段甲乙长度不相等（10∶15），表明学生利用画图直接解决这个问题还是比较困难的，而课上执教老师安排了利用课件动态主观图

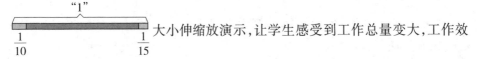

大小伸缩放演示，让学生感受到工作总量变大，工作效率也随之变大，但是不管怎么变，甲一定完成总量的1/10，乙一定完成1/15。借助线段图与条线图形动态直观相结合的形式感受工程问题的变与不变，理清问题本质，显得尤为必要。

一个合适的探究点，能极大地调动学生探究知识的欲望，满足学生的发展需求，使学生在探究的过程中积累丰富强烈的思维活动经验。因此，找准自主探究点，学生参与探究活动，不管成功与否，都为进一步学习增添了个人的思维活动经验。

（三）建立沟通联系点，指向核心目标的本质

通过展示学生有代表性的解答，引发学生观察、思考，提出"为什么假设的工作量不一样，而求得天数都一样呢？"这一核心问题，引发学生深度思考。学生结合自主探究的经验、观察不同的方法、对应不同的线段图。从课堂观察记录来看，起立回答的学生，基本上能够理解，但是语言表达不够准确规范，可能有的学生的表达能力还有所欠缺，有时可能是数学思考感悟的东西真的是难以表达，只可意会不可言传。

"问题是数学的心脏。"通过问题把所呈现的学生方法看成一个整题，再引导学生观察思考联系，逐步指向核心目标的本质。

（四）展现数学应用点，构建高度抽象的模型

练习环节，课堂观察统计，2个基础题32个学生能够做到全对，说明在不同的情境下绝大部分学生能够解决类似问题。课堂上，朱老师把3个不同情境的题目

放到一起,通过题组构建出一个数学模型。通过自主编拟出用 $1 \div (\frac{1}{10} + \frac{1}{15})$ 解决的问题。让学生感受到这个算式可以解决工程问题、修路问题、行车问题等,从而建构起工程问题的数学模型。编题的过程中,学生进一步理解为什么工作效率总是工作总量的几分之一,又一次指向本节课的核心目标。可惜由于时间不足,课堂记录中只有 3 位学生得到发言编题的机会。

数学知识源于生活而最终服务于生活,尤其是小学数学,大部分能够在生活中找到其原型。虽然不同完全等同于生活数学,但是能够利用在不同情境中抽象出数学模型,同时利用数学模型能够解释生活中的数学问题。练习环节不仅体现了数学应用的广泛性,而从众多不同情境抽象出简单的数学模型,这也是数学的重要魅力之一。

六、教学建议

通过我们的课堂观察反思课堂教学,有以下建议。

(1)当学生比较难以用语言表述"为什么假设的工作量不一样,而求得天数都一样呢?"时,我们是否可以再慢一点,组织学生讨论如何用简洁清晰的语言表述出来,使学生既可意会也可言传。

(2)如果时间允许的话,是否可以启用预备的练习4:

一批货物有 48 吨,甲车独运 6 小时完成,乙车独运 4 小时可运完,两车合运多少小时可以运完?用两种方法列式,下面算式正确的是( )。

①$48 \div (\frac{1}{6} + \frac{1}{4})$ ②$1 \div (48 \div 6 + 48 \div 4)$

③$1 \div (\frac{1}{6} + \frac{1}{4})$ ④$48 \div (4 + 6)$

通过练习4我们可以更加清晰准确地反馈学生是否真正掌握了工程问题的结构特征与本质。

(观察报告撰写者:台州市椒江区中山小学杨司校区 朱恩德;执教者:临海市大洋小学 朱希萍)

追根溯源求本质　数形结合促理解
——"植树问题"一课的观察报告

一、观察主题的思考

植树问题所承载的数学思想是一一对应的,学生学习时应充分发挥图示的作用,促进学生深入理解植树问题的本质和算式的意义。通过数形结合,经历对应思想的探究、体验和感悟,让学生真正建立"棵数"与"段数"之间的一一对应关系,从而真正理解"植树问题"的模型。而且,当学生真正理解后,哪怕以后遗忘了"模型",也能凭着对除法意义的理解,应用对应思想重新找到解决问题的方法。基于以上的思考,确定本课观察的角度是"基于学本课堂的'植树问题'模型的建立"。

二、观察工具的设计

作为思维程度比较高的内容,需要对学生的整个认知活动进行观察,即对学生的学习活动进行观察,从而对学生的认知过程进行合理推理,确认最终是否达成目的。结合学习内容、学习方式的特点及观察的角度,本次课堂观察设置以下几个观察点:关注度、参与度、运用形式、运用状态、运用效果等(下表)。

基于学本课堂的"植树问题"模型建立的观察单

内容：＿＿植树问题＿＿　引领教师：＿＿　观察对象：＿＿　人数：39　观察者：＿＿　观察日期：20201225

学习环节	时间	学生	关注度 优	关注度 良	关注度 差	参与度 优	参与度 良	参与度 差	思考	交流	画图	讨论	猜想	其他	活动描述	独立	参考	不会	快	中	慢	高	中	低	结果记录描述
									运用形式（多选）							运用状态			速度			准确度			
1. 学生用"20÷5=4"编写的数学问题。		1																							
		2																							
		3																							
		4																							
2. 在20米长的小路一边植树，每隔5米种1棵（两端要栽），一共要种多少棵？		1																							
		2																							
		3																							
		4																							
3. 探究：假设这条路长（ ）米，每隔5米栽一棵（两端要栽）。一共要栽多少棵？		1																							
		2																							
		3																							
		4																							
4. 比较：之前编的题目和今天编的植树问题有什么不一样的地方？		1																							
		2																							
		3																							
		4																							
5. 生活中实例的判断		1																							
		2																							
		3																							
		4																							

综合评述：

表1

基于学本课堂的小学数学概念形成的观察单

内容：_____　引领教师：_____　观察对象：_____　人数：_____　观察者：_____　观察日期：20201225

植树问题

学习环节	时间	学生	关注度 优	关注度 良	关注度 差	参与度 优	参与度 良	参与度 差	运用形式（多选） 思考	交流	画图	讨论	猜想	其他	活动描述	运用状态 独立	参考	不会	运用效果 速度 快	中	慢	准确度 高	中	低	结果记录描述
1. 5路公交汽车行驶路线全长12千米。相邻两站之间的路程都是1千米。一共设有多少个车站？		1																							
		2																							
		3																							
		4																							
		5																							
2. 长2千米街道两旁安装路灯（两端安装），每隔50米一盏。一共要多少盏灯？		1																							
		2																							
		3																							
		4																							
3. 公路一侧植树。每隔6m种一棵，一共36棵。从第一棵到最后一棵的距离有多远？		1																							
		2																							
		3																							
		4																							
4. 公路的一边从头到尾种了36棵树的中间分别摆上3盆花，一共要摆多少盆花？		1																							
		2																							
		3																							
		4																							
5. 对比发现、建立模型		1																							
		2																							
		3																							
		4																							

综合评述：

表2

　　通过观察、记录学生的"关注度""参与度",明确参与学习活动的人数及程度。通过观察学生的"运用形式"可以看到学生更喜欢采用哪种方式来帮助解决问题,并且结合"运用效果"可以量化分析数形结合对"植树问题"模型建立的作用,推论其学习的深度。

三、观察数据的整理

　　本次共 11 位老师对 39 位学生进行课堂观察,对有效数据进行整理后,得到以下数据:

基于学本课堂的"植树问题"模型建立的观察单

内容：__植树问题__　引领教师：__黄岩包__　观察对象：_____　人数：__39__　观察者：_____　观察日期：__20201225__

学习环节	时间	学生	关注度 优	良	差	参与度 优	良	差	思考	交流	画图	讨论	猜想	其他	活动描述	独立	参考	不会	速度 快	中	慢	准确度 高	中	低	结果记录描述
1. 学生用"20÷5=4"编写的数学问题	1	1	36	3		17	22		17	9				13											
		2																							
		3																							
		4																							
		5																							
		6																							
2. 在20米长的小路一边植树，每隔5米种1棵（两端要栽），一共要种多少棵？	2	1	37	2		25	9	5			35		4		整组4个学生在猜想，无从下手	36	1	2	29	8		31		8	分成5段
		2																							
		3																							
		4																							
		5																							
		6																							
3. 探究：假设这条路长（ ）米，每隔5米栽1棵（两端要栽），一共要栽多少棵树？	3	1	37	2		36	3				39				画图时，上面的4人也都对了	38	1		30	5		37		2	前面的人都对
		2																							
		3																							
		4																							
		5																							
		6																							
比较：之前编的题目和今天学的植树问题有什么不一样的地方？		1																							
		2																							
		3																							
		4																							
		5																							
		6																							
4. 生活中实例的判断	4	1	30	6	3	12	19	8																	上面的4人参与度差
		2																							
		3																							
		4																							

综合评述：

表3

210

基于学本课堂的小学数学概念形成的观察单

内容：＿＿＿＿　引领教师：＿＿＿＿　观察对象：＿＿＿＿　人数：＿＿＿＿　观察者：＿＿＿＿　观察日期：20201225

榜样回顾　包智慧

学习环节	时间	学生	关注度			参与度			运用形式（多选）						活动描述	运用状态			运用效果						结果记录描述
			优	良	差	优	良	差	思考	交流	画图	讨论	猜想	其他		独立	参考	不会	速度			准确度			
																			快	中	慢	高	中	低	
1. 公交车行驶路线全长12千米，相邻两站之间的路程都是1千米。一共没有多少个车站？	5	1 2 3 4 5 6	34	5		38		1							直接计算				32	4	3	24	8	7	未加1
2. 长2千米街道两旁安装路灯（两端安装），每隔50米一盏。一共要多少盏灯？	6	1 2 3 4 5 6	35	3	1	38									直接计算				29	6	4	8		31	两旁来乘2
3. 公路一侧种树，每隔6米种一棵，一共36棵。从第一棵到最后一棵的距离有多远？		1 2 3 4 5 6																							
4. 公路的一边从头到尾种了36棵树，中间分别栽上3盆花，一共要栽多少盆花？		1 2 3 4 5 6																							
5. 对比发现，建立模型		1 2 3 4																							

综合评述：

表4

（一）关注度

课堂 6 个主要教学环节中,大多数学生的关注度为优,分别为 36 人、37 人、37 人、30 人、34 人和 35 人,说明教师为学生创设的学习情境、提供的学习素材是合适的,能够引起学生积极思维。

（二）参与度

总体来说,优和良的学生占了大部分。但在环节 1 有 22 位学生只关注自己的学习素材,而参与其他同学反馈的程度不深,在倾听上还存在距离。环节 4"生活中实例的判断",预设的目标是帮助学生理解生活中"植树问题"的变式,打通它们之间的联系,从而提高解决生活实际问题的能力。从观察数据来看,良的学生有 19 人,差的学生有 8 人,这部分学生被动地接受相关知识,甚至是不理解。

环节 2 是新授、探究环节,学生存在个体差异,观察到的属于正常现象。

（三）运用形式与运用效果

新授的环节 2 和练习的环节 3,在教师的提示下,学生都已认真画图理解,并能正确解答。从观察报告来看,新授部分探究时有 4 位学生在猜想,还有 4 位学生画图错误,最终有 8 位学生解答错误。而在练习环节 3,所有学生都采用画图方式帮助理解,最终解答错误的人数降到 2 人。环节 5 和环节 6,老师未要求学生必须画图理解,所有学生运用"总长÷间隔长度=间隔数""棵数=间隔数+1"直接列式来解决问题,此时有 7 人没有考虑到路的两头都要有树,未"+1",有 31 人没有关注到"两旁",未"×2",错误率大大提高。

四、观察结果的分析

由此可以看到,学习植树问题时,充分发挥图示的作用,做到数形结合,可以帮助学生深入理解其本质及算式的意义,对于建立"棵数"与"段数"之间的一一对应关系,从而真正理解"植树问题"的模型及与生活问题的联系,是非常必要及有效的。

（一）追根溯源,探究植树问题本质

跟"植树问题"类似的有"路灯问题""楼梯问题""锯木头问题""敲钟问题"等,它们都属于间隔问题,即间隔长度不变,点和间隔依次重复出现的问题。其中"间隔数=总长度÷间隔数"就是求"一个数里面有几个另一个数",所以,植树问题的本质是包含除的生活应用。因此,执教老师在课前便让学生用"20÷5"编出数学问题,并着重理解"求 20 里面有几个 5,用 20÷5 解决。"打通植树问题和包含除之间的联系。

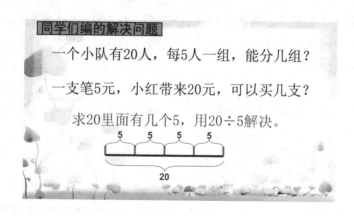

（二）数形结合，建立植树问题模型

对于植树问题，学生并不陌生。一部分学生在校外培训机构已学习，并且会运用"公式"解决问题。还有一部分学生凭借生活经验，通过画图也能解决问题。那么，剩下那部分学生怎么办？这节课还要不要讲？答案当然是"要"。学生会做，不代表理解每个算式、过程的意义，课堂上需要结合图，帮助学生建立植树问题模型。

环节一：在20米长的小路一边植树，每隔5米种1棵（两端要栽），一共要种多少棵？

生：在20米长的路上种树，每隔5米种1棵（边说边用学具示范种树），可以看到种了5棵树，中间有4个间隔。

生：可以列出算式20÷5＝4，有4个间隔，后面再种一棵，就是5棵。

生：种1棵树，1个间隔，再种1棵树，一个间隔（示范一一对应），棵数跟间隔数一样，都是20÷5＝4，最后再种1棵，即4＋1＝5（棵）。

通过学生的画图、种树等探究过程，理解了20÷5＝4的意义，也知道为什么还要加1，知其然知其所以然。

环节2：假设这条路长（　　　　）米，每隔5米栽1棵（两端要栽）。一共要栽多少棵树？

学生自主探究在不同长度的路边种树。通过探究不同长度的路，学生明白了不论路多长，都是先求出间隔数，再加1，初步建立解决植树问题的模型。如：

生1：我假设这条路长（40）米，每隔5米栽1棵（两端要栽）。一共要栽多少棵树？

列式：40÷5＋1＝9（棵）

生2:我假设这条路长(25)米,每隔5米栽1棵(两端要栽)。一共要栽多少棵树?

列式:20÷5+1=6(棵)

本环节从课堂观察的数据来看,结合图,绝大多数学生都能理解并正确解答,说明数形结合有利于学生对植树问题的理解。

(三)学以致用,拓展植树问题类型

植树问题类型多种,大部分学生会在课堂中"植树",然而在课外练习时把形式变一变,解题便产生了困难。因此,教学中要引导学生透过现象看本质,寻找生活中植树问题的应用范例,让学生感受到数学与生活的紧密联系,并能够用学到的植树问题原理来解释生活中的现象。

例如,"一幢房子有四层,求一共有多少级楼梯台阶""道路防护栏每隔1米设置隔离桩,5米需要多少个隔离桩""奥运会每4年举办一次"和"钟的敲击声"等是典型的植树问题变式,通过分析、理解,让学生的思维不只停留在树,而是学会将具体形象的生活实例,转化成线段进行分析,进一步提高解决问题的能力。

由于学生生活经验不足,对植树问题的变式类型不熟悉,结合课堂上的观察数据,建议教师给予学生更多的时间先思考、交流、讨论,找一找层数、楼梯等与棵数、间隔之间的联系,再结合图进一步理解。

接着,教师出示2组4个练习,让学生运用学到的本领解决生活实际问题,进一步巩固提升。

1. 5路公交汽车行驶路线全长12千米,相邻两站之间的路程都是1千米。一共设有多少个车站?

2. 在一条全长2千米的街道两旁安装路灯(两端也要安装),每隔50米安一盏。一共要安装多少盏路灯?

3. 园林工人沿一条笔直的公路一侧植树,每隔6m种一棵,一共种了36棵。从第一棵到最后一棵的距离有多远?

4. 为了美化环境,在这条公路的一边从头到尾种了36棵树的中间分别栽上3盆花,一共要栽多少盆花?

从课堂观察的数据来看,对于这里的练习,学生正确率有所下降。经过分析,第1题少部分学生对"车站"的理解存在困难,不能很好地与植树问题连接在一起并转化为已学知识。第 2 题则是对"两旁"未理解。建议让学生先画图来理解这两题其实就是植树问题的变式,理解两旁是一边的 2 倍。

纵观全课,学生对植树问题的理解与掌握,不能单单停留在"公式"的记忆上,也不能单单掌握种树的方法,而是要在数形结合中充分理解植树问题的本质,逐步建立植树问题的模型,并且加强与生活实例的联系,从而真正掌握各种类型"植树问题"的解决方法。

(观察报告撰写者:台州市路桥小学　梁茶斌;执教者:黄岩区南城街道中心小学　包智慧)

精准选择材料　促数学综合实践能力的发展

——"神奇的数字编码"一课的观察报告

一、观察主题

《标准（2011）》在教材编写建议中强调：每一册教材至少应当设计一个适用于"综合与实践"学习活动的题材，这样的题材可以以"长作业"的形式出现，将课堂内的数学活动延伸到课堂外，经历收集数据、查阅资料、独立思考、合作交流、实践检验、推理论证等多种形式的活动。"神奇的数字编码"正是属于"综合与实践"领域的一节课，人教版这一课安排在三年级上册，北师大版安排在四年级上册，苏教版安排在四年级下册。数字编码在生活中的运用十分广泛，包含的素材信息非常丰富，一节课能涉猎的东西非常有限，对于丰富的学材，如何舍取？获取学材的途径形式多样，如何抉择？所以本节课我们确定的观察主题是：基于有效材料下的数学综合实践能力发展。

二、观察维度的选择

本节课我们关注精选的学习材料在课堂中有效应用，观察学习过程，拟定了四个观察维度：思维关注度、提出问题能力、交流合作能力、学以致用能力，从这四个方面全方位深入观察学习材料在学生学习中的情况，形成一定的数据来评价学生的综合实践能力的发展，反观我们的教学成效，改善我们的教学行为，真正做到生本课堂，追求高效。

三、观察量表

基于有效材料下的数学综合实践能力发展观察单

课时内容:《神奇的数字编码》　　　　班级:_____　　　　引领教师:叶锦秀

观察教师:_____　　　　观察时间:2018 年 11 月 15 日

关键学习任务	学生	思维关注度(在对应下面打√)			能力观察点						错例或亮点
自主探究		主动	一般	被动	有18位	标出地区编码	标出出生日期编码	标出性别编号	标出校验编码	小组参与积极性(a.主动参与,很积极,有话说;b.被动参与,有交流;c.不参与,无交流。)	
小组学(观察身份证号码你发现了什么)	1										
	2										
	3										
	4										
交流学(同桌相互介绍)		主动	一般	被动	a.会介绍出生日期;b.会介绍地区和出生日期;c.会介绍地区、出生日期、性别;d.不会介绍					同桌交流(a.主动参与,语言规范流畅;b.被动参与,语言有困难;c.不参与,不会交流。)	
	1										
	2										
	3										
	4										

关键学习任务		思维关注度			能力观察点		
巩固延伸	基于练（根据身份证和银行卡号排除）	学生	主动	一般	被动	会根据已知身份证编码排除嫌疑人（a.会排除 1 人；b.会排除 2 人；c.会排除 3 人；d.排除出错。）	结合信用卡编码进行推理（会的打√，不会的打×）	错例或亮点
		1						
		2						
		3						
		4						
	基于练（自主编码）	学生	主动	一般	被动	写出信息（a.写出 1～2 个；b.写出 3 个；c.写出 4 个及以上；d.不会。）	会编码（√,把编码写在表格里）；不会（×）。	错例或亮点
		1						
		2						
		3						
		4						
	综合评述：							

四、结果诊断,反观教师导学

(一)对比选择材料,遵循学习的起点

对比人教版三年级的教材和北师大版四年级的教材:人教版的教材主要以邮政编码和身份证两个内容作为主要学习材料;而北师大版的教材主要以身份证和银行卡两个内容作为学习内容;哪一个学习材料更接近学生的生活实际呢? 我们

尝试选择北师大版的教材作为主要学习材料。编码在生活中随处可见,学生真的关注过吗? 我们做了一个即时的前测,前测设计了两个问题:

①在生活中你见到过数字编码吗? 请举例子说一说。②这是一个小朋友的身份证号:331023201001180334,从中你能知道什么信息? 请写下来。

第一个小题前测的结果是 43 位同学(共 45 人)见到过数字编码,占 95.6%的同学能举出一两个简单的例子,如门牌号、电话号码、运动员胸前的号码牌等,只有两位同学回答没有见过;第二个小题前测的结果是 1 位同学关注到有 18 位;2位同学关注到开头一样;3 位同学关注到出生日期,39 位同学不知道,占 86.7%的同学对于身份证中的信息一无所知。这与我们事先预估学生多少了解身份证号码的情况完全不符合。学生的学习起点大大低于我们的预估,对于学习材料几乎空白,针对学情,设计了如下调查单并提出调查要求。

(1)把你的身份证号和爸爸或妈妈的身份证号记录下来,并和爸爸妈妈交流并记录下来;

(2)在生活中你见到过编码吗? 举例说明,你知道它表示的意思吗?

这样的设计目的是让学生课前自主收集学材,充分多渠道地了解学习材料身份证,全程参与实践过程为本节课的学习编码提供有利条件。

(二)有效利用材料,让学习真正发生

综合实践活动要突出"综合",综合实践的实施要以问题为载体、以学生自主参与为主的学习活动,学生还要有足够的空间和时间经历观察、实验、猜测、计算、推理、验证等活动过程。当学生带着自己收集的学材来到课堂上时,他们是自信的、急于表达的,因为他们在收集的过程中已经学到了新知识。可以看课堂观察到的数据:33 位同学标出地区码,35 位同学标出日期码,11 位同学标出顺序码,16 位同学标出性别码,15 位同学标出校验码,13 位同学还标出当地派出所码;在交流过程中 31 位同学是主动参与积极有话说;学生真正动起来了,这样的交流学习是有效的学习,交流合作能力在不知不觉中得到提升。从两张身份证到多张身份证验证学习,学生对身份证已经有了完整的认识。在教学中,学生很多样,方法也很多样。但是不管怎样,知识的结构、人的认知方式是有定式的,这个定式就是所说的"序",学习数学要先立"序",这样通过学习身份证的"序"已经基本立起来了。老师接着再次利用学材,即同桌之间相互介绍对方身份证中的信息,巩固刚才的学习结果。接着老师第三次用到学生的身份证,是一张外地的身份证,因为同学大多来自一个地方,不太会关注到地区码。这一张身份证的信息解读促进学生思考:这个地区码它表示哪个地方呢? 通过对比材料感受地区码的变化。从读懂自己的身份证到读懂别人的身份证学到的是编码的本质。

(三)精心改编学材,促进深度学习

教师在破案的学材的处理和呈现上也做了改编,将五个嫌疑人其中一个改编成女的,这样就要求学生在排除嫌疑人时还要用到性别码,考虑问题更加周全。我们来看一下课堂上观察到的数据:22 人已经排除了 3 人;13 人排除了 2 人;2 人排除了 1 人;这里需要学生自主搜索出生日期和性别码相关知识,从数据上看学生的学习是很成功的。剩下的两个怎么判断呢? 这时候培养学生提出问题的能力,还要哪一个信息才能继续破案呢? 教师继而出示银行卡的编码。这样改变学材的呈现方式,挑战学生的思维深度,提出有价值的问题从而去解决问题,让学习真正发生,进一步培养了学生提出问题的能力。有时候只需要我们对学习材料做一点小小的改变,就会收到大惊喜。

(四)深化材料,落实学以致用

本节课学习编码,学生能读懂编码就好了吗? 老师并没有停止教学脚步。教师在"请你为学校的每一个学生编一个号码"这一教学环节,出示题后并没有让学生马上回答,而是让学生充分思考需要考虑哪些因素。虽然这些因素都不是全对,但是学生的思考是无价的,这样下一环节的交流讨论才是有效的,学习编码就自然而然地发生了。编好以后又设计了这样一个情境,这个学号在东阳市里合适吗? 通过讨论明白要增加学校代码,放在浙江呢? 让学生明白编码的本质:用事先规定的方法将文字、数字或其他对象编成代码具有唯一、简洁的特点。要规定哪些方面是根据实际和需要的。在本环节,35 位学生有序编出学号,说明这一环节对材料的运用是有效的,教学是成功的。

只有参与才能深刻。数学综合实践能力的培养,离不开学生的参与。在本节课中,对学生的思维关注度进行了观察统计。在本节课中,绝大多数同学的学习始终是专注的,这得益于教学气氛的调动,亲切的语言,迷人的微笑,还有不断的鼓励:"说错了也没有关系! 错了也有学习的价值! 你说得真好! 谁还有质疑? 谁还有补充? ……"在轻松愉悦的学习氛围中专注地学习,学生的综合实践能力不知不觉得到提升。

五、我的思考

(一)综合实践活动课我们该给学生留下什么

这节课的知识如果直接告诉学生结论那是分分钟的事,可是老师并没有这样去教,教师给了学生充分的时间去体验:课前体验收集、课中交流、破案、讨论编学号等,让学生个体充分经历学习的过程。学生讨论交流的过程其实就是学习真正发生的过程。基于这样的学习经历,当以后学生遇到生活的编码时,就会思考所蕴含的信息,在生活中需要去编码时也会考虑周全需要哪些信息。学生的学习力也会在这样的一节节数学课中得到发展。

(二)学习材料越丰富越好

不一定,选择的材料一定要简单、朴素,有利于呈现数学的本义,千万不要给材料附加太多的行头,从而将数学湮没在修饰之中。不要过分地去追求学习材料的新颖,毕竟每天要上数学课,没有时间也没有精力,踏踏实实地将课本的材料用好,有时候只需要一些小小的改变就会有大大的收获。学本课堂,我们会一直走下去……

(观察报告撰写者:天台县福溪街道中心小学　陈云英;执教者:天台县始丰街道中心小学　叶锦秀)

精选学材　促进活动经验积累

——"简单的搭配"一课的观察报告

一、观察主题

"简单的搭配"教学内容为人教版三年级下册"数学广角"第101页例1,在二年级上册时,学生已经通过具体操作、观察、猜测等活动学习过搭配,初步感受排列组合的方法和思想,而本课要求学生掌握更简洁、更抽象的表达方式,进一步培养学生有序、全面思考的能力,同时积累丰富的数学活动经验,为后续学习提供基础。因此,把本课的观察主题定为:学习材料选择对学生积累数学活动经验的影响。

二、观察目的

搭配问题(排列组合),不仅在生活中运用广泛,也是培养和发展学生抽象思维、逻辑思维能力的好素材。正如"四基"所要求的:既要关注学生的基础知识、基本技能,更要关注学生的基本思想、基本活动经验。希望从以下几个维度进行观察。

(1)学生独立(或合作)使用学习材料的时间是否充分、效果如何?

(2)学生经历操作与教师组织反馈后,学生的思维活动能力有无提升?

(3)练习时,关注学生运用数学的思维方式进行解决问题的意识有无增强?

三、观察单

通过分析教学设计,梳理了不同环节及使用的学习材料作为观察点,要求观察者记录每个环节所使用的时间;从关注度、参与度、运用形式、运用状态、运用效果等维度记录学生在运用学习材料过程中的表现,以期将全班学生课堂表现转化为量化的数据。

《学习材料对活动经验积累的影响》观察单

内容：＿＿＿＿＿ 引领教师：＿＿＿＿＿ 观察对象：＿＿＿＿＿ 人数：＿＿＿＿ 观察者：＿＿＿＿ 观察日期：＿＿＿＿＿

学习材料与环节	时间	学生	关注度			参与度			运用形式					运用状态			运用效果						结果记录描述
			优	良	差	优	良	差	思考	记录	画图	连线	活动描述	独立	参考	不会	速度			准确度			
																	快	中	慢	高	中	低	
天台县和三门县空白地图 （1）我们涂上红、黄两种颜色，可以怎么涂？		1																					
		2																					
		3																					
		4																					
		5																					
		6																					
学习单 （2）从红、黄、蓝、绿中选取2种颜色，可以怎么涂？		1																					
		2																					
		3																					
		4																					
		5																					
		6																					
四色磁铁贴 （3）梳理涂色过程，明晰方法。		1																					
		2																					
		3																					
		4																					
		5																					
		6																					
字母A、B、C、D 做一做：如果用字母表示颜色，你还能用有序思考的方法写一写吗？		1																					
		2																					
		3																					
		4																					
		5																					
		6																					
数字0、1、3、5 可以组成多少个没有重复数字的两位数？		1																					
		2																					
		3																					
		4																					
		5																					
		6																					
图片（四羊）拍照 （1）懒羊羊不换位置，有几种排队方法？		1																					
		2																					
		3																					
		4																					
		5																					
		6																					
图片（四羊）拍照 （2）懒羊羊换位置有多少种排队方法？		1																					
		2																					
		3																					
		4																					
		5																					
		6																					

综合评述：

四、观察数据汇总

根据观察者在观察单上的记录，将各项指标进行汇总，形成《学习材料对活动经验积累的影响观察汇总表》。

《学习材料对活动经验积累的影响》观察汇总表

内容：简单的搭配　引领教师：梁茶斌　观察对象：心湖小学三（1）　人数：40人　观察者：工作室成员　观察日期：2016.5.20

学习材料与环节	时间	学生	关注度			参与度			运用状态			运用效果					
												速度			准确度		
			优	良	差	优	良	差	独立	参考	不会	快	中	慢	高	中	低
天台县、三门县空白地图	约1分	人数	31	9	0	20	20	0									
		比率	77.5	22.5	0	50	50	0									
学习单 从红黄蓝绿中选取2种颜色	约8分	人数	38	2	0	29	11	0	37	2	1	20	15	5	20	9	11
		比率	95	5	0	72.5	27.5	0	92.5	5	2.5	50	37.5	12.5	50	22.5	27.5
四色磁铁贴	约17分	人数	34	6	0	23	13	4									
		比率	85	15	0	57.5	32.5	10									
字母 A、B、C、D	约2分	人数	40	0	0	40	0	0	34	4	2	31	6	3	32	5	3
		比率	100	0	0	100	0	0	85	10	5	77.5	12.5	10	80	12.5	7.5
数字 0、1、3、5	约9分	人数	31	6	3	30	6	4	37	3	0	35	3	2	30	5	5
		比率	77.5	15	7.5	75	15	10	92.5	7.5	0	87.5	7.5	5	75	12.5	12.5
图片（四羊）拍照（1）	约6分	人数	38	2	0	40	0	0	36	4	0	16	12	12	19	13	8
		比率	95	5	0	100	0	0	90	10	0	40	30	30	47.5	32.5	20
图片（四羊）拍照（2）	约3分	人数	33	4	3												
		比率	82.5	10	7.5												

五、数据分析与思考

数学来源于现实，而高于现实，并最终服务于现实。数学广角正是让学生从实际感兴趣的问题出发，系统而有步骤地向学生渗透一些重要的数学方法，培养学生分析解决问题的能力，提升学生的数学思维能力和思维品质，让学生学会用数学的方法与意识处理实际问题。那么学习数学广角后能够服务于现实的是什么？我想更多的是数学思想方法与数学思维意识，数学思想方法的领悟与数学思维意识的提升又是数学学习的最高境界。

1.教师选取可操作的学习材料，才能为学生提供操作的机会、思考的机会

学习材料是学生解决数学问题、获得数学知识、提高数学能力的基本载体。教师选取适宜的学习材料能够提高学生的学习兴趣，提供学生从事数学活动的机会，使学生真正掌握知识与技能，积累数学活动经验，领悟数学思想方法。

"简单的搭配"导入环节，执教老师选取台州市地图上天台、三门两地涂色这一学习材料，让三门的学生强烈感受到数学学习就在自己身边，十分贴近学生生活，从而引发学生积极参与探索讨论。观察汇总表的数据可以显示关注度优和良的学生达到100%，参与度优和良的学生也达到100%，充分表明学习材料对学生参与课堂关注度与参与度的影响。紧接着，教师设计了用红、黄、蓝、绿四种颜色

给两个地方涂色的学习任务,难能可贵的是安排了 8 分钟让学生安安静静独立尝试涂色,时间上的保障给每一个学生创造了长时间独立完整的操作尝试机会,学生正是在这样的操作过程中积累了自己的活动经验,为后续的交流讨论提供了感性的认知。

学生的数学学习过程是将外部的学习材料转化为自身的知识和能力的过程,也是从感性认识逐步上升到理性认识的过程。所以,我们相信只要给学生提供适宜的学习材料,他们还是非常乐意参与到数学学习活动中的,同时积累着数学活动经验。

2.教师选取符号化的学习材料,才会为学生提供积累更多思维活动经验的机会

对于小学生而言,数学思维活动经验的形成是建立在操作活动经验基础之上的。而怎样才能使学生的思维活动经验得到最大的积累,关键在于教师如何搭建桥梁将学生感性的操作活动经验提升为理性的思维活动经验,这就要求我们老师在学生进行操作后要及时地组织学生进行回顾、梳理与反思。

"简单的搭配"课堂教学过程中,教师不仅组织展示学生不同的涂法,还及时组织学生对各种不同涂法的解读与比较,把自身的操作活动提升到理性的思维活动。紧接着,教师更是巧妙地组织学生运用色卡进行思考后的摆一摆,发挥操作活动与思维活动的交互作用,积累更加丰富深刻的活动经验。课堂上,虽然展示的是小部分学生的涂法作品,也仅仅是个别学生直接参与到黑板上的摆放,但是观察汇总表显示92.5%的学生积极参与上述活动,说明教师组织的教学活动是面向全体的。此时,看得见的操作活动是小部分学生,看不见的思维活动是绝大部分学生,更是说明课堂充分关注了学生的思维活动。然后,教师用符号化 A、B、C、D 代替了可涂或可摆的四色,对学生的思考能力要求更好,观察汇总表显示:用 A、B、C、D 代替颜色时,能够正确有序地进行罗列的学生比例达到了 80%,而之前涂色的正确率仅仅为 50%,表明此时大部分学生已经积累了有序思考的思维活动经验,并且能够准确运用。

思维活动经验的积累不是从操作活动经验之后直接产生的,教师需要组织学生及时地回顾操作、反思过程与总结经验,而反思性的操作又能为学生进一步积累思维活动经验提供有效的途径。

3.教师选取有变化的学习材料,才能促进学生运用数学思想方法的意识不断提升

数学来源于生活,又最终服务于生活。数学的学习能否服务于生活,关键看能否具备主动地、有意识地运用数学的思想方法解决实际问题的意识。

"简单的搭配"第一个练习"用 0、1、3、5 能组成多少个没有重复数字的两位数?"看似与四种颜色、ABCD 一样,实际上还有隐含条件最高位不能为 0。观察汇总表显示:学生的关注度、参与度和准确度都达到了理想状态,能够独立思考的学生达到 92.5%,87.5%的学生能够利用有序思考的思维方式进行排列,说明通过之前的学习绝大部分的学生已经具备了有序思考的意识。第二个练习"四羊拍照",第一个问题是懒羊羊不换位置,第二个问题是懒羊羊也要换位置,看似都是 4 个不同的个体之间排列,而非之前的 2 个,学习材料又发生了变化,更要求学生带着有序思考的方式去解决。观察汇总表显示学生的参与度达到了 100%,充分说明学习材料带来的挑战性,进一步激发学生运用有序排列去解决实际问题的意识。

学生运用数学思想方法意识需要通过结构化的学习材料逐步提升,学习材料之间有联系、有差异,能够提升学生数学思想方法的应用意识,达到灵活解决问题的境界。

数学课堂教学过程中,我们应该舍得安排一定的时间给予学生思考操作,让学生在操作中感悟;要及时组织反思操作活动过程,让学生在反思中领悟;还要安排学生运用数学思想方法解决实际问题,让学生在思维中醒悟,数学思想方法能让问题解决变得更简单。

六、教学建议

《学习材料对活动经验积累的影响》观察汇总表反馈:解决四羊拍照问题时,学生的速度快的为 40%与准确度高 47.5%,表现不理想。反思本课学习材料的选择,从四色两地涂色、四个字母代替颜色、四数字组两位数再到四羊排队,课堂中学习材料的情境超过了三个,特别是在课末阶段学生接触一个全新的学习材料,学生稍显陌生,而且之前都是四选二排列,而此时是四选四排列,跨越偏大,学生之前积累的思维与操作活动经验都无法直接指引他们开展在此问题上的有序思考。因此,本节课可以安排一个四选三排列问题请学生研究,把四选四排列问题留在课后。

(观察报告撰写者:台州市椒江区中山小学杨司校区 朱恩德;执教者:路桥区路桥小学 梁茶斌)

关注情感，让复习课增值
——"平面图形面积的整理与复习"课堂观察

教学是教师和学生共同参与，围绕教学内容所进行的教与学的双边活动，师生之间不仅有认知方面的信息传递，而且有情感方面的信息交流。然而，人们在分析教学过程时，总倾向于把注意力集中于教学中的认知系统，而往往忽视或弱化情感因素。其实情感对认知具有多种功能，以其不容否定的事实参与教学活动，在背后默默地推动或阻碍认知的发生、深入和内化，使教学活动呈现一种知情交融的复杂状态。因此，我们课题组进行了"学本课堂"要关注学生情感，让课堂演绎更加精彩的尝试。现结合王老师的"平面图形面积的整理与复习"一课从学科积极情感角度进行观察。

一、观察主题的思考

积极学科情感是学生在学科学习活动中产生的相对稳定、积极的内心体验和感受，使学生对特定的学科学习产生积极的行为倾向，对学习活动的发生、维持具有积极作用。它是一种深层次的学习情感，是经过长期积淀的、已经内化的学习情感，处于一种稳定、深厚的状态，具有扩张性。对于王老师的复习课选择将"学科情感"作为观察主题，基于以下几方面的思考。

思考一：数学学科情感的特点，数学教学则主要表现为"以知怡情"不同于语文教学的"以情带知"。

思考二：数学复习课的特殊性，复习课作为忆、理、练、创的一种课型，如果老师处理不当，容易让学生在情感上产生旧、枯燥、无味之感，影响复习的质量与效果。

思考三：情感对认知的独特功能的影响，它有动力、强化、感染和疏导等，能优化认知的发生，促进认知的加深，利于认知的内化；反之也会有阻碍作用。关于情感与认知学习的关系，美国心理学家布鲁纳曾经有一个鲜明的比喻：一个人用两排并排的梯子爬墙壁……一个梯子代表认知行为和认知目标，另一个梯子代表情感行为和情感目标。这两个梯子的构造是这样的:一个梯子的每一级正好在另一个梯子的中间。通过交替地攀登这两个梯子——从这个梯子的一级踏到另一个梯子够得上的一级——就有可能达到某些复杂的目的。

这个比喻形象地说明,情感与认知学习之间是相互促进的关系。课堂不仅是认知活动的发生地,也是学科情感养成的重要场所。

二、观察工具的设计

积极学科情感的成分通常包括学习的动力来源、完成学习任务的主动性、注意力的持续和情感体验等。结合以上构成成分,我们设计了观察内容"课堂注意力""课堂问答"与"活动生成的资源质量"等,试图通过外显的以上几个维度内容来揣测、解读学生的情感活动与表现。

儿童视域下的学生学习情感水平观察表

课题:《平面图形的面积总复习》

主题:学科情感　　对象:第____组____人　观察者_____　　日期:_____

教学环节		学生	课堂注意力						课堂问答							生成资源	课堂情境描述
			注意力值	眼神				其他行为描述	参与意愿			参与方式					
				发亮	平淡	游离	呆滞		主动	一般	被动	举手	回答	提问	倾听	其他	
公式关系梳理	分享感悟																
	同桌合作																
	全班交流																
图形关系梳理	前测反馈																
	同桌合作																
	全班交流																
解题策略梳理	割补转化																
	等底等高																
	整体代换																
	图形分解																

其中"注意力值"分成91~100、81~90、60~80与60以下四档,对应高度集中、集中、基本集中与不集中,每项都有相应具体的行为表现。

本观察试图依据上述标准,通过课堂数据的收集与整理,来衡量与判断课堂中学生学科情感水平,即抵制、完成任务、冲突、投入和入迷五个等级,以及不同等级学生的比例。从而剖析课堂,对教师自己的课堂设计与教学行为进行归因分析与相应调整,让情感促进学生的学习,较好地落实《课标》中提出的情感目标。

三、观察数据的整理

1.课堂注意力

(1)注意力值。全班同学的注意力值基本都在 90 分以上,属于高度集中范畴。少数同学在课堂的某些环节出现 80~89 的分值,请看表格(下表),他们也能很快调整,他们的注意力均值也在 90 分以上。

环节	分享感悟	全班交流	前测反馈	全班交流	割补转化	等底等高	整体代换	图形分解
S21	90	92	90	92	90	93	88	89
S22	91	94	91	90	90	92	88	88
S13	95	93	93	91	90	89	89	89
S42	95	95	90	85	95	95	85	90
S43	90	90	90	95	87	92	90	87
S44	95	92	92	95	87	92	90	87
S55	95	92	92	95	95	89	90	98
S61	95	85	80	90	95	95	96	90

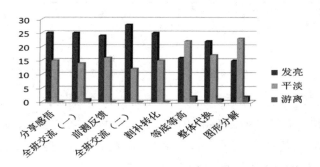

(2)眼神观察。"发亮"的眼神说明孩子处于对内容专注、思维活跃,属入迷与投入情感状态,"平淡"次之。从统计的数据来看,全班绝大部分学生都处于"发亮"与"平淡"状态,其中课始与课中阶段约有 60% 的孩子处于投入状态,而在课尾的解题策略梳理环节"等底等高"与"图形分解"中眼神平淡的孩子超过了发亮

的孩子。纵观整节课,眼神发亮的孩子人数从高到低,而平淡的孩子人数则相反。

2.课堂问答

(1)参与意愿。从记录结果汇总来看参与意愿显示"主动"和"一般"两种情况,随着课堂的推进,主动的孩子逐渐减少而一般的学生人数呈上升趋势,与注意力中的"眼神"趋势一样,其中有一个孩子 S_{61} 在三个环节里显示出被动。

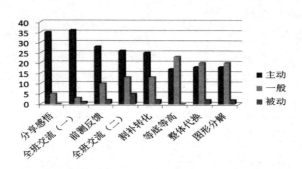

(2)参与方式。集中整理了学生回答问题的次数与回答问题学生在班级中的位置,整节课王老师共请了 39 次孩子回答问题,23 位孩子参与回答,较多的 5 次、4 次、3 次各 1 人,有 17 人没机会。

3.生成资源

(1)公式关系梳理。全班出现正确、待完善与不正确三种结果(下表)。正确的 13 组孩子表征形式各异,都突显"从长方形出发""新知都转化成旧知"的公式推导过程中的内在逻辑联系;待完善的孩子呈现"碎片化"的现状;不正确的孩子"联"的成分就更少了。

项 目	正确	待完善	不正确
组 数	13	3	4
百分比	65%	15%	20%

(2)解题策略梳理。最后练习环节王老师以四道题作为引子进行巩固,要求"每人任选两题"练习。从生成资源的数据来看,有 28 位学生都完成了 3 题,有 8 位学生做了 4 题,其中第 1、3 题的准确率 100%,第 2 题的准确率 55%,第 4 题稍低(原因是解题思路步数多,有些学生时间来不及)。

四、结果分析与建议

以上数据反映说明,即便在复习课,该班学生中仍有十几个孩子自始自终对数学有入迷的积极学科情感;大部分孩子都是投入复习,没有发现抵制、冲突和完成任务三种情感水平的孩子。原因是多方面的,其中离不开王老师从学生的多种需求出发,关注认知信息传递努力使学生形成积极的情感交流回路进行教学设计与课堂引导。

1.满足求知的需要,增加知能值

复习课要温故而知新,增加知能或数量值,即学生所学到的知识与技能。王老师在每个环节都照顾到学生求知的需求。如公式关系梳理中课前结合"预习单"中"我的整理""我的发现"让孩子自主尝试按一定的逻辑关系构建知识网络,满足自主整理的要求。课中王老师着眼差异,在梳理结论与过程的前提下重点是沟通公式间的联系,采用同桌合作、全班交流的方式,展开所有学生对个人梳理内容的思考与交流。其深意,在"理"中让不同层次的学生都有新的发现。对于第一层次的孩子来说,总结收获的是更强烈的知识网络化、结构化的意识;对于第二层次的孩子,更多的是在对比中充实将知识结构化的经验。正像美国教育心理学家布鲁纳指出的:"学习的最好刺激乃是对所学材料的兴趣。"王老师在复习课设计时从知识本身吸引学生学习。

2.满足成功的需要,增加动力值

在教学实践中,我们发现学生的快乐情绪并不总是由求知需要来激发的。通过成功需要的满足来引发快乐情绪,也是一种重要的途径。王老师在复习课的"巩固练习"环节,考虑到学生此需要,提供了富有挑战性、拓展性的问题。

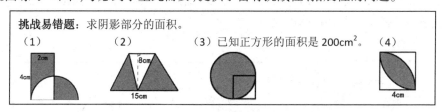

首先,好题的推荐使内容具有情感味。问题来源于学生的推荐,即"我的推荐"并附有推荐理由,使原本冰冷的练习显得真实而又亲和,使人愿意去练、迫不及待地练,形成练的氛围,满足练的需求。

其次,结果的正确使情感具有积极性。满足成功的需要,不仅会产生快乐情绪,而且会增强自信心和胜任感,促进个体朝着成功的方向继续努力。因为每一次成功需要的满足,其实都是对其成功行为的正强化。

最后,数据显示学生行为具有扩张性。他们不仅能较迅速地完成教师布置的学习任务,而且会主动完成额外的,显示他们都处在高学科情感水平。这种类型的学生能够在学习中发现乐趣,从而让自己的学习兴趣一直维持在比较高的水平,表现出完成学习任务的主动性。

3.满足创造的需要,增加方法值

所谓创造需要,就是标新立异,力求有所创新、有所创造的需要。著名数学教育家弗赖登塔尔强调:"学习数学最有效的方法是帮助学生实行'再创造'。"从王老师的练习来看,目标不是停留于巩固知识与技能,更是延伸到发现创造方法层面。结合学生的练习巧妙地补充专项题,让学生跟进练习,既获得成功的体验,又巧妙地引领学生将一题拓展到一类题,引导学生发现方法的共通处,将方法上升到策略层面,满足创造的需要。

其中前两题是从运动变化视角进行动态思维,渗透了动态几何观与转化的数学思想——其中某个图形的面积计算方法可以用来计算所学的所有图形。

(1)割补转化

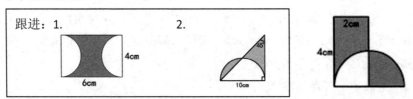

通过第 1 题学生自己唤醒提取"割补转化"求阴影部分面积的方法,跟进后两题巩固、强化这种策略,同时体会到这种方法简约的优越性。另外,王老师在达成前面目标后可对第 3 题的等腰直角三角形改编成一般的直角三角形,让学生领会这种方法的适用条件可能更佳。

(2)等底等高

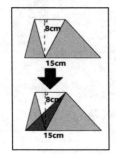

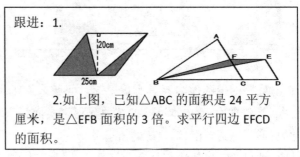

2.如上图,已知△ABC 的面积是 24 平方厘米,是△EFB 面积的 3 倍。求平行四边 EFCD 的面积。

借助"等底等高"等积变形,将第 2 题求两个阴影三角形的面积转化成求一个底 15cm、高 8cm 的三角形面积。这种策略非常巧妙,且让原来有困难的学生有"拨云见日"之感。但它显得抽象、不通俗易懂,没有"割补转化"直观、明了,从观察的数据也看出班中有将近一半的孩子对它已经遗忘或不理解,后面的跟进练习非常必要,照顾到学生的实际需求。

232

另外，"整体代换思考"与"图形的分解"，也是初中数学学习中一些重要的思考方法。

这个环节学生在思考、交流中，学会对比分析，从策略层面沟通知识横向、纵向之间的内在联系，实现复习由厚（形式）到薄（本质）的提炼，又满足发现的需求，获得成功的情感体验。最后简短的总结，从元认知层面让学生积累各种经验，以满足自己以后多样化学习的需要，渗透复习的方法。

4.满足交流的需要，增加意义值

所谓意义值，即让学生体会学习过程是有意义的，学到的东西是有意义或受用的。意义值的增加会让学生的学习产生长远效应，除了从认知层面让学生体会外，更要从情感信息交流中关注。从王老师的课堂对话内容来看，这方面可以适当加强，更加关注情感信息交流状况。

例如，"前测反馈"环节。师："（PPT出示四题）这是同学们课前进行的四道前测题的，（出示正确率：100%、97%、85%、79%）显然前两题的正确率比较高，后两题稍低。看一看同学们都错在哪里？"……这样处理也可以，然而学生接受老师的统计结果显得被动，淡化了材料蕴含着的情感信息交流功能。建议调整"课前大家都认真地做了这四道前测题，老师统计了你们每题的正确率，在公布之前请猜猜每道题的准确率可能是多少？可能会发生哪些错误？……"然后根据学生的猜测与分析，择机出现准确率与学生的错例，既把学生推到前面，又让师生情感达到互动与共鸣。因为情感信息交流状况，会影响师生认知信息的传递、加工过程。其中最主要的是影响学生信息加工的能力状况和加工的积极性状况，并会由此进一步影响学习的全面效果。

纵观整节课，伴随认知信息传递而形成的情感信息交流与认知信息回路的交互作用，可以用一个"融"字概括：融错——敞开心扉交流，让差错成为对话的资源；融通——让数学知识技能、方法、思想融会贯通；融合——生生之间、师生之间、你中有我，我中有你，教育需要好人缘、好情怀。这是我们复习课所期待的一种愿景。

（原载《教学月刊》2018.11，观察报告撰写者：玉环市环山小学天河路校区周金友；执教者：天台县外国语学校　王小权）

课例研磨篇

智慧导学　让学生循序建构数感

——"1000 以内数的认识"导学实践与教学思考

"1000 以内数的认识"是"万以内数的认识"的起始部分,它上承一年级下册"100 以内数的认识",又是后面认识更大的 10000 以内数的基础,它是第一学段的一节数概念课。如何在数概念的教学中通过教师的智慧导学,引领学生深入理解数的意义,充分感受和体验数概念的形成,让学生循序建构数感,我们进行了实践与思考。

一、导在学生对核心概念的理解处

"万以内数的认识"是认数的第三阶段,但它的基本原理始终是"十进制计数法",十进制计数法的核心就是"满十进一"的进位制和位值制。如果学生对进位制和位值制缺乏理解,则数感难以建立,必然导致后续认识较大数和较小数时出现严重的障碍。第一学段的学生思维形式已经慢慢从形象思维向抽象思维转变,但在抽象思维的过程中,仍然需要借助大量的直观形象事物的支撑。所以在教学中笔者借助几何模型和计数器,紧紧抓住"满十进一"这个关键处,不断丰富对"十进制计数法"的感性认识,帮助学生积累数感经验。

[教学片段一]认识"千"和"千位",感知十进关系

师:桌面上所有的正方体合起来一共有几个? 同桌合作数一数。(学生活动)

师:谁愿意把你们的数法和大家分享一下?(指名学生上台一边数,一边贴。)

师:你们是怎么数的?

生:我们是一百一百地数,10 个一百就是一千。

师:想象一下,这 1000 个小正方体叠起来会是什么形状呢?(先让学生闭眼想象,再课件演示)

师:回顾一下刚才我们是怎样数小正方体的? 随着学生的回答教师贴图片:

师：一、十、百、千都是计数单位，如果我们把一个千看成一个大面包，那么一个百就是……（生：面包片），一个十就是……（生：面包条），一个一就是……（生：面包粒）

闭上眼睛想象 4 个计数单位。

师：仔细观察这 4 个计数单位，说说它们之间有什么联系？

生：10 个一是十、10 个十是一百、10 个一百是一千。

师：像这样，我们就说每相邻的两个计数单位之间的进率是 10。

（出示计数器）学生操作：一个一个地拨，十个十个地拨，一百一百地拨到 1000。

师：刚才拨珠子的过程中，你有什么发现？

生边拨珠边说：个位满十向十位进 1，十位满十向百位进 1，百位满十向千位进 1。

师：这就是我们平常说的"满十进一"，"千位"就是计数单位千所在的位置。

在数小正方体的过程中，经历一而十，十而百，百而千，感受"粒（个）""条（十）""片（百）""体（千）"的过程，帮助学生建立一、十、百、千的几何模型，引导学生根据直观模型的变化，由点—线—面—体，通过物象的强化，建立起"位次"感，即前一位的大小是后一位的 10 倍，为学生系统认识计数单位，以及相邻两个计数单位的十进关系积累了感性经验。然后顺势让学生在计数器上拨一拨，并思考"刚才拨珠子的过程中，你有什么发现"？一个看似简单的问题，实则直指数概念教学的核心，引发学生思考的欲望，让学生自主发现个位满十向十位进 1，十位满十向百位进 1，百位满十向千位进 1，夯实学生对计数单位和数位的认识，进一步深化对"十进制"思想的感悟。

二、导在学生学习的难点处

正确数出接近整百、整千的数是本节课的难点所在。为了使学生充分理解和掌握拐弯数的知识，在笔者教学中遵循由直观到抽象、由易到难、由点到面的原则，让学生充分操作、充分数数，在交流总结中帮助学生突破学习难点。

［教学片段二］数数，突破拐弯数的难点

师：一个一个地数出 306 后面连续的 5 个数，有困难可以借助计数器，数给你的同桌听。

生：307、308、309、400。（其他学生纷纷举手）

生：309 的后一个数应该 310。（请学生到计数器上拨一拨）

生一边拨一边说：再拨一个，个位满十向十位进 1,309 的后一个数是 310。

师：一个一个地数，309 的后面是 310,你能想到 3□9 的后面一个数是多少吗？说给同桌听。

生 1：329 的后面是 330,359 的后面是 360。

生 2：499 的后面是 1000(其他学生纷纷举手)

请这位学生上台到计数器上拨一拨，一边拨一边说：个位满十向十位进 1,十位满十向百位进 1,499 的后面是 500。

师：3□9 的后面是多少,谁能把所有的都说出来？

学生口答，课件出示：

199	→	200		309	→	310
299	→	300		319	→	320
399	→	400		329	→	330
⋮		⋮		⋮		⋮
799	→	800		379	→	380
899	→	900		389	→	390
999	→	1000		399	→	400

师追问：数得这么顺溜,有什么秘诀？

生：我的秘诀是 9 的后面是 10 ,所以 309 的后面就是 310 ,19 的后面是 20,所以 319 的后面是 320⋯⋯

师：你真善于思考,把 1000 以内的数数转化成 100 以内的数数。把新知转化成旧知是学习数学的一种重要方法。

师：一个一个地数,399 的后面是 400,你能想到□99 的后面是多少吗？

师：□99 的后面是多少,谁能把所有的都说出来？

学生口答，课件出示。（如上）

追问：你又有什么发现？

师：如果从 800 往后十个十个地数,你会数吗？你怎么想到 890 的后面是 900？

教学中以 309 的后一个数是 310 为突破口,推想 3□9 的后一个数是多少,继而推想出□99 的后一个数是多少,然后利用计数单位"十",一十一十地从 800 数到 1000,当学生出现困难、错误时,教师没有一带而过,而是放慢节奏让学生动手拨、动口说、动脑想,在慢镜头中突破 1000 以内数拐弯数的难点。在此基础上对接近整十、整百、整千的拐弯数的多个数组进行整体梳理,引导学生对数拐弯数的方法适时总结,很好地化解了教学的难点,同时又让学生在发现规律中深化了对满十进一的再认识。整个数数的过程,为学生提供了充分的自主探究空间,问题导引、由扶到放、动静结合、学思并重,在学会数数的基础上,有效悟得 1000 以内数的顺序,内化了学生的数感。由课堂观察和课后测数据可见(下图),孩子的数数成功率全程呈上升趋势,教师的"导"起到了举足轻重的作用(下图)。

这是我们的课堂实测与后测:

课堂观察结果反馈

占全班百分比 观察点	成功	不成功	成功率
前测	860 起,一十一十地数到 1000	19	9	67.90%
实测	800 起,一十一十地数到 1000	23	4	85.20%
后测	820 起,一十一十地数到 1000	25	2	92.60%

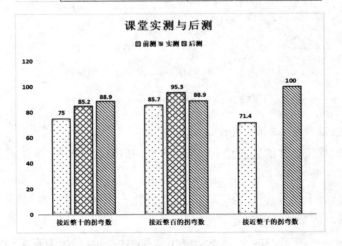

三、导在学生对思想方法的感悟处

数学思想方法对于学生而言不是仅靠教师的教就能习得,而是需要学生经历一个从模糊到清晰、从理解到应用的过程。因此,在教学实践活动中需要教师把握契机,引导学生在主动探究数学知识的过程中,领悟数学思想方法。

[教学片段三]感受 1000 的大小

师:这是 1 根小棒,想象一下 1000 根小棒有多大一捆?用手比划一下。

师:差距有点大。

师:这是 100 根小棒,现在你觉得你需要重新调整一下吗?(学生调整后基本接近)

师(出示 1000 根吸管):估计一下有几根? 为什么?

生 1:10000 根

生 2:2000 根

师(一手拿 1000 根小棒,一手拿 1000 根吸管):仔细观察,估计一下有几根?

生不由自主地喊:1000 根。

师:你是怎么想的?

生:因为吸管比小棒粗。

师:对,一根吸管所占的空间比一根小棒大,所以 1000 根吸管所占的空间就比 1000 根小棒所占的空间大。

师:这是 100 粒黄豆,老师把它倒在了这个圆柱形的罐子里。如果装满这个罐子,大约有多少粒黄豆?

师:你是怎么估计的?

生:用尺子量一量这 100 粒有几厘米高,再数一数有这样的几份。

(课件演示)出示线段____,用这样的尺子来量一量,数一数,大约有这样的几个百?

生:100、200……1000。

师:装满这个罐子大约需要 1000 粒黄豆。看,就是这样的一罐(出示满罐的黄豆)。

估 1000 根小棒第一次和第二次对比。

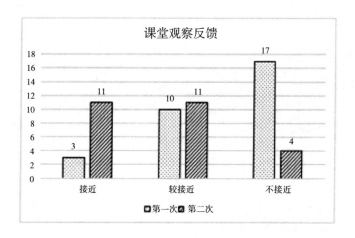

对于 1000 的大小,学生对具体数量的感悟还是比较模糊的,笔者借助 1000 个小立方体、1000 根小棒、1000 粒黄豆、1000 个座位、1000 个人等学生身边熟悉的数,激活学生原有的生活经验。在估的过程中没有让学生单纯地估,而是充分猜测、估计、交流,不断反思和调整自己估数的方法,让学生经历随意猜到根据以"百"为标准估的过程,领悟合理估测大数的思想方法,发展了学生的数感。从课堂观察中可以看到,在教师的引导下,学生对 1000 这个数字大小的建立效果是明显的(上图)。同时,有机渗透了数形结合的思想方法,100 粒黄豆用一条线段来表示,1000 粒黄豆就是这样的 10 段,把具体的数量抽象成"形",从"形"的角度进一步感知数、认识数,帮助学生丰富自己的数感经验,形成对 1000 数量大小的观念,从而建立数的概念。

学本课堂并非弱化教师的作用,而是对教师提出了更高的要求,在教学中教师要进一步做好智慧导学,适时把握导的契机,让学生经历数概念的形成过程,循序建构数感。

(原载《教学月刊》2018.11,课例研磨者:天台县外国语学校　王雪飞)

自主先学　提升学力

——"异分母分数加减法"导学实践与思考

【设计理念】

本课教学立足于前测和教材的对比分析,确定"自主先学"为学生的主要学习方式,通过展示学、交流学、深化学等数学活动,引导学生经历学情反馈、反思评价、提炼学法等过程,将知识技能内化为自身的能力,从而有效促进学生的自能发展,最大限度地激发和提升学生的学习力。

【课前思考】

本课内容选自人教版五年级下册第六单元P93~94例1及做一做的内容。为能准确把握学生的学习起点,笔者对比研读了人教版、苏教版、北师大版三个版本的教材,并对班级49名学生进行了前测与分析。

1.教材编排体系不同

人教版在异分母分数加减法之前安排了同分母分数加减法的教学,通过分数意义和示意图理解同分母分数加、减法的算理。其他两个版本均没有安排。

2.教材呈现情境不同

人教版以"纸张、危险垃圾、食品残渣、废金属各占生活垃圾的 $\frac{3}{10}$、$\frac{3}{20}$、$\frac{3}{10}$、$\frac{1}{4}$"为素材;苏教版以"一块试验田,$\frac{1}{2}$ 种黄瓜,$\frac{1}{4}$ 种番茄"为素材;北师大版以"笑笑折小船用了这张纸的 $\frac{1}{2}$,淘气折小船用了这张纸的 $\frac{1}{4}$"为素材。对比发现苏教版和北师大版素材呈现的数据较小,便于学生动手操作;人教版素材呈现的数据较大,不易操作。几次试教下来,学习效果不甚理想,素材的合理性有待商榷,需要教师另辟蹊径对教材进行创造性开发。

3.前测数据的分析

通过前测发现93.88%的学生对分数基本性质掌握良好,且对分数单位的转化有着很好的初步感知;89.80%的学生对同分母分数加减法掌握良好;73.47%的学生能运用已学知识解决简单的异分母分数加减法;但只有28.57%的学生能够对算理进行阐述。因此,本节课重在算理的表达和数学思想方法的感悟上。

基于以上分析,笔者对教材进行二次开发,放弃书本例题,设计挑战性的学习任务引导学生开展自学探究,再引导学生展示学习过程、反思学习过程,充分经历算法、算理形成的全过程,从而促进学生的自能发展。

一、自主先学,在融会贯通中掌握算法

1.独立学,思算法

【教学片段】

选择两个你认为特别的数,进行加减运算。

$$\frac{1}{4} \quad \frac{1}{6} \quad \frac{2}{5} \quad \frac{3}{8} \quad \frac{1}{7} \quad \frac{3}{20}$$

思考:1.怎样计算异分母分数加减法?

2.为什么可以这样算?

师:请同学选择两个你认为特别的数,进行加减运算。边做边思考:怎样计算异分母分数加减法? 为什么可以这样算? 有困难的同学可以自学书本 P93～94后,再尝试计算。

【思考:学生已经掌握了分数基本性质、通分、分数化小数、同分母分数加减法等知识。在任务的驱动下,学生会调动自己的知识储备,根据已有经验尝试解决新问题。在自主探索算法的过程中学生能自发运用"转化"这一数学思想方法去解决问题,培养了学生融会贯通、举一反三的能力。】

2.展示学,析算法

师:算好的同学请在组内交流你是怎么算的。谁和大家一起来分享一下。

生1:我选择的是 $\frac{1}{4}$ 和 $\frac{1}{6}$,算式 $\frac{1}{4} + \frac{1}{6}$,先通分 $\frac{1}{4} = \frac{3}{12}$, $\frac{1}{6} = \frac{2}{12}$, $\frac{3}{12} + \frac{2}{12}$

$= \frac{5}{12}$ 所以 $\frac{1}{4} + \frac{1}{6} = \frac{5}{12}$ 。

生2:我选择的是 $\frac{1}{4}$ 和 $\frac{3}{8}$,因为 $\frac{1}{4} = \frac{2}{8}$,所以 $\frac{3}{8} - \frac{1}{4} = \frac{1}{8}$ 。

生 3：我选择的是 $\frac{1}{4}$ 和 $\frac{2}{5}$，$\frac{1}{4}$ = 0.25，$\frac{2}{5}$ = 0.4

$\frac{1}{4} + \frac{2}{5}$ = 0.25+0.4 = 0.65。

生 4：我有不同意见，不是所有的分数都可以化成小数来计算的，像 $\frac{1}{6}$ 和 $\frac{1}{7}$ 就不能化成有限小数。所以我觉得这种方法有时候不能用。

师：大家觉得他说得有理吗？看来将分数转化成小数来计算有一定的局限性。

生 5：我算的是 $\frac{1}{6} - \frac{1}{7}$，$\frac{1}{6}$ 通分后是 $\frac{7}{42}$，$\frac{1}{7}$ 通分后是 $\frac{6}{42}$，所以 $\frac{1}{6} - \frac{1}{7} = \frac{7}{42} - \frac{6}{42} = \frac{1}{42}$。

……

3.交流学,明算法

师：相信刚才同学们的分享一定给大家带来不少的启示。现在请同学们在小组内讨论：怎样计算异分母分数加减法？

组 1：计算时,先把异分母分数转化成同分母分数。

组 2：先通分,把异分母分数转化成同分母分数。

……

师：这些小组说得都很正确,计算异分母分数加减法时,你们都在干什么？

生：先通分,将异分母分数转化成同分母分数。然后再按照同分母分数加减法进行计算。（形成板书：异分母分数 $\xrightarrow[\text{转化}]{\text{通分}}$ 同分母分数）

师：转化是一种非常重要的数学思想方法,今天我们班的同学都非常厉害,利用旧知识解决了新问题。

【思考：这一环节给学生充足的时间,让学生充分展示自己的想法。在展示学中,学习有困难的学生可以借助同学的智慧理解异分母分数加减法的计算方法。通过分析比较,学生能自主发现分数转化成小数进行计算的局限性,使学生明白计算分数加减法时要根据分数特点选择合适的方法。而且在反馈学情的过程中,学生更能清晰地看到不同的计算过程,在同伴互评的过程中,学生可以悄然掌握书写格式、结果要化成最简分数等注意点。在交流学中,引导学生提炼学法,体会转化思想的重要作用。】

二、自主探究,在交流展示中理解算理

1.独立学,思算理

师:你能用自己喜欢的方式来说明为什么要这样算吗?

生独立思考,并想办法说明计算异分母分数加减法时要先通分的原因。

师:完成的同学,请在学习小组内交流自己的想法。

2.展示学,释算理

师:有谁愿意和大家一起来分享?

生1:我计算的是 $\frac{1}{4}+\frac{3}{8}$,大家请看我画的图。

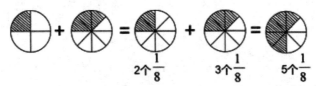

我先表示出一个圆的 $\frac{1}{4}$,再表示出 $\frac{3}{8}$。因为圆的每一份大小都不一样,不能直接相加。进行通分后,$\frac{1}{4}$ 转化成 $\frac{2}{8}$,这时候每份都是 $\frac{1}{8}$,一共有5个 $\frac{1}{8}$,就是 $\frac{5}{8}$。

师:这位同学借助图,直观地解释了要通分的原因。谁能结合图再来说一说?

生2:我解释的是 $\frac{1}{4}-\frac{1}{6}$。

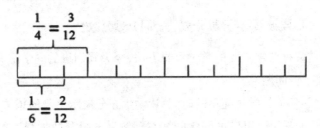

我先画出一条线段的 $\frac{1}{4}$,然后要减去 $\frac{1}{6}$,发现不能直接减。所以我就把这条线段平均分成12份,$\frac{1}{4}$ 转化成 $\frac{3}{12}$,$\frac{1}{6}$ 转化成 $\frac{2}{12}$,3个 $\frac{1}{12}$ 减去2个 $\frac{1}{12}$ 就等于 $\frac{1}{12}$。

生3：我解释的是 $\frac{1}{4} + \frac{1}{6}$。

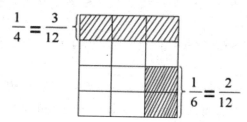

我先画出这个正方形的 $\frac{1}{4}$，再画出这个正方形的 $\frac{1}{6}$，分数单位不同，不能直接相加，所以进行通分，这样 3 个 $\frac{1}{12}$ 和 2 个 $\frac{1}{12}$ 相加就是 5 个 $\frac{1}{12}$，就是 $\frac{5}{12}$。

生4：我解释的是 $\frac{2}{5} - \frac{1}{4}$。

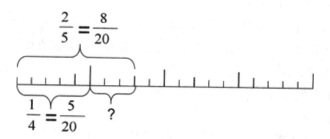

2 个 $\frac{1}{5}$ 减 1 个 $\frac{1}{4}$ 不能直接减，所以要进行通分，$\frac{2}{5} = \frac{8}{20}$，$\frac{1}{4} = \frac{5}{20}$，8 个 $\frac{1}{20}$ 减 5 个 $\frac{1}{20}$ 等于 3 个 $\frac{1}{20}$，就是 $\frac{3}{20}$。

师：数与形的结合，可以很好地帮助我们理解这样算的道理所在。

生5：我计算的是 $\frac{1}{6} + \frac{1}{7}$，通分后等于 $\frac{7}{42} + \frac{6}{42}$，这样 7 个 $\frac{1}{42}$ 加上 6 个 $\frac{1}{42}$ 等于 13 个 $\frac{1}{42}$，也就是 $\frac{13}{42}$。

师：谁听明白这位同学的意思了？

生6：他的意思是 $\frac{1}{6}$ 和 $\frac{1}{7}$ 的分数单位不同，不能直接相加。通分后这两个分数的分数单位都是 $\frac{1}{42}$，这样 7 个 $\frac{1}{42}$ 加上 6 个 $\frac{1}{42}$ 就等于 13 个 $\frac{1}{42}$，也就是 $\frac{13}{42}$。

……

师:听了上面这些同学的解释,现在谁能和大家说一说我们为什么要这样算?

生1:通分后,异分母分数转化成同分母分数,这样分数单位一样,就可以直接相加减了。

生2:通分后,分数的分数单位一样,就可以直接相加减。

……

【思考:算理放手让学生自主探索,意在培养学生综合分析与归纳抽象的思维能力,促使学生调动已有的学习方法与策略,借助图形的直观和分数的意义去解释算理。在学生独立思考、自主探索、自我体验的基础上,再组织学生开展反思评价活动,使学生对算理的理解,从具象到抽象,不断地累积分数单位相同才能直接相加减的经验。】

3.深化学,通算理

(1)回顾整数、小数加减的算法和算理。

832+45　　　26.9-3.7

师:这是我们学过的整数,小数加减法,回忆一下计算时要注意什么?

师:相同数位为什么一定要对齐呢?(计数单位相同才能直接相加减)

(2)沟通整数、小数、分数的本质关系。

师:这和我们今天学的异分母分数加减法又有什么共同之处呢?请先在小组内讨论交流一下。

生:通分,转化成同分母分数,分母相同就是分数单位相同。

师:分数单位相同就是分数的计数单位相同。所以不管是整数、小数还是分数加减法都遵循相同计数单位上的数才能直接相加减这一原则。

【思考:引导学生沟通整数、小数、分数加减运算的算理,帮助学生建构起完整的知识体系,通过这样的串联活动,使学生深刻体会到不同知识之间的内在联系,有了这样的体会,学生在学习过程中能及时地与旧知进行沟通,进行系统的思考。】

【课后思考】

本节课,我们团队的成员开展了课堂观察和后测活动,以反观学生自能发展情况。形成如下统计图。

1.从后测数据分析学生的学习效果

课一结束,我们对班级49名学生进行了后测:96%的学生已掌握了算法。94%的学生可以对算理进行准确阐述。学生的算法掌握到位,算理理解深刻。

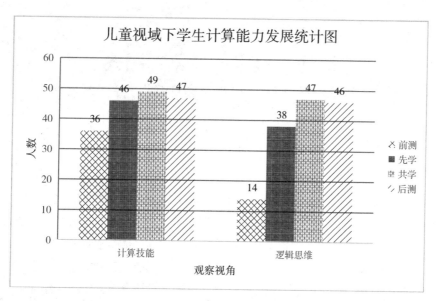

儿童视域下学生计算能力发展统计图

2.从计算技能的发展,反观学生的自主先学能力的发展

从数据中我们可以看出学生自主先学的能力非常强。学生利用旧知或自学书本,掌握算法的共46人,占94%。在小结算法后,再让学生进行计算,此时学生已经100%掌握了算法。所以,我们要充分相信学生的自主学习能力,让他们自主阅读教材或导学单理解学习任务,通过看、理、练、思等活动培养学生的主观能动性。

3.从逻辑思维能力的发展,反观学生内化应用能力的发展

从数据中我们可以看出学生的内化应用能力比较强。38位学生(占78%)能立足画图,综合运用分数基本性质、通分、分数意义等知识来解释算理。而前测时,只有28.57%的学生能对算理进行准确解释。再通过展示学,96%的学生理解了算理。由此,我们可以看出随着学习进程的不断推进、学习维度的加深,学生的知识技能、经验方法、思维能力、自觉能动性等发生着潜移默化的改变。透过数据,我们看到的是学生在不断地自我反思、自我评价,在提炼算法、理解算理的数学活动中,不断地将知识技能内化为自身的能力,并将积累的各种数学活动经验投入下一轮的数学活动中去,从而促进学生学习力的不断提升与发展。

(原载《教学月刊》2018.11,课例研磨者:天台县赤城街道第二小学　章亚萍)

活动　程序　对象　图式
——基于"APOS 理论"的"乘法分配律"导学实践与思考

　　APOS 理论是美国数学教育家杜宾斯基等人建立的数学学习理论。APOS 理论的一个基本假设是:数学知识是个体在解决所感知到的数学问题的过程中获得的,在这个过程中,学生学习数学知识要进行心理建构,这一建构的过程要经历 4 个阶段,即"活动""程序""对象"和"图式"。APOS 理论中关于数学知识建构 4 阶段的学习过程,体现了数学知识形成的规律性和数学知识学习的层次性,为数学教师进行数学教学提供了具体、可操作的教学策略。笔者将 APOS 理论应用于乘法分配律(人教版教科书数学四年级下册第 26 页)的教学,阐述如下,供同行参考。

一、经历"活动"阶段,生成特殊形式的乘法分配律

　　这里的"活动",泛指所有的数学活动,包括外在的动手操作和内在的智力操作(如猜想、回忆、计算、推理等)活动。数学活动对于促进数学概念和规则的合理生成起着奠基的作用。学生只有在活动的过程中才能加深对知识的理解,俗话说,"眼过千遍,不如手过一遍"就是这个道理。活动可以培养学生的数学探究能力和抽象概括能力。在"活动"阶段,教师要精心设计适合学生学习水平的、能引起全体学生学习兴趣的数学活动。在本节课,笔者设计了"做题竞赛"的数学活动,调动了全班同学的学习积极性,学生自觉地探索 10 个竞赛题的计算。

　　教学片段一:

　　上课开始,教师笑眯眯地走上讲台,随手发给每位同学一张印有 10 个计算题(如下)的讲义,然后对全班同学宣布:今天,我们先来个小竞赛,请同学们独立完成讲义中的 10 个计算题,做好的请立即举手,下课后,老师将对做得既快又好的同学发奖品(学生鼓掌)。随后教师宣布竞赛开始。

　　计算:

　　① 25×23 + 25×77 =　　　　② 34×46 + 34×54 =

③ $27 \times 21 + 27 \times 79 =$　　　　④ $17 \times 48 + 17 \times 52 =$

⑤ $43 \times 67 + 43 \times 33 =$　　　　⑥ $51 \times 3 + 51 \times 97 =$

⑦ $64 \times 17 + 64 \times 83 =$　　　　⑧ $75 \times 75 + 75 \times 25 =$

⑨ $88 \times 8 + 88 \times 92 =$　　　　⑩ $99 \times 22 + 99 \times 78 =$

学生独立做题,过了一会儿,生1先举手表示自己已全部做好,又过了些时间,学生一个接一个地举手表示他们也已完成10道题的计算,紧接着,教师提问。

师:生1同学,请你给全班同学报一下你的计算答案。

生1:①2500;②3400;③2700;④1700;⑤4300;

⑥5100;⑦6400;⑧7500;⑨8800;⑩9900。

师:(问全班同学)怎么样?

生:全对。

师:鼓掌。(全班同学鼓掌)

师:生1同学,你做得既快又全对,说明你的头脑里装有"小秘密",请说出你的"小秘密"并与全班同学共享。

生1:我做第①②两题时,是先相乘,再相加。做好①②两题后,感觉计算很烦琐,于是我想,有没有简便的方法,便仔细观察题目的特点,发现每题中都有 3 个不同的数,其中有两个数之和都是 100。如①中 $23 + 77 = 100$;②中 $46 + 54 = 100$。于是我尝试计算 $25 \times (23 + 77) = 2500$,发现和前面 $25 \times 23 + 25 \times 77 = 2500$ 的计算结果相同,即 $25 \times 23 + 25 \times 77 = 25 \times (23 + 77)$。当我找到简便方法时,心里可高兴了,因为下课有奖品拿了,于是下面的 8 道题也就很快地做好了。

师:好样的! 你善于观察,认真思考,及时转换思考角度,值得大家学习。

随后,还有很多同学举手发言说自己也是在快要做好的时候发现了简便方法。对此,老师也及时地表扬了这些同学。

从教学片段一中我们看到,学生通过"活动"的"自动化",生成了特殊形式的乘法分配律,并亲身体验、感受到了乘法分配律的直观背景。同时在这"活动"的"自动化"过程中,还使学生感受到了乘法分配律在简便计算中的作用,从而激发了他们学习乘法分配律的积极性。事实上,以"活动"的"自动化"为起点而构建的乘法分配律在学生的认知结构中才会有所依托,才会稳固。

二、"程序"阶段,体验乘法分配律的形成过程

"程序"阶段,是学生对"活动"进行反思,经历思维的内化、压缩过程。由于让学生在头脑中对"活动"进行描述与反思,抽象出乘法分配律所特有的性质是一种高级的智力活动,仅凭学生自己对自身的活动进行理性的反思,有时会遇到不

少的困难。因此,需要教师设计一些启发性、探索性的问题来驱动学生对"活动"进行反思,来达到对乘法分配律形成过程的体验。

教学片段二:

问题1:如果将算式 $25×23+25×77 = 25×(23+77)$ 中的数换一换,这个算式还成立吗? 请同学们取一些简单的数验算一下。(学生验算)

生:成立。

师:好,再思考问题2。

问题2:请同学们说说算式 $25×23+25×77 = 25×(23+77)$ 两边的相同点和不同点。(学生思考)

生:相同点是算式两边的数都相同,两边都包含了加和乘两种运算。不同点是运算顺序不同,左边是先相乘再相加,右边是先相加再相乘。

师:很好,现在老师把上面的算式倒过来写,并记作算式(1),同时把原来的算式记作算式(2),即

$25×(23+77) = 25×23+25×77$ 算式(1)

$25×23+25×77 = 25×(23+77)$ 算式(2)

请同学们继续思考问题3。

问题3:比较算式(1)和算式(2)的相同点和不同点。(学生思考)

生:相同点是算式(1)和算式(2)中的数都相同。它们都包含加和乘两种运算。不同点是算式(1)的左边就是算式(2)的右边,算式(1)的右边就是算式(2)的左边。

生:算式(1)和算式(2)实际上是同一个算式,一样的。

生:就是一个算式,是从左到右看,还是从右到左看的问题。

师:说得好,对于算式(1),从左往右你是怎么看的?

生:放进去!

师:对于算式(1),从右往左你是怎么看?

生:拿出来!

师:不错! 很形象,也容易记忆。事实上,算式(1)和算式(2)的实质相同,只不过是写法不同而已。

问题4:你还能写出与算式(1)本质相同而写法上不一样的算式吗? 试试看,并说出为什么?

[根据老师的要求,学生写了很多与算式(1)本质相同而写法上不一样的算式,如 $25×(23+77) = 77×25 +25×23$,$(23+77)×25 = 25×23+25×77$ 等,理由是根据运算律。事实上,这是一种变式,即"形"变而实质不变]

从教学片段二中我们看到,通过比较、概括及变式等思维活动,学生不仅体验到乘法分配律的形成过程,而且还培养了他们的发散思维和概括能力,同时还使他们从"变"的现象中发现"不变"的本质。从"不变"的本质中探索"变"的规律。体验到新知识是如何从已知知识逐渐演变或发展而来,从而理解知识的来龙去脉,形成良好的认知结构。

三、"对象"阶段,对乘法分配律的形式化表述

"对象"阶段,是通过全面的概括,认识到了乘法分配律的本质,对其赋予形式化的定义和符号,使其精确化,成为一个具体的对象。

教学片段三:

师:很好,真是万变不离其宗啊! 既然是一条规律,那么我们就要用一般的、最简洁的形式把它表示出来,你能表示它吗?

生:$\square \times (\triangle + \bigcirc) = \square \times \triangle + \square \times \bigcirc$。

生:$a \times (b + c) = a \times b + a \times c$。

师:很好! 上面两种表示,你认为那种表示更好?

生:用字母表示的最好。

师:为什么?

生:用字母表示的简洁,有数学味。

师:回答得很好! 我们把规律 $a \times (b + c) = a \times b + a \times c$ 称作乘法分配律。你能用数学的文字语言来叙述乘法分配律吗?

生:一个数与两个数的和相乘,可以先把它与这两个数分别相乘,再相加。

师:好的! 请继续思考问题5。

问题5:$a \times (b + c + d) = ?$ 为什么?

生:$a \times (b + c + d) = a \times b + a \times c + a \times d$。

师:为什么?

生:把括号内3个数相加看作2个数相加,就可以用乘法分配律计算。

师:不错!

最后教师继续提出问题6。

问题6:$a \times (b_1 + b_2 + b_3 + \cdots + b_n) = ?$ 让学生课外思考而产生悬念,这对培养学生学习数学的好奇心和兴趣无疑是十分有益的。

至此,学生经过前面3个阶段的递进学习,达到了思维的浓缩,能够将乘法分配律作为一个整体、一个独立的对象来处理。

四、"图式"阶段,建立综合的心理图式

"图式"是人脑中的知识单元,知识组块和知识系统。图式的建构可减少外在的认知负荷,减轻记忆负担。从对象阶段到图式阶段是认识上的再次飞跃,需要教师设计多样化的操作活动实现这种飞跃。于是设计"做一做"的环节,让学生通过变式来达到解题技能的自动化。

1.下面哪些算式是正确的? 为什么? 正确的画"√",错误的画"×"。

$56×(19+28)=56×19+28$ （　　）

$32×(7×3)=32×7+32×3$ （　　）

$64×64+36×64=(64+36)×64$ （　　）

设计意图:第 1 题是正反例辨别题,正例有利于"丰富"学生对乘法分配律的认识,反例则有助于"纯洁"学生对乘法分配律的认识。

2.计算下面各题,怎样简便就怎样计算。

$117×25+117×75$；　　　$25×(4+8)$；

$25×(67+33)$；　　　$25×(16×4)$；

$5+137+45+63+50$。

3.用多种方法计算 $25×12$,并分别说一说运用了什么运算定律。

设计意图:第 2、3 题是运算定律在思维水平上的运用,学生通过算法多样化的变式练习,其运用运算定律的解题技能达到自动化程度,同时进一步加深理解乘法分配律与其他运算律之间的区别与联系。

4.请画一张表,归纳学过的运算定律。

设计意图:让学生自己用表格的形式来进行本节课的梳理与小结,即

名 称	用字母表示	举例
加法交换律	$a + b = b + a$	$40+56=56+40$
加法结合律	$(a + b)+c=a+(b + c)$	$(88+104)+96=88+(104+96)$
乘法交换律	$a×b=b×a$	$4×25=25×4$
乘法结合律	$(a×b)×c=a×(b×c)$	$(25×5)×2=25×(5×2)$
乘法分配律	$a×(b + c)=a×b + a×c$	$25×(4+2)=25×4+25×2$

此时的乘法分配律是以一种综合的心理图式存在于学生的大脑之中,是含有具体的实例、完整的形式化表示以及与其他运算律相联系等知识组成的"知识组块",那么学生以后遇到类似的问题时,就会快速提取,顺利解决。

结束语:APOS 理论强调了数学概念、规则建构的过程。在数学教学中,教师

要根据 APOS 理论的特点,引导学生于活动中生成,从过程中体验,在操作中建构,在学生进行充足的活动体验过程中有意识地落实数学的思想方法、思维方法和研究方法,使之符合学生主动建构的教育原理。

（原载《中小学数学》2018.7～8,课例研磨者:椒江区教育教学发展中心　邱莉亚）

立足儿童　整合设计

——单元视角下的"认识三角形"导学实践与思考

张奠宙教授认为:"数学的对象是抽象的、形式化的思想材料。"如何让抽象化的概念内化为学生生动的思想材料,需要运用判断、推理、观察等手段,不只是在学生的头脑中建立概念的外在形式,而是对本质属性的理解和认识,从而推进学生思维能力的发展。笔者在"认识三角形"一课中,做了以下的尝试。

一、缘起:透析问题,寻找瓶颈

(一)概念理解,"被"经历

在学科调研中,聆听了五节"认识三角形"课,对于三角形含义的教学都是采用"判断、辩证、引导得出含义",但是在对 196 名学生后测中,情况却是这样的。后测结果:

题目	后测目的	情况	
什么是三角形?	对三角形含义的理解	3 个角,3 条边	5%
		3 个角,3 条边,3 个顶点	92%
		由 3 条线段围成的图形	3%

思考:

1.定义理解没有升级。经历一节课的学习,为何学生还是停留于用三角形的特征来表达,可以看出学生对于得出与理解这个非常严谨的定义是比较困难的。

2.学习过程"被"经历。学生在老师不断引导判断、辩证的过程中,发现课堂中定义想被学生完整地说出几堂课都比较累,只是被充分地引导到位,相当于老师半告知半由学生得出。

(二)概念同化,"被"经验

在四年级上册学习过垂直,会画平行四边形、梯形的高,学生对于三角形高的

理解处于垂直于水平线上竖着的那条线段,后测 196 名同学中发现:

操作:画出底边上的高。 (目的:会画需要延长底边上的高。) 底	底	底	底
	29. 99%	64. 81%	5. 1%

35% 的学生对于钝角三角形的高,很难掌握其本质属性。

二、思考:审视教学,追根溯源

笔者对人教版教材与北师大版教材中有关三角形认识内容进行了梳理,做了深入的解读与分析。

(一)反观教材,理解单元立意

1.纵向比对,厘清知识脉络

关于三角形的知识,站在单元角度,去审视教材,从纵向看做了如下安排:

一年级下册	四年级下册	五年级上册	八年级上册
认识、拼组	特性、三边关系、分类、内角和	三角形面积	与三角形有关的线段、与三角形有关的角、全等三角形……等边三角形

整体看,同一模块的知识安排在不同学段循序渐进地学习,四年级下册知识的学习是五年级上册、八年级上册知识的基础,但其知识的几何思维水平对应在水平 1 或 2 之间,可以看出其对后续重点的知识应该是"高、三边关系、分类、内角和",与之有关的知识是四年级上册的垂直与平行四边形的高等。

2.横向比对,求同存异理序

比对人教、北师、苏教三大教材,重点知识梳理如下:

3 个版本		稳定性(苏教版以"你知道吗"出现)、三边关系、分类、内角和
2 个版本	人教	各部分名称(顶点、边、角)、底和高
	北师	
1 个版本	人教	定义
	北师	图形分类(立体、平面到曲面、三角形、四边形)

弱化的知识如何处理? 根据上面的内容整理,定义在其他教材都没有严格意义要求,可以弱化教学。在第三学段的课程标准中描述:掌握三角形的稳定性,说

明在八年级上册将会更细化地学习其稳定性,四年级的目标是理解稳定性。所以应该强化的知识是:高、三边关系、分类和内角和。

(二)聚焦学生,顺应思维立序

设计 3 题前测,通过前测:找准学生学习起点。

前测 1:

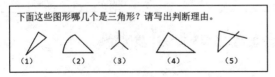

前测结果分析:(1)和(4)结果正确 100%,用 3 个特征判断的是占 78%,用 1 到 2 个特征判断的占 22%;(2)号结果正确 100%,理由正确 98%;(3)号结果正确 96%,理由正确 68%。(5)号结果正确 73%,理由会描述 68%,对三角形的特征基本掌握。

前测 2:(   )是三角形。

结果	百分比	定义角度	概念的接近度
3 个角、3 条边的图形是三角形	83%	从三角形的特征定义	非本质属性的理解,只是直观判断
有 3 条边(3 条线段)组成的封闭图形	5%	从三角形的本质性性定义	有一定的抽象能力
3 个角是 180°的图形	8%	从三角形的特性定义	抓住的是非本质属性

说明大部分学生都是从特征与特性去定义,对于概念的本质属性的描述很少,因为学生没有经历过概念的发生过程,当然无法准确定义,建议学习中注重经历,同时注重沟通与提升。

前测 3:画出 ╱▱╱ 的高,89%的学生是这样画 ╱┕高╱,或者画在另一个点上,11%的同学画得不标准或者不会画,但是没有一个同学出现以另一条边为底的高。说明学生对画高有一定的基础,大部分学生能借助知识来迁移获得新知。

三、重构:立足儿童,整合设计

在基于儿童立场,单元视角的基础上,笔者整合设计了"认识三角形"的单元架构并进行了尝试实践,截取部分教学片段和大家分享。

(一)立足单元文本重构序

各个版本的内容顺序如下:

人教版:定义、底和高→确定性→三边关系→分类(按角、边)→内角和

北师版:图形分类→稳定性→三角形分类(按角、边)→内角和→三边关系

苏教版:各部分名称、三边关系→高和底、稳定性→分类(按角)→内角和→分类(按边)

三个版本的教材顺序都不相同,笔者认为3大特征、定义与分类知识更为紧密,其定义是三角形的本质内涵,分类是外延,这两者包含关系,不宜分割开来教学。而分类则更有利于研究高、三边关系、内角和,可以分类派代表研究,而且更有利于表达,不需要用三角形1、2等来表达。如画高的练习做一做:

说出下面每个三角形各部分的名称,并各画出一条高。

直角三角形的两条直角边就分别是它的两条高,而钝角三角形的有的需要延长后,从顶点出发画底上的高,这样更容易学生理解其本质,从而成功画高。所以对于重点知识的序做以下调整:

定义、分类(按角、边)→高和画高→稳定性、三边关系→内角和

(二)形成概念重整体

1.沟通——把特征与定义悄然融合

在三年级的时候,学生对于什么是三角形,有充分的知识储备,已能够非常直观地感知,即三角形有3个角、3条边、3个顶点,从特征感知概念的表象,怎样让学生真正意义上的理解三角形的概念?

【片段一】

师(出示小朋友画的三角形):这些图形是? 它们有什么异同?

生1:有3个角、3条边、3个顶点。

生2:形状大小不一样。

师:3个角、3条边、3个顶点这是三角形的三大特征,书本上是怎么描述的?

读一读。"相邻线段的端点相连"是对谁的解释?

生:围成。

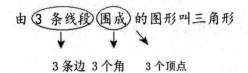

师:你能在定义中找到三角形的3个特征吗?

根据学生回答形成板书:

通过"同质与区别→比对概念→沟通特征与定义",在沟通中让学生体会到:通过合二为一,进一步清晰概念的本质属性。明确特征,并不是等同于真正地理解三角形的内涵和外延。逐步让学生明白:原来学习的3个角、3条边、3个顶点在定义"由3条线段围成的图形"中也能够找到,只有这样围成了,才能找到3个角、3个顶点。从而把新旧知识有效地架构起来,更好地理解三角形这一概念。

2.求联——让概念体系走向完整

三个板本,相对来说北师大版,更注重知识体系"类化",如何让三角形的知识体系更完善呢?

【片段二】

师:今天我们认识了三角形,它是我们平面图形王国中最基本的一个图形。它其实和很多图形都有连接点,两个完全相同的三角形可以拼成……

生:平行四边形。

师:还可以拼成……

生:长方形、正方形。

师:如果是这样呢?你发现了什么?

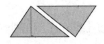

生:一个三角形的高就是这个平行四边形的高。

师:如果把这个五边形这样切分呢?

生:3个三角形。

师:如果是这样呢?

生:圆。

师:一个接近圆形的平面图形。

三角形是整个平面图形中最基本的一个,如何把三角形与其他图形有效地连接起来。提出:今天我们认识的三角形,它和其他的很多图形是有联系的,让三角形置身于其他图形中,让整个知识体系得到完善。充分利用新旧知识之间的内在联系,从知识的逻辑顺序中引导学生发现三角形和其他平面图形之间的联系,使每一个学生发现所学新知是旧知的扩充与发展,为后续学习三角形、圆、多边形的面积打下了坚实的基础。

(三)形成技能重变化

三角形的画高其难度来自三角形的形状、放置的位置等。本节课对于画高,主要通过这样三个层次推进:尝试画高——掌握方法——形成技能,建议单独为一课时。

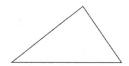

1.尝试——在自主画高中掌握方法

【片段一】

活动1:画出指定底上的高。

画后,请学生评价:你认为谁画得最好?学生分别从有没有垂直线段,有没有虚线和标直角符号等进行评价,从而得出画高的方法和注意点。

2.厘清——在变式画高中掌握技巧

底

底

底

【片段二】

活动：画指定底上的高。

针对直角三角形的三种情况：

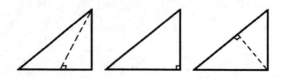

师：你认为哪一种对？（大部分同学赞同第2种。）

师：他没有画，为什么就说他画对了？

生：因为用三角尺推过去，下面已经是直角了。

生：直角三角形的两条直角边都是垂线，就都是高。

师：他说的是什么意思？

生：指着底，上面的直角边是下面这条底的高，如果以这条为底，那么另一条直角边就是它的高……

师：那第3位同学画的是高吗？

生：也是的，但是以上面这条边为底。

师：仔细观察直角三角形的3条高，你有什么发现？

生：三条高都交于直角边的交叉点上……

从学生的回答中，已然明白直角边就是底上的高。通过观察和寻找，明白原来直角三角形有两条高，不用三角尺去画。

3.想形——在整体中提升综合素养

【片段三】

师：如果底BC不变，你发现了什么？（顶点A上下移动）

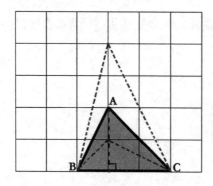

生1:越往上,高越高。

生2:向下移,高就越短,三角形也变小了。

生3:再往下一格,就没有了。

生:一条线……

【片段四】

想象:如果 A 点左右移动,你能想出这些三角形的形状吗? 它的高又在哪儿了?

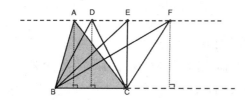

师:你有什么发现?

生:只要在上面这条线上,任意的一点都可以。

生:高可以画到三角形外面的。

师:你觉得今天的画高是一个新知识吗?

生:画三角形的高和画垂线是一样的。

生:和画平行四边形、画梯形的高是一样的……

通过三次画高,从"尝试画"——总结方法,到"会画"——掌握方法,再到"巧画"——形成技巧,最后到"想形——提升综合能力"。多次画高熟练画高技能,加深了对三角形的高和一个三角形有三条高的理解。通过操作、观察、辨析、修改让学生逐步清晰、掌握画高的技巧,从而形成技能。延长一边画高是画高这一难点中的难中之难。设计平行线上画三角形的活动,以分散难点。学生更是惊喜连连,无形当中把画三角形的高与垂线和平行四边形的高连起来。

概念是抽象的,从学生的认知出发,充分让学生经历抽取出概念的共同的本质属性的过程。这样概念才能真正成为学生的思想材料,悄然无声地生长,从而促进学生的思维成长。

(台州市教学论文评比一等奖,课例研磨者:仙居县第七小学 方芳)

立足学生经验　重视学材开发
——"复式条形统计图"导学设计与实践思考

　　教材提供的数学学习素材可谓是情境丰富、资源充足，一般情况下教师只要按教材的导向进行细化设计即可。然而，当下的教材观又强调"用教材教，而不是教教材"，有些教材的编写确实也存在问题，不是很适合学生学习。所以作为一线教师既要善于利用教材，又要能够走出教材，在正确理解教材、准确把握教材的基础上，根据学生的实际生活经验对教材进行适当处理，进而开发出适合学生的学材，使学习素材生活化、活动化，让我们的数学课堂充满生机和活力。"学材开发"是我们工作室一直致力于研究的一块内容，并提炼出一系列的行动策略，下面结合《复式条形统计图》具体来谈。

一、研读知识体系，把握学习关键
　　四年级下册的"复式条形统计图"一课内容包括 P95 的例 3 及相应的"做一做"。教材的例 3 提供了某地区城乡人口统计表，让学生先根据原有知识，分别画出城镇和乡村的纵向单式条形统计图，再引导学生在已有知识和经验基础上，通过观察、比较发现这两个统计图的相同之处与不同之处，将两个统计图合并成一个复式条形统计图，再解读这个统计图的信息。对于四年级的孩子来说，学习了单式（纵向、横向）条形统计图，已经掌握了绘制条形的简单方法，并能简单分析信息、解决简单问题。笔者认为，通过本课的学习探究，学生要学会复式条形统计图的制作，并提高读图与分析信息能力，会根据信息简单地提些建议、进行简单决策和预测，培养统计意识与决策能力。

　　"做一做"的统计内容取材于学生的学习生活实际，提供了四年级学生喜欢的运动项目统计情况，让学生在练习中进一步理解复式条形统计图的优点，即复式统计图能更好地呈现两个统计内容的对比情况。

二、结构化备课,整合学习内容

针对"某地区城乡人口"素材与学生的生活距离很大,笔者在备课时一直考虑:能不能寻找到一个学材,既能达成本课教学目标,又能让学生沉浸其中并主动探究? 经过多次思考与论证,最终决定结合学校的跳绳比赛,以"派哪个班参加上一级的比赛"为主线,整合全课学习内容。

导学的过程中注重让学生在问题的冲突中产生新知,通过观察与比较、读图与分析、动手与实践等活动充分展示学生主动学习的需要。同时考虑到统计图的画法可以在生活中淡化,因此导学案中把侧重点放在两个单式统计图合并成复式统计图的探究,让学生充分经历探究的过程,发展学生思维,并在这一过程中突出统计图的作用。本课设置以下几个环节:①创设情境,在派哪个班参加比赛的决策过程中,感受到复式统计图的优点;②根据学生的认识水平,激发探究欲望,合并单式条形统计图,创造出复式条形统计图;③解读复式条形统计图,在分析数据时突出其决策、预测功能;④拓展学生思维,提升解决问题能力,通过展示 Excel 画图统计图的功能,让学生认识统计图的多种形式,并知道在现代技术下制作各类统计图的便利性。

三、基于课堂实践,探究学习案例

(一) 回忆旧知

学校举行跳绳比赛,四年级各班的成绩如下表所示。这是我们以前认识的统计表,根据统计表,可以画成统计图。从统计图中,你知道了什么?

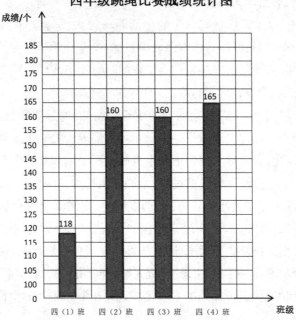

四年级跳绳比赛成绩统计图

四年级跳绳比赛成绩统计表

班级	四(1)班	四(2)班	四(3)班	四(4)班
成绩	118	160	160	165

创设学生熟悉的学习情境,帮助回忆条形统计图的特点:容易看出数据的多少。学生在条形统计图中一眼可以看出条形最高的班级是成绩最好的,条形最低的班级是成绩最差的,条形一样高的班级成绩相同。

(二)引入新知

学校要推荐其中一个班参加县里的比赛,如果你是校长,你推荐哪个班去参加比赛?

生:四(4)班,因为四(4)班的成绩最好。

出示比赛通知:每个学校派一个班级,男生、女生分别评奖。现在你有什么想法?

生1:男生跟男生比,女生跟女生比。

生2:比较时,应该需要知道男生成绩、女生成绩。

看来,需要知道每个班的男生成绩和女生成绩分别是多少,才可以进行比较。

学生在解读比赛规则时,认为只知道"全班成绩"这一个素材是不够的,无法明确男生和女生的成绩情况,自然想到需要男生、女生这两个数据,为新知的探究埋下伏笔。

(三)探究新知

1.根据统计表,制作单(复)式统计图。

出示男、女复式统计表,根据复式统计表,画出统计图。

四年级男、女生跳绳比赛成绩统计表

成绩　　班级　性别	四(1)班	四(2)班	四(3)班	四(4)班
男生	115	160	180	140
女生	120	160	140	178

学生作品:

有些学生受复式统计表的启发,会想到把两组数据画在一个统计图中,形成初步的复式统计图。也有一些学生分别画出男生成绩统计图和女生成绩统计图。教师认识到学生之间的差异,允许不同的学生有不同的作品。

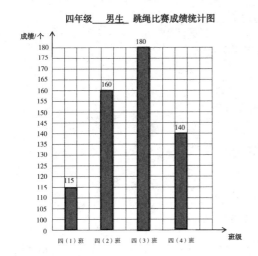

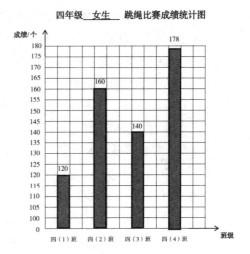

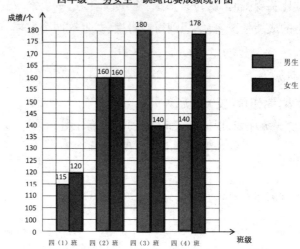

2.反馈:

出示以上三张统计图,你们喜欢哪一种? 说说你的理由。请同学来介绍一下复式条形统计图。

(1)复式条形统计图的名称。

(2)复式条形统计图的横轴、纵轴。

(3)复式条形统计图的图例。

把两张单式统计图合并在一起,变成了复式统计图。比较一下,单式统计图与复式统计图有什么相同的地方和不同的地方?

(1)统计图的横轴、纵轴一样。

(2)统计图的画法一样。

(3)两种统计图的表头不一样。

(4)复式条形统计图有图例,有2组数据。

3.解读复式条形统计图。

(1)现在大家认为推荐哪个班去参加比赛?

生1:男生第一的班级。

生2:女生第一的班级。

生3:男生、女生虽然不是第一,但都比较靠前的班级。

生4:还看看其他学校的男女生成绩怎么样。

师:如果 A 学校派这个班去,你派哪个班? (下图1)

如果 B 学校派这个班去,你派哪个班? (下图2)

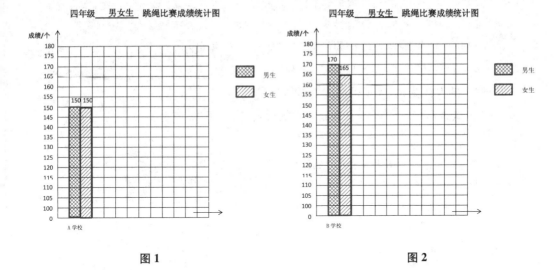

图1   图2

(2)根据这几个班的情况,你们有什么建议跟相应的老师和同学说吗?

学生用熟悉的学材,经历解决问题的过程,深刻理解了当有多组数据进行比较时,用复式统计图更利于比较。在探究的过程中,也逐步认识、掌握了复式统计图的特点和画法。

本环节的学材选择,可以让学生在解决问题的过程中,自然地认识复式条形统计图,知道了在做决策时,应该要有理有据,根据数据做分析。

(四)拓展巩固

1.出示课本 P95、P96 关于"某地区城乡人口的统计图",请根据统计表的数据,填写完整。

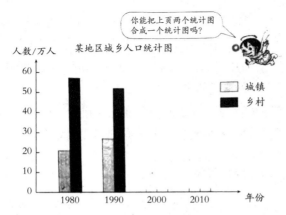

已经完成统计图的同学,完成下面问题,并同桌互相说一说。

（1）_____年城镇人口数最多，_____年最少。

（2）_____年乡村人口数最多，_____年最少。

（3）_____年城乡人口相差的数量最大，_____年最小。

（4）预测：2020年，这区域城镇、乡村人口的变化_____。

这里的人口变化，呈现了我国的城镇化过程。

2.复式条形统计图还可以画成下面的形式，课外完成。

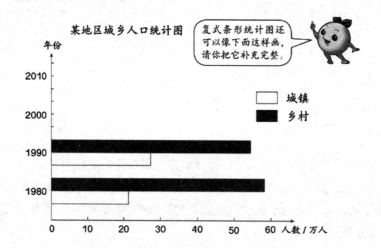

教材中设计的例题、习题都经过编者的慎重考虑，有其一定的目的。在改编教材、开发学材时，既要吃透例题的设计意图，又应该最大限度地发挥其作用。因此，在这个环节，把例题作为练习，进一步巩固学生的画图能力，提高学生的分析与预测能力，并让孩子们认识到我国城镇化的社会现象。

（五）总结延伸

通过探究，同学们把单式条形统计图合并成了复式条形统计图，很会思考。在生活中，大家还会接触到许多不同形式的统计图，而随着科学技术的发展，画统计图已非常方便。只需要在计算机中输入数据，各种不同形式的统计图就可以很快做出来。（鼓励用Excel画出各种形式的统计图。）

统计知识的学习、能力的培养不是一个学期几节课能完成的，从低年级侧重数据收集和整理，到中高年级侧重掌握读图能力，根据信息做出简单分析与比较，进行简单的预测、决策，是循序渐进的。同样，笔者认为统计知识的学习也不能仅仅停留在课本上，而应该顺应时代的变化、科技的进步。把Excel作为学材引入课堂，可以为学生打开思维的大门，解放学生的双手，把更多的时间、精力放在统计图的解读、分析、预测、决策上面，真正体现统计图的作用。

通过以上的实践探究,可见学材的提供应该要立足学生的已有经验与生活积累,选择学生感兴趣的学材,这样才能让我们的数学课堂充满生机与活力,对学生的学习效果起到事半功倍的作用。

(原载《教学月刊》2018.11,课例践行者:台州市路桥小学　梁茶斌)

直面学情　评价促需

——"运用平移知识解决问题"导学实践与思考

教与学是融为一体的,以生为本,循学而导是教学不懈的追求。教学中只有直面学情,充分了解和分析学前情况,在学习过程中给学生搭建自主管理、独立思考、梳理知识、自我架构知识框架的平台,以评价为触发器,激活学生内心的需求,再从学生的需求出发,循学而导,螺旋上升。学习过程力求凸显积极主动地思考,有足够的动力与耐心去面对和克服探究过程中遇到的困难,师生一起经历数学学习的历程,从而满足学生自我挑战、自我肯定、自我欣赏的需求,促进不同学生体验到不同程度成功的乐趣,促进学力的提升。本文将以人教版四年级下册"运用平移知识解决问题"的导学实践为例,阐述在小学数学课堂教学中如何做到直面学情,评价促需。

一、直面学困点,在评价中导学

在我们的实际教学中,很多教师往往以教材的知识点为本位,忽略学生学习的起点和需求,结果就会出现教师教得很努力,学生学得很疲惫。因此,在教学新知之前,了解学生的学习起点是重中之首,教师可以利用前测内容来了解学生的学困点,启动学生的思维,暴露原始问题。课堂教学中根据前测情况,直面学困点,在评价中循学而导,让孩子敢于表达自己的观点,体验学习从不会到会的全过程。

如在"运用平移知识解决问题"中,根据本课知识点和教学目标设计前测内容,如下:

(1)你能直接利用以前学过的面积公式求出这个图形(见图1)的面积吗?为什么?

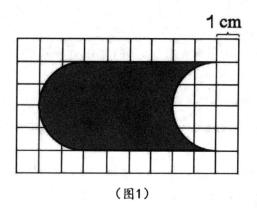

（图1）

（2）你能想办法求出它的面积吗？请列式解决。（可以在图上标一标、写一写、画一画，让人一眼看出你的思考过程）

（3）如果你能求出它的面积，请你想想为什么你的方法是可行的呢？请写下你的想法。

经统计（图2），全班38人，9人不会，体现为无从下手；20人能求出答案，但不知道为什么自己的方法是可行的；还有9人不但能求出答案，还能初步知道把不规则图形通过平移转化成一个长方形进行面积的计算。通过分析前测，精准把握学生会的是什么，不会的是什么，直面学困点，在评价中进行导学。

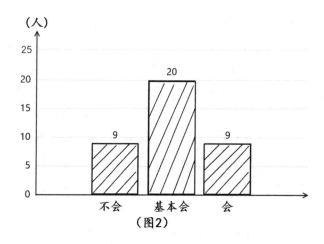

（图2）

（课始，教师利用PPT反馈课前测的基本情况后）

师：对于求这个图形的面积，统计中有三类孩子，你猜此刻老师最想听听哪类孩子的想法？

生1:会的。

生2:基本会的。

师:其实老师最想听听不会这类孩子的想法,这题你觉得难在哪里?(不会的孩子没有举手)

师:孩子们,如果能把觉得难住自己的地方用语言表达出来,那么你的学习就已经开始了,我们的学习就是从不会到会,看看谁能勇敢地表达自己的想法。(此刻有学生举手了)

生3:这个图形一边凸出来,一边凹进去,所以我不会直接计算它的面积。

生4:这个图形左右两边的线是弯曲的,它不是一个长方形,不能用以前学过的长方形的面积公式来计算,所以我也不会。

师:孩子,你们真棒,说出了自己不会的原因,其实你们已经在分析这个图形的特征,学习就已经开始了。

以上教学环节,由于学生在课前完成了前测单,对于新知问题的思考会比较深入,在思考中,当学生进入"心求通而未得,口欲言而未能"的状态下就会产生独立解决问题中遇到的学困点。在教学中,基于儿童的立场,直面学困点,在教师的评价中进行导学,学生受到鼓励,通过审视自己在学习中碰到的困难,真正形成一个问题情境,从而转化为学生内在的一种学习需求。

二、直面本质处,在评价中激思

大道至简,"越是简单的往往越是本质的",把握数学的本质是一切教法和学法的根本。在教学过程中,不能刻意追求数学的生活化、情境化,要引导学生从复杂走向简单,把握本质特征。为此,导学中要做到直面数学的本质,理清知识点间的层次关系、学生已有知识经验与生活经验间的关系、问题解决背后的数学思想方法等,从而把学生的思维聚焦到学习内容的本质处,在评价中激发学生的思维,促使师生、生生间的互答融入思维的积极活动,剔除一些无关要素,最大限度地凸显学习内容的本质属性,从而提高学生分析问题和解决问题的能力。导学实践如下:

师:以上两位同学都用6×4来解决这个不规则图形的面积?你能读懂他们数据背后的意思吗?(图3)

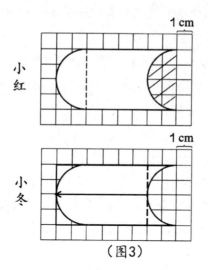

（图3）

生1:小红的作品是把左边的半圆补到右边,就成为一个长方形,所以用6×4来计算。

生2:小红是先把这个不规则图形进行分割剪下来,平移到右边去。

师:(对生1进行提问)从生2对你的补充中,你觉得他哪些数学语言用得比你好? 你能修改你的回答再解释小红的作品吗?

生1:先沿着竖线剪下来,再向右平移6格,变成一个长方形。

师:是啊,沿着竖线剪下来,在数学上我们可以说先进行分割,再向右平移6格,变成一个长方形,把变成说成转化,就更有数学味了。

生3:我很欣赏小冬的作品,他的想法很独特,他也是沿着竖线分割,把右边的图形向左平移6格,转化成一个长方形。

师:我们大部分同学都是采用小红的分割方法,感谢小冬同学的思考过程,让我们学会了反向思考。那么他们都用平移的策略来解决问题,而6×4求的都是长方形的面积,为什么就是不规则图形的面积呢?

生4:我觉得他们的方法是一样的,都转化成一个长方形,长方形的面积=长×宽,所以用6×4来计算。

生5:因为两种方法平移部分的图形刚好填补了空白,转化前后的面积是相等的。

生6:因为在平移的过程中,图形的形状、大小是不变的。

师:孩子们,你们从同伴那里学到了不同的方法,通过比较找到了共同点,让自己的思路更加清晰,两种不同的分割目的都是转化成已经学过的长方形,正如你们所说,由于在平移的过程中图形的面积不变,只是位置发生变化,所以所求的长方形的面积就是不规则图形的面积。

在师生、生生的互动中,教师利用评价有意识地激发学生内在学习的动力,促使学生透过表象与同伴交流自己的发现,打破固定的思维模式,反思解决问题的过程,走向解决问题的本质所在。

三、直面差异性,在评价中发展

学生的能力是多元的,在课堂学习中,有的学生思维是迟钝的,有的学生思维是敏捷的,有的学生接受直观容易,有的学生却抽象能力强……我们应该接受并利用这一差异性,根据不同层次的学生进行导学,通过评价,尽可能为学生提供不同层次学习的平台,分层发展。

如在探究图形面积的过程中,对于大部分学生来说能掌握向左平移或向右平移来转化成长方形从而解决问题就可以了,但基于学情,直面学生的差异性不容忽视。教学中要善于暴露学生不同的思维,让同伴来解惑,从而在教师的引导与评价中,促进独特个体的不断优化。如下:

师:对于小明同学的转化过程,请谈谈你的看法?(图4)

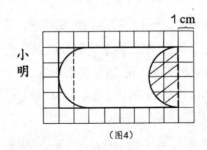

(图4)

生1:小明分割后的这块图形向右平移6格不能填满这个半圆。

生2:这样分割后通过平移,不能把不规则图形转化为长方形,所以仍旧不能解决问题。

小明:我同意你们的意见,我能进行修改了。(自信满满)

师:同学们真会观察,小明也从大家的分析中学会解决的办法。孩子们,这就是学习。那么请问,这样的分割线只有两条吗?还是能找到另外的条数?

小明:还能找到。(在大屏幕上指出第3条分割线)

师:小明同学通过学习,不但能纠正自己的错误,还能找到另一条分割线,进步真的很大。

生3:我还能找到。(生3在大屏幕上指出第4条分割线)

师:孩子们,现在找到第4条了,你有什么想法了吗?

生4:老师,我觉得只要在这两条分割线(图5)的范围之内都可以。(生4在大屏幕上指这两条分割线的范围)

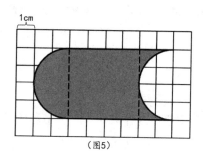

(图5)

师:谁能听懂生4的意思吗?

生5:生4的意思是有无数条。只要在这两条分割线的范围之内,垂直于上下两条边,任意一条都可以,因为在这范围内分割,最后通过平移都能转化成一个长方形。

师:孩子们,大家真有想法,特别是生4和生5两位同学的想法很有数学的眼光哦,只要在这两条分割线的范围之内进行垂直分割,最终都会把不规则图形转化成长方形。

在这一环节,面对学生的差异性,进行不同的评价,促进不同的孩子根据自身的需求得到不同的发展。对于学生小明,评价不但能纠正他的错误,还能让他继续思考,找第三条,促使学习能力类似于"小明"的学生在最近发展区内跳一跳又"摘桃子",感受到成功的乐趣。而对于生4得出一个分割范围时,在导学过程中,教师的评价没有否定也没有肯定,而是采用"谁能听懂他的意思",以一个任务驱动式评价来促进空间观念稍强的学生进入高阶思维的阶段,感悟隐性的数学思想方法——转化。

总之,教师要从学生的学情出发,审视自己的教学,利用合理的评价引导学生参与到探究知识中来,激发学习的内驱力,经历学习的过程,体验成功的乐趣,实现不同的人在数学上获得不同的发展。

(原载《教学月刊》2019.1,课例研磨者:天台县始丰街道中心小学　林伟扬)

追根究底　助力深度学习
——"植树问题"的导学实践与思考

植树问题的数学教学主要体现在——对应思想和建模思想,但它的本质源头是除法问题中的包含除类型,再根据实际情况对商进行调整。在几届的教学之中,总会发现学习这个内容的时候,班级里总有一部分学生好像已经会了,他们在新授教学时会不断地喊出你想要的答案,而无法耐心听分析去理解为什么是这样做的,导致课后面对变式练习时,这些骄傲的学生却屡屡出错。如何纠正学生的浅层次学习现象,促进学生深度学习呢? 笔者从以下四方面进行了实践与思考。

一、联系旧知,追溯原有知识体系

以旧引新是教学之常见教学方法之一。平时教学时,笔者总是习惯引导学生联系旧知识学习新知识,从而使他们在学习新知识时不会感到陌生。植树问题的本质是间隔问题(段数问题),属于除法问题中的包含除,但要根据不同情况对得到的商进行适当的调整。因此,笔者就在想如何从除法入手,与除法的意义建立联系。课前做了一个前测。让学生对 $20÷5=4$ 进行编题,并用画图表示所编题目的意思。要求学生编两种不同类型的题(要是只编一种类型,学生基本只编等分除的类型,很难出现包含除),这样的目的是保证出现包含除的类型。根据统计全班 40 名同学,编题结果如下:

类型	等分除	包含除	两种类型全对	两种类型全错
对的人数	27	15	13	5

从调查结果的数据看,笔者发现学生对于除法的认识大部分停留在等分除的认识而对包含除的应用和理解比较薄弱。如何弥补学生包含除问题掌握的薄弱情况,为植树问题的学习打好基础呢? 为此,在课的开始根据前测情况,组织学生进行诊断、分析、讨论。

课堂实录:

1.展示徐同学和张同学的作业,师:他们错在哪里?生:没有写平均分。师:是的,除法必须建立在平均分的基础上。

2.展示后两位同学编的题,师:他们编的题没有错,为什么都可以用20÷5＝4来计算。生:就是求20里面有(4)个5。师:但问题出在哪里呢?生:问题出在画图上,分给4个人,只能画4份,他却画了5份。只能做4个蛋糕却从图中看到做了5个蛋糕。师:是的,让我们再一起数一数线段图进行验证。

选取四位典型学生的错例,通过前测了解学生对包含除意义理解的程度。可见学生对于除法中的包含除理解没有等分除的理解深刻,尤其对于包含除用画图表示他们各种量时更是学生理解的难点。这也是往届大部分学生在学习植树问题画图时经常出现这样错误的主要原因。最后选取了一位优秀学生的作业,进行了示范。因此,通过此环节的前测导入,追溯植树问题知识的生长点,不但唤醒学生原有的认知,为下面教学植树问题知识的画图打下基础,并为相关练习准备好丰富的素材。

二、图式结合,追悟数学思想方法

植树问题学习的关键是用"一一对应"的思想分析段数与棵数这两个量之间的数量关系,完成从"段数"到"棵数"的转化。因此,结合图示理解算式的含义,通过"一一对应"建立两个量之间的关系,是本课的重点,也是难点之处,课堂上安排两次操作。

第一次操作:

1.出示:在20米小路一边植树,每隔5米种一棵(两端要栽)一共要种多少棵?

理解:总距离 每段距离

想一想:可以种几棵?

学生反馈:20÷5＝4(棵) 20÷5＝4 4+1＝5(棵) 20÷5＝4 4+2＝6(棵)

师:想得对不对呢?我们可以用什么方法进行验证?

生:画图。

师板书:画图法

2.学生作业纸,请一位同学上台种树。(并简单地画上小树,或图形代替小树)

师:确实是5棵,这算式中的两个4意思一样吗?

生:不一样。

师:这两个4有什么不一样呢?

生:第一个4表示4段,第二个4表示4棵。

师:为什么要加1呢?

生:因为两端都要种。

3.师:那这两个4有联系吗?

生(一边指板书一边说):有,一棵树对应一段,这样对过来,正好是4棵,两端都要种,所以最后再加1。

师:此处应该有掌声。

4.师(指着学生画的图):你还发现了什么?

生:种树是种在点上的,种的棵数比段数多1。

5.师:那么其他米数上的小路两端栽树也有这样的规律吗?我们继续探究。

我会探究

1.我假设这条路长(   )米,每隔5米栽一棵(两端要栽)。一共要栽多少棵树?

2.画图: 列式:

3.我的发现:因为两端都要栽,所以栽树的颗数比段数(   )

4.不画图,你能列式计算1000米,每隔5米栽一棵(两端要栽),要栽几棵树吗?(   )

第二次操作:(出示探究单)

6.学生独立探究、小组交流、全班反馈

生:我假设这条路长(35)米,我的列式是35÷5=7(段) 7+1=8(棵)。

我发现因为两端都要栽,所以栽树的颗数比段数(多1)。不画图,我列式计算出1000米要栽:1000÷5=200(段) 200+1=201(棵)

7.追问:你们为什么都不约而同地选择比较小的数据。

生:这样比较容易画,简单。

师:是的,由简单数据入手易操作从而得出结论,这是一种很重要的数学思想方法。板书:简→繁

第一次画图,验证例题给出的信息到底种几棵,使学生初步感知段数与棵数之间的转化,及一一对应的思想。第二次不同数据举例,利用图式结合反馈,进一步关注两个量之间的关系,找到体验植树问题背后的数学思想的桥梁,使学生利用算式和图形相结合,理解一一对应的关系,从而顺利地实现从段到棵的转化。利用两次的画图同时渗透一种由简到繁的探索过程。教材虽然渗透从繁到简的

转化思想,但根据学生的认知水平及前测的引入,从小数据入手更顺其自然。课堂上组织第二次操作时,学生不约而同地都选择了小数据,他们选择小数据的理由也是充分意识到了容易操作。由小数据得到了1000米可以植树多少棵,这样一个建模过程,就是让学生深刻体验到由简到繁的易操作性。在接下来两种植树类型学习当中,遇到大数据请他们自己画图验证时,他们自然地选择从简单数据入手,又是一个巧妙地化繁为简的感悟过程。

三、深度对比,追问解决策略根源

本节课安排两次比较。第一次通过比较使学生理解段与棵不一样,段数是一段一段的,棵数是种在点上的;也发现它们相同的地方,都是要先求20里面有( )个5。让学生理解植树问题的本质就是包含除,感受到知识之间是相互联系的,找到学习起点,从而不感觉学习新知识陌生。

第一次比较:

第一次比较安排在植树问题新课教学以后,学生已经初步掌握了植树问题的解题方法。千金难买回头看,教师及时回顾比较和之前编的题的联系和区别,从而找到植树问题和包含除之间本质的相同点。

师:之前我们编的题和植树问题有什么不一样的地方?(出示学生课前编)和新授例题。

生:一个是求几段,现在求几棵。(板书段与棵)

师:平均分得到的是一段一段的,种树是种在哪里的?

生:种树是种在点上的。

师:有什么相同的地方吗?

生:都是先求20里面有( )个5。平均分(板书)

师:是啊,都是先求20里面有( )个5,也就是二年级平均分的除法应用题。植树问题还要根据两端都栽的要求再加1。

第二次比较:

第二次比较安排在新授结束的练习中,设计了两道基础练习和两道变式练习,先让学生独立思考并解决,然后全班交流反馈并比较。练习设计如下:

1.5路公共汽车行驶路线全长12千米,相邻两站之间的路程都是1千米。一共设有多少个车站?

$12÷1=12$ (段)　　　$12+1=13$(个)

2.在一条全长2千米的街道一旁安装路灯(两端也要安装),每隔50米安一盏。一共要安装多少盏路灯?

$2000÷50=40$(段) $40+1=41$(盏) $41×2=82$(盏)

3.在工人路的一边从头到尾每隔50米,安装了36盏路灯,这条工人路一共有多少米长?

$36-1=35$(段) $50×35=1750$(米)

4.为了美化环境,在这条工人路的一边从头到尾安装了36盏路灯的中间分别种一棵树,一共种多少棵树?

$36-1=35$(段) $35×1=35$(棵)

师:通过刚才四道题的解决,你们发现解决植树问题的关键是什么?

生:弄清楚段数。

师:段数可以怎么得到呢?

生:利用除法来计算,用总距离÷每段距离=段数,或利用已知的棵数-1=段数求出来。

通过四道题的对比使学生清晰地发现,无论是解决路程、棵树,还是树与树之间关键都是弄清楚段数。而段数的求法在两端都种的情况下无非就是两种:一种是总距离÷每段距离=段数,另一种是棵数-1=段数。从而使学生解决两端都栽这种植树问题时的解题思路更加清晰、明了,为下面教学另外两种植树类型问题打下良好的基础。

四、学以致用,追寻数学生活原型

植树问题很多时候是隐藏了一些提示语,并没有清晰告知类型,这就给学生的解题带来很大的难度,平时说的"上课热热闹闹,作业乱七八糟"也就能理解了。课堂教学时要引导学生透过生活现象看到数学本质特征,寻找植树问题在生活中的应用例子,让学生能够用学到的"植树问题"的原理来解释生活中的现象,从而充分感受数学与生活的紧密联系。

课堂实录:

师:学习植树问题,如果把总长看成一条路,那么这些点可以看成树,点击课件。

引发思考:

生1:马路上的路灯问题。假如每隔几米安装一盏路灯,一条路上两端都安装,一共可以安装几盏路灯?

生2:上楼的问题。从1楼到2楼需要30秒,那么从3楼到6楼需要多少秒?

生3:学生排队的问题。一排一共有20名同学,每两个同学之间是1米,这一排一共有多少米?

师:根据同学们的列举,老师也找了一些生活中的植树问题,一边演示课件一边说。

师:这座桥栏为总长,什么是树呢?

生:桥栏的桥蹲为树,桥蹲与桥蹲之间为段。

师:公交车牌上你发现什么?

生:站点为树,站与站之间为段,起点与终点之间为总距离……

师:观察这些常见的生活中的植树问题你有什么发现?

生1:我发现都是关于段数和点(棵)数。

生2:我发现植树问题就是关于除法的解决问题。

通过本环节的设计,课堂由教师的牵引到学生自己发现生活原型,并激发学生主动思考与植树之间的关系,更值得可喜的是,他们能发现这些都是段数和点(棵)数的关系。比如,楼层是棵数,楼与楼之间就是段数;又如,同学们排队,学生就是棵数,学生与学生之间的距离就是段数……还能联系到这其实就是关于除法的问题,使学生不但感受到数学就在身边,而且还深刻体会到数学与原有知识的联系竟然是那么紧密,那么易懂。

课后进行后测,通过后测的数据肯定以上教学实践的实施是有显著效果的。

后测内容	后测结果	错题呈现
1.画图:三次画图了解学生对一般植树问题中各种量的理解	全班40位同学,25人全对,8位画图时数据标注不完整(其他全对),从对题目理解角度有33人正确;7位同学同一道题理解错误。(见错题呈现)	11路公共汽车每隔10分钟发一辆车,如果已经发了13辆车。从第1辆开出到第13辆一共经过多少时间?
2.不同植树问题类型在生活中的运用(求总时间即植树问题中的总距离、求总人数即植树问题中的棵数)		

与往届学生作业相比,本届学生正确率高了许多。特别是学生对于画图的理

解到位,没有学生因为不理解而画图错误,充分说明学生学的过程是充分的、有效的,作业才能是理解的、落实的。在练习不同植树问题类型在生活中的运用时,明显感受解决两端都栽的植树问题的数学模型已经牢固建立,学生能够清晰沟通起现实生活情景与植树问题的联系。错误的题是求经过的时间为总距离,对于一些学生来说不能很好地进行沟通理解,说明中、下学生告诉棵数转化为段数再求总距离还是有难度的,但可喜的是通过画图重新理解他们都能自己订正。

　　知识的落实源于对学生学情的充分认识,对教材的再次深度理解。通过引导追溯原有知识体系、追悟数学思想方法、追问解决策略根源、追寻数学生活原型,使整节课学生的学习主动积极、活泼灵动,尤其是画图策略的应用以及一一对应思想的感悟更加深刻,初步实现学生的深度学习。

(原载《教学月刊》2020.10,课例研磨者:天台县外国语学校　　徐敏月)

翻转复习　共学悟法
——"'平面图形面积'的总复习"的导学设计及实践

小学六年级总复习教学中,由于知识点多而散乱,且彼此间的关系密切,教师在有限的课堂时间里,既要组织学生整理知识,又要训练解题技能,大容量、多任务的课堂往往束缚了教师的手脚、禁锢了学生的思维,造成复习效率低下。

基于此,笔者在学本课堂理念的指导下,在执教"'平面图形面积'的总复习"一课时,尝试借助复习单翻转复习,让学生在课前充分梳理的基础上,给课堂复习留出更多共学悟法的空间,促进学生在思维的碰撞中感悟数学思想、提炼数学方法,构建学为中心的复习课教学新模式。

一、课前:翻转复习,自主梳理

平面图形的面积包含的知识点多,且分布于小学的各个年级,而六年级的学生已经具备了一定的自主梳理能力。为此,笔者从"我的整理、我的练习、我的错题"三个模块设计了复习单,引领学生进行课前自主梳理。

第一模块:我的整理

小学阶段我们学习了各种"平面图形的面积"。请你回忆一下,这些平面图形面积的计算公式和推导过程,然后想一想它们之间有什么联系? 说一说,通过整理你发现了什么?

第二模块:我的练习

(1)一个梯形的高是 2.4 厘米,上底是 3.3 厘米,下底是 6.7 厘米,面积是多少平方厘米?

(2)一个三角形的面积是 16 平方分米,底是 8 分米,它的高是多少分米?

(3)一个三角形和一个平行四边形的底相等,面积也相等,已知三角形的高是 10 厘米,那么平行四边形的高是多少厘米?

(4)一个小圆的半径是大圆半径的 $\frac{1}{2}$,已知小圆的面积是 3.14 平方厘米,那么大圆的面积是多少?

第三模块:我的错题

在学习平面图形的面积计算时,哪些题目容易出错呢? 请你推荐一道易错题,记录在下面的表格里。

错题推荐	
推荐理由	
我的解答	

上述复习单包括三个复习模块,第一模块"我的整理",让学生自主整理小学阶段学习的平面图形的面积公式及推导过程,并沟通这些面积公式之间的联系,帮助学生对面积知识的认识由线性走向网状,促进知识的结构化。第二模块"我的练习",通过四道不同层次的练习,检测学生自主整理的效果,探寻解题的薄弱环节。第三模块"我的错题",让学生课前自主收集、整理平时练习中的错题,并通过"推荐理由"和"我的解答"两个环节,对易错题进行错因追究与错误纠正。

二、课中:分享交流,共学悟法

课堂上,笔者基于学生课前翻转复习的真实学情,组织学生开展交流分享,在共学悟法中促进知识间的联系与融通。

1.分享成果,构建网络

从课前学生自主复习的反馈情况来看,大部分学生对于平面图形的面积公式以及公式的推导过程掌握得较好,都能通过画图或文字描述进行完整的书面表达。同时,我们也发现,学生对各个知识点的认识还停留在具体方法层面,没有形成系统的知识网络。因此,笔者把复习的重点定为引导学生感悟公式推导过程中的数学思想方法,并以此为线索构建完整的知识网络。

课始,笔者通过课件展示了三位同学的复习单(下图),让学生在成果分享交流中深度感悟转化思想。

师:通过课前的整理,同学们肯定有新的发现与感悟,下面我们一起分享三位同学整理后的感悟与收获。

生1:我发现这些图形都可以转化成长方形进行面积计算。

生2:一些未学过的图形可以利用平移和旋转,将其转化为已经学过的图形进行计算。

生3:这些图形都是转化为我们已经学过的长方形或平行四边形,再根据它们与长方形或平行四边形间的关系,推导出面积计算公式。

……

学生通过互动交流,分享了整理后的感悟与收获,进一步凸显了"转化思想"在平面图形面积学习中的重要性。紧接着笔者让学生两人一组,用学具摆一摆、连一连,形成一幅关系图,并对不同形式的关系图(下图)进行比较,进一步感悟关系图的外在形式不同,但本质是相同的,进一步凸显转化的数学思想方法,从而沟通了知识之间的联系,促进了知识的结构化进程。

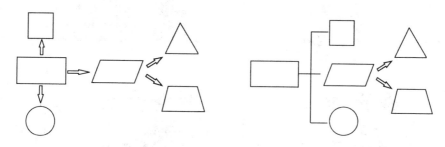

2.梳理关系,沟通求联

课前自主复习中,学生完成的四道前测题的正确率分别是:第一题 100%,第二题 97%,第三题 85%,第四题 79%。通过分析得出:学生对于公式的简单运用掌握得比较扎实,但在利用图形之间的关系解决面积问题这一方面,相对比较薄弱,说明学生的沟通、抽象、联想能力有待进一步提升。于是,课堂上笔者通过一组顶点在平行线上的平面图形(下图),引领学生对等底等高的图形面积关系进行了重点梳理,以进一步强化转化思想,提高学生灵活解题的能力和空间观念的发展。

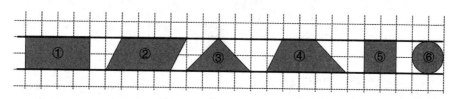

课堂上,学生通过自主探究,梳理了各种平面图形"等底等高"时的面积大小关系。例如,面积相等关系:图1与图2,图3与图5;面积两倍关系:图1、2分别与图3、5。同时通过追问,进一步拓展三角形与平行四边形"等底等面积""等高等面积"时,高与底的关系以及梯形与平行四边形、三角形"等高等面积"时,面积计算方法间的联系,从而进一步促进知识融通,发散学生思维,促进空间观念发展。

3.错题聚类,融通悟法

自主梳理中,每一位学生根据自己平时的练习情况,进行了易错题的选择、分析与推荐。由于学生的认知差异,推荐的错题可谓内容丰富、层次分明。笔者对此进行筛选,以分层、分类的形式构建了四类"题组",并选出一道典型习题(下图)让学生展开共学探讨,然后对同类题的解题策略进行举一反三,从而悟透一类题的方法和策略,促进学生能力的发展。

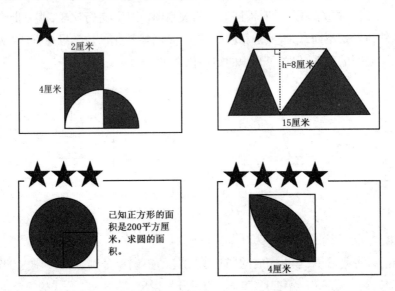

(1)"割补"转化,夯实基本方法出示:

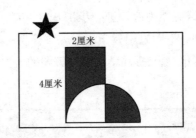

师:谁来汇报这道题的解题方法。

生:把阴影部分的扇形割补到左边空白部分,阴影部分就成了一个长方形。
(动画演示)

师:请推荐者介绍一下推荐的理由。

生:割补转化是平面图形面积计算的基本方法,利用这种方法可以把不规则的图形转化成我们学过的基本图形进行计算。

师:同学们还推荐了哪些可以利用"割补"转化解决的题目?(课件出示)

出示练习后,继续让学生交流这几道题的解题策略,进一步强化"割补转化"的解题方法。

（2）"等底等高"转化,强化灵活解题

出示:

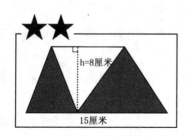

师:这道题的易错点在哪里?

生:一些同学会认为阴影的面积等于梯形的面积减去空白部分三角形的面积,但是梯形的上底长度是未知的,所以求不出面积。

师:这道题怎么算?

生1:把左边三角形的定点平移到右边三角形的顶点重合,根据三角形等底等高的知识,形成了一个底是15厘米、高是8厘米,且面积相等的大三角形。

生2:这道题直接求三角形的面积信息不够,运用等底等高的知识,把求两个三角形的面积转化成求一个三角形的面积,就可以直接计算了。

师:还有哪几道题也可以用等底等高进行转化呢?（课件出示）

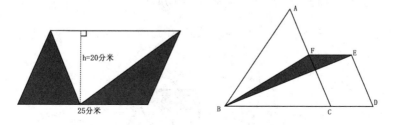

师生在合作交流中,破解了解题的难点问题,同时在举一反三中,进一步深化了等底等高知识在解题中应用。

（3）"整体"代入,培养整体意识

师:谁挑战了这道三星题?

生1:圆的半径等于正方形的边长,所以正方形的面积等于 r^2,直接把 $r^2 = 200$ 代入圆的面积公式计算圆的面积。

生2:根据正方形面积与扇形的面积比是 $4:\pi$,求出扇形的面积,然后再求圆的面积。

生3:我发现这两种方法有一个共同的特征,当我们求不出圆的半径时,可以把正方形的面积看作一个整体进行计算。

师出示下面两道,让学生说说分别把哪一部分看作整体,培养学生解题的整体意识。

(1)如图,一边靠墙用篱笆围成一个梯形的花坛,篱笆长46米,这个花坛的面积是多少?

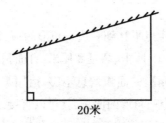

20米

(2)三角形的面积是100平方厘米,求圆的面积。

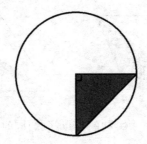

(3)多种策略,促进方法融通。

出示:

4厘米

师:有好几位同学推荐了这道四星级的练习,谁来说说推荐的理由。

生1:这道题可以用两个完全相等的扇形重叠而成,可以用两个扇形的面积减去正方形的面积,一般同学想不到这种方法。

生2:还可以用分割法,把一个扇形的面积减去一个等腰直角三角形的面积,先求出阴影面积的一半,再乘2。

生3:我还有一种方法,用正方形的面积减去一个扇形的面积再乘2,求出空白的面积,最后用正方形的面积减去空白的面积。

易错题的推荐与交流促进了课堂复习在共学悟法中深度发生,使学生的数学能力在知识的查漏补缺中得到内化,在方法的举一反三中得到深化,在策略的交融中得到优化。

总之,在学本课堂理念的指导下,通过复习单翻转复习,一方面,可以给课堂复习留出更多共学悟法的空间,另一方面,可以促进教师精准把握复习起点,让课堂复习围绕学生来组织、调整、生成,构建学为中心的复习课堂,使深度复习在共学悟法中真正发生。

(原载《教学月刊》2019.1,课例研磨者:天台县外国语学校　王小权)

基于"前测"下的小学数学复习课的有效构建

——"平面图形面积的整理和复习"的导学实践与思考

　　"复习课"是小学数学课堂教学中的重要课型之一,有着重要的地位。复习课中,孩子们会对所学知识进行重见和再认,但更多的是对所学知识的重建、发现和顿悟,达到求联、求延、融会贯通,由此可见复习的重要。但是,在实际的课堂教学中,我们经常会听到"知识点这么多,怎么复习啊""复不复习一个样""把这些练习做了就行了"……复习课成了鸡肋,不复习不放心,复习了也是走过场。这种停留在"知识技能重现"层面的复习现状严重违背了复习的真正意图,与当前课堂教学改革是格格不入的。如何有效构建复习课堂,赋予复习课真正应有的生命力,是我们刻不容缓需要思考的。

　　本学年,笔者对人教版六年级"平面图形面积的整理和复习"一课进行了全新的探索和实践,并分别在三个县市区开出示范课,颇受好评。其中基于"前测"下的小学数学复习课的有效构建改变了传统的复习整理模式,使教师明确了"复习什么"和"怎么复习",赋予了复习课更深层次的教学内涵。下面,笔者从以下几个方面展开探析。

一、读懂前测,把握学情,有效复习梳理

　　数学平面图形这一板块知识点多、杂、乱,而这些知识点又是分散在各个学段年级展开教学的。孩子们头脑中到底还装着多少知识点,对这些知识点的识记、理解、运用到底在哪个程度呢? 这些问题都需要教师明晰地掌握,这也是展开有效复习的前提。带着这些问题,笔者对来自三所不同地区小学的两百余名六年级学生展开了课堂前测。

　　前测1:

　　同学们,小学阶段我们学习了各种"平面图形的面积"。现在,请你努力地回忆一下这些平面图形面积的计算公式和推导过程。然后用你自己喜欢的方式(如表格、图示、文字等)进行整理。通过整理,你有什么发现?

学生作品 1、2(附后)

前测解读:通过前测,我们发现三个地区的孩子对于平面图形的面积掌握有一定的共同性,但是也有一些地区差异。大部分孩子对于面积的公式及推导过程掌握得比较扎实,对于转化思想有一定程度的体验。但是,通过前测,我们发现在学生头脑中的各平面图形面积之间的关系还是比较零散和单一的。孩子们知道图形之间有关系,但哪些图形之间存在关系? 到底是怎样的关系呢? 孩子们心中还不是特别清晰。

复习对策:把握学情,有效梳理

课前在大屏幕上逐一展示学生对平面图形面积的整理作品。有列表格、画图、文字描述等。

师:通过整理,很多同学又有了新的发现,谁来说一说。

师:这些图形面积之间到底有什么联系呢?

同桌先讨论一下这些图形之间的联系,然后倒出信封里的六个基本图形在白纸上摆一摆、连一连,表示出它们之间的关系。

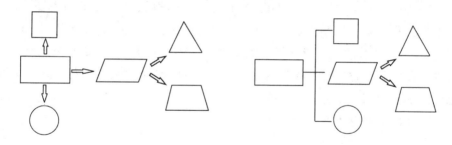

选择典型摆法的关系图黑板展示,并请孩子们逐一上台介绍。

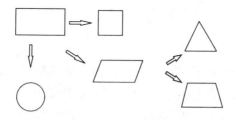

比较这几张关系图,学生交流自己的看法、发现。

在没有进行前测时笔者和许多老师一样,把梳理点落在回忆各个图形面积公式的推导过程上,这显然是错误的。因为从学生的平面图形面积的整理作品中我们不难看出,学生对于各图形面积公式的来龙去脉和推导过程掌握得比较扎实。因此,在解读学生的作品后笔者调整梳理的方向,不重复展现各公式推导的不同方法,而是运用学生整理的公式,分析内在的联系,把重点放在图形关系的探究中。通过操作辨析,学生对平面图形的面积有了一个整体的认识,透彻理解"转化"就是沟通这些图形的桥梁。

可见,通过对前测的解读,教师更深入地了解学生原有的知识储备和复习起点,真正把"备学生"落到实处。立足于学生认知基础上展开的复习活动,不但能够为学生创设一个有序灵动的自我梳理过程,而且能更好地把握学生急需解决的问题,将复习落到实处。同时,通过展示学生的梳理作品,在欣赏和交流中潜移默化地渗透复习的整理方法和思路,切实提高学生的自主复习能力。

二、基于前测,搭建支架,多向沟通求联

前测1再解读:

"抓住四基串成线,沟通联系连成片"是复习课的一个重要目标,本节课亦如此。通过学生的自主梳理、课堂反馈,学生已经基本把六个相对独立的平面图形再现、归纳、串联。但是,此时学生对平面图形面积关系结构的理解还是单一线性的,这是受教材编排的顺序所限制。孩子们在第一学段会初步认识基本图形,三年级开始接触"面积",学会第一个图形面积计算的就是长方形,在此基础上展开其他图形的面积学习,他们理所当然地认为所有的图形最后都一定会转化为长方形进行面积计算,这在学生对于平面图形面积的整理作品中都有所体现。这样的思维局限,显然限制了学生的发展。

复习对策:搭建支架,多向求联

在格子图中出示:　　　　　　　　你能根据图中信息补充画出哪些平面

图形? 并求出它的面积?

学生先在脑中想象一下,然后把想到的图形画出来,并求出它的面积。

孩子们的空间想象非常棒,画出了各种形状的图形:有三角形、长方形、正方形、平行四边形、梯形、圆形、半圆等。学生在画图的过程中还发现了这些图形之间的联系,譬如:

生1:长方形和平行四边形等底等高,面积相等。

生2:三角形面积和平行四边形等底等高,三角形面积是平行四边形的一半。

教师适时抛出问题,引发学生更深入的思考:

问题1:三角形要和这个平行四边形等面积,这个三角形可以怎么变?

问题 2:如果在这组平行线之间画一个面积同为 $8cm^2$ 的梯形,又该怎样画呢?

孩子们的思维被点燃,他们主动探究、积极交流,不但发现了"只要上底+下底 $=8cm$ 就可以画出高是 2cm、面积是 $8cm^2$ 的梯形",而且一致认为"这是等积变形,这样的梯形能画无数个"。

这时,教师利用多媒体把"无数个高是 2cm、面积是 $8cm^2$ 的梯形"叠加,演示从梯形到长方形到三角形的过程,再次引导孩子们细致观察这些梯形之间的变化。

生 1:老师,我怎么看到了长方形? 还看到了三角形呢?

生 2:我知道,我知道,当梯形的上下底相等时,就变成了长方形。

生 3:老师,我认为三角形就是个上底或下底为 0 的特殊梯形。

孩子们的思维火花被点燃,好奇心被激发。

这时,教师再次抛出问题:同学们,思考一下,你会用梯形的面积公式来计算这个长方形、三角形的面积吗?

学生个个跃跃欲试,纷纷拿起纸笔演算起来。

生 1:$(a+a)h÷2=ah=ab,s=ab$ 就是长方形面积公式。

生 2:我这样来算三角形 $(a+0)h÷2=ah÷2,ah÷2$ 就是三角形面积公式。

学生们惊讶了,激动了,沸腾了……

一学生大胆地猜测:"是不是所有的平面图形的面积计算公式都可以从梯形公式中推导出来呢?"

在学生的猜测中逐步给出新的图形面积关系结构图:

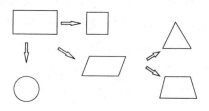

通过对底 4cm、高 2cm 的图形想象,不断扩大图形的内涵,渗透图形之间的联系。再通过等积变形,给孩子们一个强大的思维刺激,引导他们发现"哦,图形之间原来还可以这样转化"。这种联系表现在特殊与一般的关系:对于一般梯形而言,三角形是个上底为 0 的特殊梯形,平行四边形就是个上下底相等的梯形,进而激发学生从更高的层次体验平面图形的内在联系、多向变换。如果说之前每一个年级的学习,孩子们是仰视的,他们一步一步地来到知识山顶。现在,我们就需要为孩子搭建一个支架,提供一个俯视的机会,让孩子们转过身、回过头,跳出教材之外,想一些意想不到的问题。这才能促使数学思维得到发展提升,这也是复习的真正意义所在。

三、分析前测,抓住错例,着力突破难点

前测可以提供真实而全面的信息,可以了解到学生原有知识水平中的一些共性特点。通过对这些共性特点的分析,有效抓住复习重难点,有的放矢、对症下药。

前测2:

(1)	长方形	长 4dm	宽 3cm	面积( )
(2)	平行四边形	底( )	高 1.2dm	面积 4.8dm²
(3)	三角形	底 4cm	高( )	面积 5.2cm²
(4)	梯形	上底( )cm 下底 6.7cm	高 2.4cm	面积 12 cm²
(5)	正方形	边长 0.5m		面积( )
(6)	圆形	半径( )		面积 12.56 dm²

前测分析:课前教师对每道题的正确率分别进行了统计。每一题的正确率如下:63%,96%,79%,86%,91%,90%。三个地区稍有差池,但无本质区别。学生通过六年的学习,计算公式、方法在脑海中深深地打下了烙印,对于平面图形面积、高、底的计算是比较熟悉的。但是,出错的原因又何在呢?

复习对策:抓住错例,突破难点

课中为学生呈现每道题的正确率,学生对于自己完成的练习结果非常关注。教师适时地介入问题引发思考:第一题的正确率是63%,你觉得这37%的错误率原因在哪里?再看(3)(4)两题,正确率也不高。你们觉得错误的原因又是什么?

学生纷纷带着一种为班级同学排忧解难的激昂情绪自主陷入积极思考。

生:第一题要注意单位的统一。可以把 4dm 转换为 40cm,也可以转换 3cm 为 0.3dm。

生:三角形的高应该是面积乘 2 再除以底。教师课件演示……

师:比较一下,求三角形的高和求梯形的上底有什么相同之处呢?

在错题 1 中,这37%的错误率给了学生一个极大的刺激。长方形面积大家都会算,可是错误率这么高,很不应该。引发学生主动展开关于仔细读题、审题的讨论。根据前测,学生对(3)(4)两题求三角形的高和求梯形的上底出现了共性问题,因此给予重点探究。通过多媒体的有效演示,打通三角形求高和梯形求上底之间的关系,有效突破易错点、难点。课堂中,为学生提供"独立思考、发现顿悟"

的时间和空间,真正把解决问题的主动权交给了学生。

四、透过前测,关注差异,拓展提升求延

复习课中,教师对于复习材料总是"精挑细选",尤其是习题方面,既怕太简单,成了枯燥的重复,又怕太难,学生看不懂、不会做。而《数学课程标准》提出"让不同的人在数学上得到不同的发展"。这一理念更要落实在数学复习课堂中。那么学生在统一的复习课堂中,如何在有限的 40 分钟内既能完成既定的复习巩固目标,又使每一位学生都在自己的最近发展区有所发展、有所收获呢? 我们需要借助"前测"。将传统的"教师出题"变为"学生荐题",既能较好地反映学生原有的认知基础和能力水平,又能发现他们在知识拓展、思维能力、情感态度等方面的差异,从而针对差异设计分层练习,分层落实,实现复习目标。

前测 3:

在学习平面图形的面积计算时,哪些题目容易出错呢? 请你推荐一道易错难题,整理如下。

推荐题目:

推荐理由:

我的解答:

前测分析:在推荐易错题中,孩子们为了完成任务就会主动去思考"我需要为同学推荐什么样的易错题呢"? 在无形之中,很多孩子对自己曾经接触到的所有图形面积计算的题目进行了快速筛选,而且会主动去寻找一些易错题和难题先自己进行研究,因为只有这样他才能合理地写出相关的推荐理由。可以说课中呈现了一些题目,其实它的背后支撑的是一批题目。从推荐题中可以看出孩子们之间还是存在较大差异的。

复习对策:关注差异,拓展求延

教师课前对学生推荐的易错难题进行分类整理,把这些题目按难易程度进行星级排队。课中分层展示挑战,学生跃跃欲试,积极性充分激发。

(1)三星级:出示学生(林忆涵、何林烜、苏佳怡、姚雨彤)推荐的四道题。(原题附后)

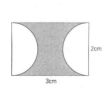 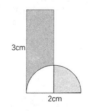 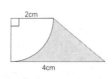 

师:这些图形中的阴影面积你会求吗?

学生先独立思考后同桌交流,在全班反馈。

(2)四星级:出示学生(丁智琦、叶屹森)推荐的两道题。(原题附后)

请孩子们选择其中一题独立列式计算。指名反馈。

比较一下,这两小题有什么相同的地方?

(3)五星级:学生陈豪杰推荐。(原题附后)

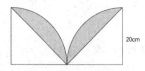

师:这题是陈豪杰推荐的五星难题,敢不敢来挑战一下?

通过学生推荐易错难题,不仅能真实了解学生的知识储备,还能了解学生的解题方法和思维路径,也使教师能有效抓住学生需要引导帮助的契合点,让复习更贴近学生实际所需。前测,让不同层次的学生都得到真实的展示,受到同等的关注。在多层面的思考、交流中,每一个孩子的思维都能持续地获得不同程度的提升。教师基于前测,关注差异,才能有效引导学生拓展求延,实现数学能力的有效提升。

前测,提高了"复"的效率,提升了"习"的品质。让"复习什么"更贴近学生实际,"怎么复习"更符合学生的需要。因为前测,我们能有效地把握学生的知识起点和复习需求,准确制订符合学生实际的复习目标和重难点;因为前测,我们能有效地把握学生的思维活动过程,有针对性地搭建支架、设计活动,促使复习预案有效生成;因为前测,我们更能关注学生差异,真正让复习课在梳理求联、拓展求延中有效构建。

(原载《教学月刊》2017.6,获浙江省小学数学论文评比二等奖,课例研磨者:天台县天台小学 朱英英)

整合素材　巧用数轴　提升能力

——"数的认识复习"的导学实践与思考

在六年级下册总复习中专门有一节"数的认识",这一课的复习所涉及数的概念较多,再加上学生在学习整数、小数、分数等知识点的时间跨度比较大,虽然学生每天都要用到数,但对数的概念,以及对各类数之间的联系是不大会去注意的,对"数"是缺乏整体认识的。因此,很需要通过本课的复习,使学生真正搞清各类数的概念和它们之间的联系,并从中提高应用数的概念去分析问题、解决问题的能力。

那么怎样上好此课? 笔者认为,关键是要给学生提供合理科学的复习素材,创设自主高效的复习方式。通过以上的思考,笔者最近对本课的复习素材和复习方法做了一些改进,主要给学生提供了一组有代表性的数,让学生通过这些数的分类、在数轴上表示这些数,再借助于数轴去解读这些数的大小,以及通过数轴上的点去拓展联想更多的数。整个教学过程自如流畅,学生积极主动参与到复习之中,收到了很好的复习效果。现将导学过程简要整理如下供大家参考。

一、揭示课题,引发分类

1.先让学生回忆学过的数,并呈现下面各数(共有 17 个数)

$\frac{2}{5}$、0.4、-1、40%、$\frac{5}{7}$、-2、$\frac{2}{3}$、0、0.67、$\frac{40}{100}$、0.40、$\frac{7}{5}$、1、$\frac{4}{10}$、$\frac{3}{5}$、350

2.提出要求分类

(1)如果让你把它们分分类,你打算怎样分?

(要求先独立分类,再四人一小组进行交流讨论,讨论后确定组内比较统一的一种分法准备向全班汇报交流。)

组一：

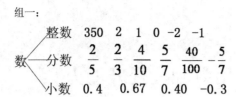

组二：

正数 350 2 1 $\frac{2}{5}$ $\frac{2}{3}$ $\frac{4}{10}$ $\frac{5}{7}$ $\frac{40}{100}$ 0.4 0.67 0.40

数——0

负数 -2 -1   -0.3 $-\frac{5}{7}$

40%

(2) 组织汇报：

要求结合回忆说说自然数、负数、小数、分数和百分数的范围,从整体上理清数概念的发展脉络,体会相互之间的关系。

二、借助数轴,梳理知识

1.将上面这组数分别在下面的数轴中表示出来

(让学生独立投入表示)

学生独立表示的过程中,就有学生提出:这"350"要表示比较困难。这时教师及时组织学生质疑,使学生知道"350"这个数可以在数轴上表示,只不过画在这张纸上无法表示出来。

师进一步指出:无论怎样大的数都可以在数轴上表示。

2.组织质疑,梳理数的概念

(1)进一步理解分数的意义。

教师揭示出几位学生所表示的数轴图示后提出:谁来说说"$\frac{2}{5}$"是怎样表示出来的?

生:是在"0"与"1"之间这一段平均分成 5 份,从 0 开始数出 2 份,这一点就是"$\frac{2}{5}$"。

师:按分数的意义谁还能说一说"$\dfrac{2}{5}$"的意思吗?

生:把单位"1"平均分成 5 份,表示这样的 2 份的数,就是 $\dfrac{2}{5}$。

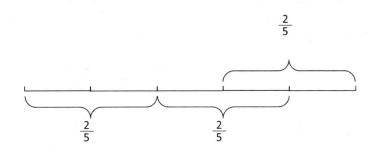

这时教师随手画出了上图,说明只要表示这样的 2 份,对于 2 份的位置无关。同时指着以上数轴所表示的 $\dfrac{2}{5}$,这里的 $\dfrac{2}{5}$ 只能是数轴上唯一的这个点上。(数轴上点的不同位置,表示数的大小不同。)

(2)进一步理解数的性质和数的互化。

针对学生所表示的图示提出:为什么把"0.4、0.40、$\dfrac{40}{100}$、$\dfrac{4}{10}$、$\dfrac{2}{5}$、40%"都表示同一个点上?

生:它们都是相等的数。

(教师随即用等号连接:$0.4 = 0.40 = \dfrac{40}{100} = \dfrac{4}{10} = \dfrac{2}{5} = 40\%$)

师:为什么"0.4 = 0.40"?

(学生说到了根据小数的性质,还说到了 $0.4 = \dfrac{4}{10}$,$0.40 = \dfrac{40}{100}$,因为:$\dfrac{40}{100} = \dfrac{4}{10}$,所以:0.4 = 0.40)

师:这"$\dfrac{40}{100} = \dfrac{4}{10}$"又根据什么性质呢?

(学生回忆了分数的基本性质。)

师又提出:为什么"$0.4 = \dfrac{4}{10}$""$0.40 = \dfrac{40}{100}$"?

(学生从中回忆了分数与小数的互化,以及分数与除法的关系。)

师又提出：为什么"40%"也同它们相等呢？

（学生从中回忆百分数的意义，以及百分数与小数、分数的互化。）

（3）进一步理解数的大小比较。

师：你们觉得在这些数中哪两个数的大小比较，相对难一些？

学生提出有：$\frac{2}{3}$ 与 0.67、$\frac{2}{3}$ 与 $\frac{5}{7}$、$\frac{5}{7}$ 与 0.67。

师：针对以上这三组数，你们应该怎样去比较它们的大小？

学生经过独立思考后进行交流得出：

对于"$\frac{2}{3}$ 与 0.67"应该把"$\frac{2}{3}$"化成小数是 0.666……所以有 $\frac{2}{3}$<0.67；

对于"$\frac{5}{7}$ 与 0.67"也同样可以把"$\frac{5}{7}$"化成小数进行比较。

对于"$\frac{2}{3}$ 与 $\frac{5}{7}$"应该采用通分的方法，把它们转化为分数单位相同的分数进行比较更快一些。

以上这一教学小环节，从针对一个分数的表示中带出了分数的意义的复习，从针对同一个点表示了许多的数中带出了数的性质和数与数之间的互化，让学生从这些数中思考哪两个数在比较大小时相对困难，复习了怎样灵活地去进行数的大小比较。这一环节较好体现素材的整合和复习过程的动态生成。

3.继续标数，拓展数的想象

（1）把"$-\frac{2}{3}$"与"$\frac{7}{3}$"这两个数在数轴上表示出来。

学生在表示中再次认识负分数应该表示的位置，以及假分数所表示的位置，并且认识到它与带分数的关系。

教师又指出：以上两个分数也有共同点，分母都是"3"，这也说明分数单位都是"$\frac{1}{3}$"，就是分子不同，如果把分子用字母"a"来表示，你还能在数轴上表示出它的位置吗？

（2）在数轴上表示"$\frac{a}{3}$"的位置。

学生经过独立的思考,发现"a"可以表示很多的数(任意的数),"a"在变化,"$\frac{a}{3}$"表示的位置也在变化;再通过小组的交流讨论后,教师组织反馈评价。

生:如果"a"是 0 时,"$\frac{a}{3}$"的点就在 0 的位置;

如果"a"是 3 时,"$\frac{a}{3}$"的点就在 1 的位置;

如果"a"是 6 时,"$\frac{a}{3}$"的点就在 2 的位置;

……

(在教师的引导下,知道当 a 是 3 的倍数时,"$\frac{a}{3}$"就刚好在整数点上。这里也包括 $a=-3$、-6、-9…,"$\frac{a}{3}$"也分别在 -1、-2、-3…的位置上。)

师:如果"$\frac{a}{3}$"的点在"0~1",这时"a"又要表示哪些数呢?

生:这时"a"要大于"0",而且要小于"3"。

师:如果"$\frac{a}{3}$"的点在"1~2",这时"a"又要表示哪些数呢?

……

这时学生兴趣盎然,继续思考着。

以上这一小环节,巧妙地利用 $\frac{a}{3}$ 这一素材,让学生在标数的过程中借助数轴直观感受抽象的字母表示式丰富的内涵,及这字母表示式表示的大小与区间。而且这样的呈现方式大大激发了学生的学习兴趣,学生在质疑中感受到 a 与 $\frac{a}{3}$ 表示的具体含义。

以上这一大环节借助数轴讨论了几个重点问题:理解数的意义、数的大小比较、分数小数的基本性质;分数、小数、百分数的互化、联系与区别;理解数轴上的每一点与数的一一对应及与 a 的取值范围之间的关系,等等。让学生在标数的过程中梳理知识,做到先练后理,理中有练。

三、组织应用,提升能力

1.在上面的这一组数中选取合适的数填在括号内

(1)一根绳子长 1 米,平均分成 5 份,其中 2 份是( )米,这样的 2 份是全长的( )。(第一个括号应填:0.4、0.40、$\frac{40}{100}$、$\frac{4}{10}$、$\frac{2}{5}$;第二个括号应填:$\frac{40}{100}$、$\frac{4}{10}$、$\frac{2}{5}$、40%)。

(2)一根绳子长 2 米,平均分成 5 份,其中 1 份是( )米,这一份是全长的( )。(第一个括号应填:0.4、0.40、$\frac{40}{100}$、$\frac{4}{10}$、$\frac{2}{5}$;第二个括号应填:$\frac{2}{10}$、$\frac{1}{5}$、20%)。

(3)一根绳子分成甲、乙两段,乙段占全长的 $\frac{5}{7}$,甲段长度是乙段的( )。

(括号里可以填:$\frac{2}{5}$、$\frac{40}{100}$、$\frac{4}{10}$、40%)

2.组织质疑

师:为什么以上(1)(2)两个小题第一个括号填的数都是一样的? 而第二个括号填的数不同呢?

生:百分数用来表示分率,小数用来表示具体的量。

生:分数既可以表示分率,也可以表示具体的量。

师:同一个 $\frac{2}{5}$,又有哪些不同意义?

生:第(1)个 $\frac{2}{5}$ 表示 1 米的 $\frac{2}{5}$,第(2)$\frac{2}{5}$ 表示 2 米的 $\frac{1}{5}$。

生:第(3)个 $\frac{2}{5}$ 表示一个数占另一个数的 $\frac{2}{5}$。

3.小结

师:看来,分数、小数、百分数在书写形式上都能相互转化,而意义又相似,但在运用上还是有很大区别的。百分数用来表示分率,小数一般用来表示具体的量。分数既可以表示分率,也可以表示具体的量。

这一环节学生在运用中拓展对分数、百分数、小数意义的理解。引导学生深入思考有关知识的联系和区别,在运用的过程中借助具体事例深刻理解分数、百分数及小数的通常使用范围,从而促使学生在更高层面上理解和把握数的多重意义与关系(学生能说出 $\frac{2}{5}$ 的不同表示含义就证实学生对数的多重意义的理解)。

总之,教学中我们整合教学材料,充分利用教学空间,借助数轴直观地理解数的意义及关系。让学生在练中梳理、理中训练、理练相融中培养数感,提升能力。

(原载《教学月刊》2020.10,课例研磨者:临海市大洋小学　朱希萍)